ईहामृग

(उपन्या

ज्ञान गरिमा के
67 वर्ष

भारतीय ज्ञानपीठ

ईहामृग

नीरजा माधव

भारतीय ज्ञानपीठ

लोकोदय ग्रन्थमाला : ग्रन्थांक 1034

ग्रन्थमाला सम्पादक

रवीन्द्र कालिया

सह-सम्पादक

गुलाबचन्द्र जैन

ISBN 978-81-263-1944-2

प्रकाशक :

भारतीय ज्ञानपीठ

18, इन्स्टीट्यूशनल एरिया, लोदी रोड

नयी दिल्ली-110 003

मुद्रक : विकास कम्प्यूटर ऐंड प्रिंटर्स, दिल्ली-110 032

आवरण-चित्र : राधेश्याम अग्रवाल

आवरण-सज्जा : ज्ञानपीठ कला प्रभाग

पहला संस्करण : 2010

मूल्य : 180 रुपये

IHAMRIG

(Hindi Novel)

by Neerja Madhav

Published by

Bharatiya Jnanpith

18, Institutional Area, Lodi Road

New Delhi-110 003

e-mail : jnanpith@satyam.net.in, sales@jnanpith.net

website : www.jnanpith.net

First Edition : 2010

Price : Rs. 180

आदिशंकराचार्य भगवत्पाद के परावतार
मेरे आध्यात्मिक पथप्रदर्शक पूज्य गुरु जी
जगद्गुरु शंकराचार्य स्वामी स्वरूपानन्द सरस्वती जी
महाराज को सादर समर्पित

'ईहामृग' लिखते हुए

सारनाथ की पुण्यभूमि से तथागत गौतम बुद्ध ने ज्ञान की एक ऐसी अजस्र धारा प्रवाहित की जो आज भारत की सीमा को लाँघते हुए विश्व के कोने-कोने में पहुँच चुकी है। पूरे वर्ष भर अनेक देशों से हज़ारों-हज़ार जिज्ञासु और श्रद्धालु अपनी ज्ञान-पिपासा शान्त करने और चित्त की शान्ति की खोज में यहाँ आते रहते हैं। यहाँ की सड़कों पर घूमते हुए कभी-कभी यह भ्रम होता है कि हम भारत में ही हैं? चेहरे, परिधान और भाषा में यहाँ के स्थानीय लोगों से बिलकुल पृथक झुंड के झुंड इन विदेशी पर्यटकों से सारनाथ का क्षेत्र हमेशा चहल-पहल से भरा रहता है। नामी अनामी टूरिस्ट गाइडों के निर्देशन में ये एक छवि बनाते हैं यहाँ के लोगों की, यहाँ के धर्म की, यहाँ के जातीय संस्कारों की। कुछ पर्यटक स्वयं यहाँ की भाषा सीखकर गहराई से अध्ययन करते हैं यहाँ के रीति-रिवाजों, लोक-संस्कृति तथा धार्मिक शिक्षाओं का। इन गहराई से अध्ययन करने वाले विदेशी पर्यटकों के चेहरे यहाँ रहने के कारण इतने जाने पहचाने से हो जाते हैं कि अपरिचय में भी एक परिचित मुस्कराहट का आदान-प्रदान हो ही जाता है।

दूसरी तरफ यहाँ के स्थानीय मूल निवासी हैं जो इन लोगों से भिन्न अपनी पहचान लिए होते हैं। धर्म जिनके लिए जीविकोपार्जन का साधन मात्र है, उसकी मूलभूत शिक्षाओं से बिलकुल विपरीत उपभोगवादी दृष्टिकोण से धर्म को देखते-परखते। बाहर से आये हुए ये पर्यटक इनके ग्राहक कम, शिकार अधिक होते हैं। इन दो विरोधी धाराओं के बीच पल-पल साँसें लेता सारनाथ वैश्विक विसंगतियों का छोटा सा प्रतीक है। यहाँ धर्म है, धर्म-द्वन्द्व भी है, शोषण और गरीबी की मार झेलता निम्न वर्ग है तो सेवा और समर्पण का बोर्ड टाँगे स्वयंसेवी संस्थाएँ भी हैं जिसकी आड़ में धार्मिक कट्टरता और लुक-छिप धर्मान्तरण का खेल भी चलता रहता है। स्त्री-अस्मिता और मुक्ति के सवाल भी ज्ञान के इस क्षेत्र में व्यंग्य से मुस्कराते मिल जाते हैं। फिर भी शान्ति की खोज में अनेक देशों से लोग यहाँ आते हैं, आते रहेंगे। शान्ति का प्रश्न, अहिंसा की बातें, शोषण और गरीबी के खिलाफ

नारे लगते रहते हैं, प्रेम और करुणा के प्रसार की इस भूमि पर हर शाम गूँजती है धम्म-देशना बौद्ध मन्दिरों से। आन्दोलित होती है यहाँ की हवा धर्मघंटे की गूँज से लेकिन सम्पूर्ण विश्व की भाँति शान्ति ईहामृग की तरह अलभ्य होती जा रही है यहाँ भी। प्रेम और करुणा के स्थान पर कटुता, हिंसा और द्वन्द्व गहराता जा रहा है। अपने-अपने स्वार्थ के लिए धर्म की नयी-नयी परिभाषाएँ गढ़ते लोग, सद्धर्म का मार्ग दिखाने वाले महानायकों की वाणी को तोड़-मरोड़ कर अपने हित में लगाते लोग, परहित की बातें जिनके लिए किताबी ज्ञान मात्र है, ऐसे लोगों की भीड़ में घुट रही है ज्ञान की धरती। नये-नये मूल्य गढ़े जा रहे हैं आधुनिक मशीनी संस्कृति में। शाश्वत मूल्य उनके लिए परम्परा को ढोने जैसी पुरानी बात लगती है। धर्म उनकी स्वार्थसिद्धि का साधन बन जाता है जिसे जब चाहे तब मोड़-तोड़कर अपने लिए प्रयोग किया जा सके। परम सत्य वह विराट् पुरुष देखता है अपनी भाव-संकल्पिता सृष्टि का यह खेल और मुस्कराता है मानव की जड़ता और भटकन पर। सृष्टि-लीला चल रही है अनवरत और उसी में चल रही है शान्ति की खोज।

इन सभी बिन्दुओं के आर-पार देखने के प्रयास में 'ईहामृग' उपन्यास के रूप में आपके हाथों में सौंप रही हूँ। एकमात्र विराट सत्य के प्रतीकरूप इस विराट सृष्टि की तरह ही शाश्वत मानवीय मूल्यों की विराट दृष्टि से इसे समझना ही मेरे लेखन की मजूरी होगी।

नीरजा माधव

मधुवन
सारनाथ
काशी

ईहामृग

एक

परम चेतस् ब्रह्म के हृदय में इच्छा हुई, 'एकोऽहम् बहुस्याम' और मधुऋतु के साथ चराचर सृष्टि की उत्पत्ति हुई। ग्रह नक्षत्र जगमगाने लगे आकाश में। लोक-परलोक रच गए। एक-दूसरे से सम्पृक्त भी, असम्पृक्त भी। गूँज उठा एक अनहद निनाद। साक्षी बना प्रणवाक्षर। विराट् पुरुष ने बन्धन भी स्वीकार किया। असंख्य जीवात्माएँ बुदबुदाने लगीं, विचरने लगीं चारों ओर। महासागर की उत्ताल लहरों के उठने गिरने से बने जल के बुलबुलों की तरह। कुछ देर के लिए अपना एक पृथक अस्तित्व लिये, फिर फूटकर अनन्त जल में विलीन होते हुए। इन्हीं बुलबुलों के भीतर कभी चमक उठते चाँद और सूरज तो कभी अमा की अँधियारी में ही बनता और मिट जाता उनका अस्तित्व। आलोक की एक रेखा भी पाथेय न बन पाती उस अनन्त यात्रा में। विश्वात्मन् खेल रहा है अपनी इच्छा का खेल। देख रहा है जीवात्माओं को बनते बिगड़ते। धरती घूम रही है उसकी इच्छा के अनुसार। दिन रात और ऋतुएँ आ जा रही हैं अपनी नाट्य-लीला के साथ।

ऐसे ही एक सुखद मधुमास की पूर्णिमा तिथि को परम चैतन्य स्वरूप हो चुके तथागत के शुद्ध चित्त में एक इच्छा ने अँगड़ाई ली थी—ऋषिपत्तन मृगदाय को एक बार पुनः दृष्टिभर देख आने की। कुशीनारा के शाल वन में महापरिनिर्वाण प्राप्त किये उन्हें दो हजार चार सौ सत्तर वर्ष बीत चुके थे। उस समय वसन्त ऋतु नहीं थी लेकिन शाल के वृक्षों में निकल रही लाल-लाल कोंपलें मधुऋतु के आने की सूचना दे रही थीं। सान्ध्य सूरज पश्चिम की ओर निढाल हो रहा था। मन्द हवा के झोंकों से शाल-वृक्ष के फूलों की पत्तियाँ भिक्खुओं के चीवरों पर गिर रही थीं। दो शाल-वृक्षों के बीच वे उत्तर दिशा में सिर किये लेटे हुए थे। सभी भिक्खु उनके चारों ओर बैठे थे। उनके प्रिय शिष्य आनन्द की आँखें तो आँसुओं से लगातार भींगी थीं। भिक्खुओं को ज्ञात हो गया था कि आज की रात अन्तिम प्रहर में ही वे निर्वाण प्राप्त कर लेंगे। समाचार सुनकर आस-पास के भिक्खु भी इकट्ठा हो गए थे। उन्होंने आनन्द को अपने पास बुलाया और सान्त्वना दी थी—"आनन्द, दुखी मत होओ।

मृत्यु न हो तो जन्म कैसे सम्भव है? ह्रास के बिना विकास कहाँ सम्भव है?'' कुछ देर के बाद उन्होंने भिक्खुओं को सम्बोधित किया था—''भिक्खुओ! यदि जन्म है तो मृत्यु सुनिश्चित है। मुक्ति प्राप्त करने के पथ पर परिश्रमी बनकर आगे बढ़ो।''

उन्होंने आँखें बन्द कर ली थीं। वे जानते थे कि अपना अन्तिम वचन वे बोल चुके थे। पृथ्वी कम्पित हुई और शाल के फूल वर्षा की झड़ी की भाँति उनके ऊपर गिरने लगे थे। भिक्खु अनिरुद्ध ने विचलित हो रहे अन्य भिक्खुओं को धैर्य बँधाया था। उस रात आनन्द और अनिरुद्ध ने वहाँ उपस्थित उपासकों और भिक्खुओं से बारी-बारी से बुद्ध के ज्ञान, करुणा, समत्व-भाव, ध्यान-साधना और सद्‌गुणों की चर्चा की जिसे सभी शान्त भाव से सुनते रहे।

यद्यपि तथागत को सम्बोधि के साथ ही ज्ञात हो गया था कि उनकी चेतोविमुक्ति अचल है और यह उनका अन्तिम जन्म है, उन्हें अब पुनः जन्म नहीं लेना है, फिर भी महापरिनिर्वाण के इतने वर्षों बाद उनके शुद्ध चित्त में अपने प्रथम वर्षावास और धर्मचक्र प्रवर्तन स्थल ऋषिपत्तन को देखने की इच्छा जागृत हुई, जहाँ उनके द्वारा सुजाता की खीर ग्रहण कर लेने के कारण रुष्ट उनके पाँच शिष्य कौंडन्न, महानाम, भद्दिय, वप्प और अस्सजि आकर तपस्या करने लगे थे। ज्ञान प्राप्ति के कुछ ही दिनों बाद तथागत ऋषिपत्तन आये और अपना प्रथम धर्मोपदेश अपने इन्हीं पाँच शिष्यों को दिया था।

वह आषाढ पूर्णिमा का दिन था। अपने दिव्य ज्ञान का प्रसार उन्हें काशी से ही प्रारम्भ करना था, क्योंकि आदिकाल से ही काशी ज्ञान और धर्म की नगरी रही है, श्रद्धा और विश्वास की स्थली रही है। सब कुछ सबमें लुटाकर भी हमेशा ज्ञान समृद्ध और देवकृपा सम्पन्न नगरी रही है। यही कारण था कि कठिन तपश्चर्या एवं आध्यात्मिक शक्तियों को जागृत कर लेने के बाद भी बड़े-बड़े विद्वान एवं ऋषि-मुनि यहाँ आने के पश्चात् ही अपने ज्ञान को पूर्ण और प्रामाणिक मानते थे और लोक-कल्याण हेतु अपने ज्ञान का प्रकाश फैलाते थे। विद्वानों और ऋषियों की आगमन स्थली होने के कारण ही इसे ऋषिपत्तन नाम मिल सका था। प्रकृति की लीला भूमि थी यह स्थली।

चारों तरफ से वन और लताओं से आच्छादित ऋषिपत्तन में मृग निर्भय विचरण किया करते थे। शीतल मन्द हवा ज्ञान-गन्ध से भरी-भरी सी बहती। वृक्षों पर पक्षियों का कलरव ऐसा लगता मानो अनगिनत स्वर में ऋचाओं का पुनःपाठ हो रहा हो। पास ही स्थित सरोवर में बत्तखें शुभ संकल्पों की तरह तैरा करतीं। ऐसे में बुद्ध ने भी अपने आध्यात्मिक ज्ञान का प्रथम प्रकाश प्रसारित करने के लिए ऋषिपत्तन को ही चुना। अपने पाँचों शिष्यों को उन्होंने धर्म-देशना दी—धर्म-पथ अनुगामी को दो अतियों, यानी विषय वासना में आकंठ डूब जाना अथवा कठिन तपश्चर्या के द्वारा शरीर को कष्ट देना, से बचना चाहिए। इसके लिए मज्झ मार्ग सर्वथा उपयुक्त है जो

ज्ञान, मुक्ति और शान्ति के पथ पर अग्रसर करता है। इसके लिए उन्होंने अष्टांगिक मार्ग और चार आर्यसत्यों के साथ-साथ भिक्खुओं एवं उपासकों के लिए दस शीलों का भी विवेचन किया।

उनके उपदेश के पश्चात् सम्बोधि प्राप्त करने वाले प्रथम भिक्खु कौंडन्न थे। उसके बाद भद्दिय और वप्पन ने अर्हत् ज्ञान प्राप्त किया। कुछ ही समय पश्चात् महानाम एवं अस्सजि ने भी अर्हतत्व की अनुभूति प्राप्त कर ली थी। श्रेष्ठि पुत्र यश और उसके मित्रों द्वारा भी शिष्यत्व स्वीकार कर लेने के बाद उनके शिष्यों की संख्या लगभग साठ हो चुकी थी। पहला वर्षावास वहीं ऋषिपत्तन मृगदाय में व्यतीत करने के बाद तथागत ने शिष्यों को सम्बोधित किया—"भिक्षुओ! बहुजन हिताय, बहुजन सुखाय, लोक पर दया करने एवं मनुष्यों के कल्याण, हित और सुख के लिए चारिका-चरण करो। सभी प्रकार से कल्याणकारक धर्म का उपदेश करो।" और उन्होंने अपना भिक्षापात्र उठाया था तथा धर्मप्रचार हेतु ऋषिपत्तन से मगध के लिए प्रस्थान कर दिया। ज्ञान प्राप्ति के बाद जीवन के शेष पैंतालीस वर्षों तक वे प्राणियों के दुख दूर करने का मार्ग बताने में एवं धर्मोपदेश करते हुए उरुवेला, कपिलवस्तु, वैशाली, जैतवन, कौशाम्बी आदि स्थानों का चक्रमण करते रहे। कुशीनारा के शाल-वन में महापरिनिर्वाण के बाद उनका पार्थिव तन शान्त हो गया था परन्तु उनका परिशुद्ध ज्ञान सूक्ष्म से सूक्ष्मतर हो चारों दिशाओं में व्याप्त हो गया। फूलों में, पत्तियों में, धवल मेघों में, हवा में, शीत में, ग्रीष्म में, यत्र-तत्र-सर्वत्र बुद्ध थे। वे ज्ञान का उद्गम स्रोत बन गये थे। निराकार, चिर, चेतन, आनन्दस्वरूप, जन्म-मृत्यु से परे असीम, अछोर।

ऋषिपत्तन पर आज पुनः उन्होंने एक गहरी दृष्टि डाली तो आश्चर्य से भर उठे। सब कुछ परिवर्तित सा लगा। वह स्थान जहाँ उन्होंने प्रथम उपदेश दिया था, कितना बदल गया था। वन-वृक्षों की कतारों की जगह खँडहरनुमा दीवारों के ढाँचे दूर तक फैले अपने पुरातन होने और अकेलेपन की कहानी कह रहे थे। कहीं-कहीं लाल ईंटों के मजबूत खम्भे ऊपर से ध्वस्त हो चुके थे तो कहीं मोटी-मोटी दीवारें वहाँ कभी विशाल भवन होने का संकेत कर रही थीं। पत्थर के तराशे गये चार भारी खम्भों पर एक विशाल मंडप अभी तक बिना ध्वस्त हुए खड़ा था। मंडप के पास ही एक बड़ा सा गोलाकार चबूतरा बना था। ऋषिपत्तन की ऊँची-नीची भूमि में इन ध्वंसावशेषों को देख तथागत विस्मित थे। महाकाल की क्रोड़ में होने वाली उथल-पुथल और क्षणभंगुरता का जीता जागता प्रमाण। इतने विशाल भवन और स्मृति चिह्नों पर भी महाकाल अपने हाथ फेर देता है। पाषाण मिट्टी और मिट्टी पाषाण बन जाती है। युग के युग दब जाते हैं मिट्टी में, सभ्यताएँ बन जाती हैं पाषाणयुगीन। सृष्टि का चक्र चल रहा है अबाध, अनवरत।

तथागत की शान्त भंगिमा पर एक स्मित रेखा सी खिंच गयी। सम्पूर्ण आभामंडल गहरा सुनहरा हो उठा। मन्द-मन्द पग धरते वे धर्मराजिका-स्थल से आगे बढ़े थे। पूर्ण चन्द्रमा आकाश में उन्हीं की गति के साथ चलता प्रतीत हो रहा था। तारे एकटक धरती का सौन्दर्य निहार रहे थे। झींगुरों का रव अनहद नाद के अव्यक्त स्वर को पकड़ने का प्रयास कर रहा था।

सामने विशाल धम्मेक स्तूप था। पूनम की रात के अन्तिम प्रहर की स्निग्ध ज्योत्स्ना में स्नात खड़ा। चारों तरफ एक स्तब्ध नीरवता। कुछ अपरिचित से वृक्षों की ऊँची-ऊँची कतारें अपने मध्य से एक पथ होने का संकेत कर रही थीं। खम्भों की तरह खड़े इन वृक्षों पर एक निश्चित दूरी तक कोई शाखा या पत्तियाँ न थीं। लम्बी-लम्बी पत्तियों का एक बड़ा सा झोप्पा कुछ ऊपर जाकर केले के पत्तों की तरह बिखर गया था। पथ के दोनों ओर की समतल भूमि में हरी-हरी दूबों की अनुशासनप्रियता और लताओं की निश्चित दूरी देख तथागत विभोर थे। सचेतनावस्था में रहने और विचरण करने का जो सन्देश उन्होंने अपने शिष्यों को दिया था उसका पूरा प्रभाव ऋषिपत्तन की प्रकृति में दीख रहा था। लताओं के कुञ्ज के पास ही एक सरोवर था, जिसमें कमल के गुलाबी फूलों के साथ ही छोटी बड़ी मछलियाँ तैर रही थीं। उनकी क्रीड़ा से उठे बुलबुले और उनके फूटने का स्वर उन्हें भोर की निस्तब्धता में सुनाई दे रहा था।

सामने ही बाँस वृक्षों का झुरमुट था और एक टीलेनुमा हरी-भरी जगह। वे कौतूहल से आगे बढ़े थे। उन्हें वेणुवन की याद आयी थी जिसमें बाँस की कई प्रजातियाँ थीं। महाराजा बिम्बिसार ने उन्हें साधना और सद्धर्म की शिक्षा देने के लिए दान में दिया था वह वेणुवन। बहुत बड़े भूक्षेत्र में फैले उस वेणुवन के मध्य में एक सरोवर था जो भिक्खुओं के स्नान और ध्यान करने के लिए सर्वोत्तम स्थान था। उनके वरिष्ठ शिष्य कौंडन्न और मौद्गल्यायन के नेतृत्व में युवा भिक्खुओं ने बाँस, फूस और गीली मिट्टी से उनके तथा अन्य वरिष्ठ भिक्खुओं के लिए कुटीरों का निर्माण कर दिया। तथागत की कुटिया के पीछे पीले बाँस और दूसरी ओर हरे बाँसों की गाछ थी जिससे कुटिया में हमेशा छाया और शीतलता रहती। सरोवर के किनारे एक वृक्ष में बड़ा सा घंटा टाँग दिया गया था जिसे बजाकर भिक्खुओं के लिए अध्ययन और साधना के समय की घोषणा की जाती। प्रातः जागने का घंटा भोर में चार बजे बजता और भिक्खु स्नान करके सूर्योदय होने तक चलित ध्यान या बैठकर साधना करते।

एकाएक यहाँ ऋषिपत्तन में भी घंटे की गूँज सुनकर तथागत अति प्रसन्न हुए। यानी भोर के चार बज चुके हैं, परन्तु भिक्खुगण दिखाई नहीं पड़ रहे थे। बाँसों के

झुरमुट के बायीं ओर एक लम्बी खुदी खाई में पानी भरा हुआ था और उसके उस पार कुछेक मृग अपना मुँह पेट में छिपाए सो रहे थे। उनकी लम्बी सींगों से उन्हें दूर से ही पहचाना जा सकता था। तथागत घंटे की अनुगूँज की ओर मुड़े थे।

कुछ ही दूर आने पर उन्हें एक विशाल हलके लाल पत्थरों से निर्मित मन्दिर और उसके बायीं ओर पीपल का हरा वृक्ष दिखाई पड़ा था। उनका हृदय आह्लादित हो उठा। भोर की पुरवा हवा के साथ पत्तियाँ मन्द-मन्द लहरा रही थीं। एक मद्धिम गूँज पत्तियों से निकलकर वातावरण में अमृत घोल रही थी, मानो कोई स्वर साधिका भोर की रागिनी के लिए अपने तानपूरे के तार छेड़ रही हो। डालियों पर, पत्तों के झुरमुट में रातभर मौन बैठने वाली बुलबुल, ठाकुर चिरइया, गौरैया और ललमुनिया आपस में बोल-बोलकर एक-दूसरे को जगाने लगी थीं।

अपने वेदाध्ययन के दिनों में उन्होंने ऋग्वेद में कहीं पढ़ा था कि दिनभर धरती पर इधर-उधर फुदकने वाली चिड़िया रात में क्यों नहीं पृथ्वी पर बैठतीं? क्यों वे हरे पत्तों के झुरमुट में छिपकर बैठती हैं? अगली ऋचा में उसका उत्तर दिया गया था—क्योंकि पक्षियों की दृष्टि अति सूक्ष्म होती है। जिन विषयों तक मनुष्य की स्थूल आँखें नहीं पहुँच पातीं, वहाँ तक इन पक्षियों की आँखें देख लेती हैं। चूँकि रात में धरती उन्हें प्रज्वलित पिण्ड की तरह दिखाई देती है, इससे पक्षीगण स्वयं को तमस् में छिपाकर रखते हैं। यह तो बाद में मनुष्य ने भी खोज निकाला कि दूसरे ग्रह से देखने पर पृथ्वी चमकते हुए किसी नक्षत्र की तरह प्रतीत होती है।

तथागत ने शान्त भाव से आकाश की ओर देखा। चन्द्रमा का प्रकाश कुछ धुँधला हो उठा था। सूर्योदय से पूर्व की शान्त वेला थी यह। कुछ ही घड़ी में चाँदनी के इस पारदर्शी अवगुण्ठन को सरका, झाँकेगी उषा। मुस्कराते हुए सुनहरे से तरल पदार्थ का मानो पूरा घड़ा संसार के ऊपर औंधा देगी वह। सोना सा बिखर जाएगा कण-कण पर। पीपल की पत्तियाँ स्वर्णिम हो झूम उठेंगी एक ताल पर। रेखांकित हो उठेगा पूरा ब्रह्माण्ड एक-एक पीपल पात में। किस तरह इस जगत् में सब कुछ एक-दूसरे से सम्पृक्त सा प्रतीत होता है।

चिड़ियों का कलरव सुनकर धरती के किसी नक्षत्र सा प्रज्वलित होने का तथ्य, पीपल-पत्तों को देख ज्ञान प्राप्ति का वह दिन अकस्मात् स्मृति में फिर से सजीव हो उठा किसी पुनर्जन्म की स्मृति की तरह। किस तरह सम्बोधि के पश्चात् दो तीन रातें वे उसी पीपल वृक्ष के नीचे बैठकर अपने तन और चित्त को सम्पूर्ण ब्रह्माण्ड की चेतना के प्रकाश से भरता हुआ महसूस करते रहे थे। इस ध्यान साधना में पीपल वृक्ष किसी आध्यात्मिक शक्ति की तरह उन पर छाया रहता। पाँचों साथी तो बहुत पहले ही अप्रसन्न होकर उन्हें छोड़ चले गये थे। बस वन, नदी, पक्षीगण और सान्ध्य आकाश में उदित तारे ही उनकी साधना के साक्षी थे। अपनी साधना की अतल

गहराइयों में जाकर उन्होंने देखा था जन्म-मृत्यु की अनगिनत प्रक्रियाएँ ठीक उसी तरह जैसे करोड़ों लहरें समुद्र की सतह पर बार-बार उठती गिरती हैं, जबकि समुद्र स्वयं में जन्म-मृत्यु से परे है। लहरों को यदि ज्ञान हो जाए कि वे स्वयं भी जल के अतिरिक्त कुछ नहीं हैं, तो उनके सृजन-लय का चक्र समाप्त हो जाय। साधना के मध्य इस अनुभूति ने उन्हें जन्म-मरण के पार जाने की प्रेरणा दी और वे मुस्कुरा उठे। उनकी यह मुस्कान एक अन्तर्दृष्टि प्राप्त करने की मुस्कान थी, एक अद्भुत भाव-बोध की मुस्कान थी। उन्होंने धीरे से अपनी आँखें खोल दीं और बुदबुदा उठे—'ओ कारा के प्रहरी, कितनी योनियों से तुमने मुझे जन्म-मरण की बेड़ियों में बाँध रखा था, किन्तु अब मैंने तुम्हें जान लिया है। तुम मुझे अब और बाँध नहीं सकते।' उन्होंने सामने आकाश में देखा था।

भोर का तारा हीरे के टुकड़े की तरह आकाश में दिपदिपा रहा था मानो आत्मज्ञान के प्रकाश से वह भी भर उठा हो। सामने नदी तट पर कुश और घास की हरी-हरी पत्तियाँ मन्थर हवा के साथ हिल डुल रही थीं। नैरंजना नदी के बहने में एक मधुर स्वर छिपा-छिपा सा प्रकट हो रहा था। नीले आकाश में इधर-उधर छिटके धवल मेघ और उषा की स्वर्णिम रश्मियाँ मानो एक नयी सृष्टि की संरचना कर रही थीं। उनके अन्तस् का सारा दुख तिरोहित हो चुका था और एक अद्भुत आनन्द से भरा-भरा सा था मन। चिन्ता या हताशा का कोई कारण दूर-दूर तक शेष नहीं था। वे मुस्करा उठे और उन्होंने पुनः सिर को थोड़ा सा पीछे झुकाते हुए पीपल के पत्तों को देखा। पत्ते हिल डुलकर मानो अपनी प्रसन्नता व्यक्त कर रहे थे। प्रत्येक पत्ते में उन्हें सूर्य, तारागण, जल, पृथ्वी सभी दिखाई पड़ रहे थे। वे देख पा रहे थे कि इन पत्तों का अस्तित्व वसन्त ऋतु के आगमन के ही साथ नहीं, बल्कि अनन्त काल से है। उन्हीं की तरह ये पत्ते भी एक सत्ता की अभिव्यक्ति हैं। इनमें से न तो किसी का पृथक् अस्तित्व है और न ही वर्तमान अस्तित्व स्थायी है। इस प्रकार यदि व्यक्ति वस्तुओं की असारता को समझ ले तो वह दुखों के दलदल से मुक्ति प्राप्त कर लेगा।

अपने बीते दिनों की स्मृति में विचारमग्न तथागत एकाएक चौंककर वर्तमान में आ गये थे। पीपल वृक्ष के नीचे छः भिक्खुओं को उपदेश सुनने की मुद्रा में देख वे विस्मित थे। कोई स्वर नहीं, कोई श्वास-प्रश्वास का स्पन्दन नहीं। बस मूर्तिवत् अविचलित सभी बैठे थे। भोर की उजास फैल गई थी ऋषिपतन में। उन्होंने धीरे से अविचल बैठी मूर्तियों को एक-एक कर स्पर्श किया। चेतना का एक स्फुरण मूर्ति में प्रवाहित होकर पुनः उन्हीं में आ समाता। उन्होंने पत्थर पर खुदे उनके नामों को देखा—कौंडन्न, भद्दिय, महानाम, वप्प और अस्सजि। छठीं मूर्ति स्वयं उनकी अपनी थी जो धर्मचक्रप्रवर्तन मुद्रा में थी। वे आनन्दित हो हँस पड़े।

उनकी हँसी की सूक्ष्म लहरों से पीपल वृक्ष आन्दोलित हो उठा। पत्तियाँ धीरे-धीरे हिलने लगीं, मानो वे बुद्ध की अभ्यर्थना कर रही हों—कुछ दिन फिर ठहर जाओ ऋषिपत्तन में। स्वीकार कर लो हमारा नेह-निमन्त्रण। देख लो एक बार पुनः अपनी उस धरती को जहाँ से प्रथम ज्ञान का आलोक सम्पूर्ण मानव जाति के कल्याण के लिए तुमने फैलाया था। प्रथम वर्षावास की वह धरती जिसकी सोंधी गन्ध तुम्हारे नाम की कीर्ति में बसी है।

तथागत ने अपनी दृष्टि मूर्तियों से हटाकर ऊपर पीपल की पत्तियों पर टिका दी। उन्होंने पत्तियों के आमन्त्रण को अपनी मौन स्वीकृति दे दी। सुनहरी आभा से दमक उठीं पत्तियाँ। सूर्योदय की प्रथम रेखा क्षितिज में खिंच गयी। पक्षियों का झुंड कलरव के साथ आकाश में उड़ने लगा। मन्दिर की घंटियों की गूँज वातावरण में घुल मिल रही थी। यह नव-जागरण का काल था। एक बार फिर घंटा बजा था। मूल गन्ध कुटी विहार में टँगे इस भारी घंटे की प्रतिध्वनि कुछ देर तक हवाओं में तैरती रही। सुत्त पाठ का स्वर सुनाई पड़ा था और तथागत मन्थर गति से उधर की ओर बढ़े। चारों तरफ दृष्टिपात करते हुए एक शान्ति सी बिखरी थी उनके सौम्य मुखमंडल पर। थोड़ा बहुत परिवेश बदल गया था, स्थान बदल गये थे, परन्तु उनकी धम्म देशना अभी तक शेष है। लोग अनुपालन भी कर रहे हैं। एकाएक तथागत को स्मरण हो आया था यश, अपना शिष्य। उन्होंने पीछे पलटकर पीपल वृक्ष के नीचे और उनके चारों ओर दृष्टि दौड़ाई थी। यश की मूर्ति कहीं नहीं थी। यहीं ऋषिपत्तन में ही तो दी थी उसे भी प्रव्रज्या।

उस दिन भोर में उठकर वे वन-वृक्षों के बीच भ्रमण करते हुए चलित-ध्यान कर रहे थे। यह उनकी नित्य क्रिया थी। कुछ देर बाद सचेतावस्था में एक-एक पग धरते हुए वे एक बड़ी सी चट्टान पर आकर बैठ गये। उस भोर के धुँधलके में ही एक सत्ताइस-अट्ठाइस वर्ष का सुन्दर युवक उनके पास आया और उन्हें भक्तिभाव से प्रणाम कर उनके पास ही दूसरी छोटी चट्टान पर बैठ गया। उन्होंने शान्त भाव से युवक का परिचय और आगमन का कारण पूछा तो वह बोल पड़ा—"मेरा नाम यश है। वाराणसी के ही सम्मानित श्रेष्ठि का पुत्र हूँ मैं। मेरे पास सांसारिक सुख के तमाम साधन भरे पड़े हैं, फिर भी मैं घुटन का अुनभव करता हूँ। राग-रंग अच्छा नहीं लगता। मैं इस प्रकार के खोखले जीवन को और नहीं जी सकता। पूरी रात मैं घर से निकलकर निरुद्देश्य भटकता रहा हूँ और इस समय संयोग से आपके सम्मुख यहाँ मृगदाय में पहुँच गया हूँ। मुझे संसार के इन कुरूपताओं से उबार लीजिए।" वह हताशा और खिन्नता से भरा हुआ था।

उन्होंने उसे समझाया था—"यश, जीवन केवल कुरूपताओं से नहीं भरा हुआ है, बल्कि यह उसका एक पक्ष है। सौन्दर्य दूसरा पक्ष है। उस सौन्दर्य के लिए दृष्टि

विकसित करो। कामनाओं को त्याग कर सादगीपूर्ण जीवन जीते हुए यदि तुम नदी, वन, झरनों और सूरज, चाँद तारों को देखो तो उनमें तुम्हें एक अलग सौन्दर्य मिलेगा जो सांसारिक आमोद-प्रमोद के साधनों से बिलकुल पृथक हो जाएगा। चिड़ियों की चहचहाहट, झरनों की मधुर कल कल ध्वनि, पत्तियों की सरसराहट, उषा की लाली, नदियों का मन्थर वेग आदि सृष्टि का ऐसा वरदान हैं जो हमारे हृदय को अनन्त आनन्द से भर सकता है और इस आनन्द से हमारा चित्त तथा शरीर दोनों पुष्ट होते हैं। अपने भीतर छिपे उस सहज सौन्दर्य-बोध को जगाओ।''

यश उनके चरणों में झुक आया था—''मुझे अपना शिष्य बना लीजिए।'' उसकी आँखों में आँसू थे।

उन्होंने उसे उठाया और सतर्क किया था—''भिक्खु का जीवन बिलकुल सादगी से भरा होता है। भिक्षा में मिले अन्न पर रहना होता है। वृक्षों के नीचे या घास-फूस की झोपड़ी में सोना पड़ता है। दिन में केवल एक बार भोजन करता है भिक्खु। अपने मन और शरीर को मुक्ति प्राप्ति की दिशा में लगाता है। लोगों को दुखों से छुटकारा पाने के मार्ग में सहयोग करना ही उसके पूरे जीवन का उद्देश्य होता है। कर सकोगे यह सब?''

''जी, मुझे सब स्वीकार है।'' यश को जैसे एक जीवनदान मिल गया था।

उस समय उन्होंने अपने अन्य पाँचों शिष्यों से यश का परिचय करवाया था और कौंडन्न को आदेश दिया था—''यश भिक्खु बनना चाहता है। कृपया उसे बताओ कि चीवर कैसे पहनना है, भिक्षाटन के क्या नियम हैं तथा प्राणायाम और ध्यान कैसे करना है?''

''जी, जैसी आज्ञा।''

और कौंडन्न यश को लेकर चला गया था कुटिया के भीतर।

इस समय भी यश के बारे में विचार करते हुए ही तथागत मूल गन्ध कुटी विहार में प्रविष्ट हुए। लाल पत्थरों से निर्मित इस आधुनिक मन्दिर के भीतर शान्ति थी। सामने एक ऊँचे आसन पर स्वयं उनकी सुनहरी आदमकद प्रतिमा विराजमान थी। दोनों हाथों की उँगलियाँ एक दूसरे को इस प्रकार स्पर्श करते हुए, मानो कोई ग्रन्थि खोल रही हों। पद्मासन में बैठी इस मूर्ति के सम्मुख कई छोटे बड़े कलात्मक विद्युत लैम्प अपना मद्धिम प्रकाश फेंक रहे थे। आस-पास कृत्रिम फूलों और फूलदानों से आकर्षक सजावट की गयी थी। मूर्ति के ठीक ऊपर एक विशाल छत्र रंग-बिरंगी झालरों के साथ लटक रहा था। प्रतिमा के सम्मुख पीतल के एक बड़े से कटोरेनुमा बर्तन में एक साथ जल रही कई सुगन्धित अगरबत्तियों का धुआँ ऊर्ध्वमुखी हो आध्यात्मिक वातावरण की सृष्टि कर रहा था। प्रतिमा वाले मंच के ठीक नीचे बने संगमरमर के चबूतरे पर मोटी कालीन बिछी थी जिस पर सद्यः

मुंडित सिर वाला एक भिक्खु चीवर धारण किए दूसरे भिक्खु के सामने विनम्र भाव से बैठा था। दूसरे भिक्खु का चीवर बासन्ती रंग का था और उनके गौर वर्ण को और अधिक भव्यता प्रदान कर रहा था। वे अपने अन्य पाँच भिक्षुओं के साथ हाथ में पीले रंग का धागा पकड़े समवेत स्वर में सुत्त पाठ कर रहे थे—

भवतु सब्बमंगलं रक्खंतु सब्ब देवता,
सब्ब बुद्धानुभावेन सदा सोत्थि भवंतु तो।।
भवतु सब्बमंगलं रक्खन्तु सब्ब देवता,
सब्ब धम्मानुभावेन सदा सोत्थि भवंतु ते।।
भवतु सब्बमंगलं रक्खंतु सब्ब देवता,
सब्ब संघानुभावेन सदा सोत्थि भवंतु ते।।

"नाउ मि. माडवेल, यू हैव बिकम ए मांक। आप बौद्ध भिक्षु बन गये।" भिक्षु के. सिरी सोभित थेरो ने दीक्षा ले रहे माडवेल को आशीर्वाद की मुद्रा में स्पर्श किया।

"जी भन्ते, आपकी कृपा।" मि. माडवेल के. सिरी सोभित थेरो के सामने विनीत हो झुक गये।

"अब आज से आप मॉडवेल नहीं बल्कि बौद्ध भिक्षु एम. अलभ्यानन्द हैं। दीक्षा नाम है यह आपका। यह हमारे यहाँ की परम्परा है।" के. सिरी सोभित ने समझाया।

"मुझे स्वीकार है भन्ते।" एम. अलभ्यानन्द के चेहरे पर प्रसन्नता की रेखाएँ गहरा उठीं। खड़े होने पर उनकी लम्बाई के. सिरी सोभित थेरो से अधिक थी।

"कब तक हैं आप यहाँ सारनाथ में?"

"जब तक अपना लक्ष्य पा न जाऊँ।" एम. अलभ्यानन्द मुस्करा उठे।

"क्या है लक्ष्य?" के. सिरी सोभित थेरो ने उनकी कलाई पर पीले रंग का धागा बाँधते हुए कहा।

"शान्ति। ... शान्ति की तलाश में मैं आया हूँ अमेरिका से। इसीलिए बुद्धिज्म में आया। इन ऑर्डर टू फ़ाइन्ड पीस एण्ड दैट इज़ माई अल्टीमेट गोल।" एम. अलभ्यानन्द की आँखें मंच के ऊपर प्रतिमा की उँगलियों पर टिक गयी थीं।

"तथागत आपकी इच्छा पूरी करें। भवतु सब्ब मंगलं।" के. सिरी सोभित का दाहिना हाथ आशीर्वाद की मुद्रा में उठा।

"ओह, ऋषिपतन अब सारनाथ है।" दिशाओं में एक सूक्ष्म खनक तैर गयी थी।

"साधु, साधु, साधु।" एम. अलभ्यानन्द के साथ ही पास खड़ी एक पचीस

वर्षीया युवती भी बोल उठी।

"यह है मेरी बेटी सेरेना मॉडवेल। हिन्दू धर्म में कर्मकाण्ड पर रिसर्च करने आयी है यहाँ। मैंने जब आज दीक्षा लेने की बात की तो यह भी आ गयी देखने।" एम. अलभ्यानन्द ने अपनी बेटी का परिचय भिक्षु के. सिरी सोभित थेरो से करवाया।

"प्रणाम भन्ते।" मुस्कराते हुए झुककर प्रणाम किया सेरेना ने। पचीस-छब्बीस वर्षीया लम्बी और दुबली-पतली सी सेरेना का रंग दूधिया था किन्तु गुलाबी ओठों पर काली आँखें और काले-काले लम्बे बाल उसके सौन्दर्य में भारतीयता की झलक दे रहे थे। नीले रंग की जीन्स पर लाल छींटदार कालर वाला कुर्ता उसके घुटनों तक लटका हुआ था। कुर्ते की लम्बी आस्तीनों में छिपी कलाइयों में लाल और काले रंग की काँच की चूड़ियाँ प्रणाम करने की मुद्रा के साथ छनक पड़ी थीं। कानों में लटके बड़े-बड़े कृत्रिम झुमके थिरक उठे।

"अरे, तो पहले क्यों नहीं परिचय करवाया मि. मॉडवेल?" सेरेना के प्रणाम का प्रत्युत्तर हाथ उठाकर आशीर्वाद देते हुए भिक्खु के. सिरी सोभित थेरो ने पूछा।

"नहीं भन्ते, मॉडवेल नहीं, भिक्खु एम. अलभ्यानन्द। है न?" वह खिलखिलाकर हँसी थी। उसकी श्वेत दन्तावलियाँ चमक उठीं।

"आँ, हाँ, अभी प्रैक्टिस में आने में समय लगेगा।" भिक्खु के. सिरी सोभित के मुख पर एक सौम्य हँसी नाच उठी।

"वैसे मैं भी अब सेरेना नहीं बल्कि गौरी हो गयी हूँ। एम. गौरी। और ये हैं मेरे डियर फादर, जिन्हें मैं भारत आने के बाद से दाऊ जी कहने लगी हूँ। ठीक है न भन्ते।" वह फिर से हँस पड़ी थी।

"आपकी हिन्दी तो बहुत अच्छी है। बिलकुल शुद्ध, जैसे यहीं की हों आप।" भिक्खु के. सिरी सोभित ने प्रशंसा की।

"मैंने अपने देश में भी हिन्दी विषय की ही पढ़ाई की, और अब उसी में रिसर्च भी कर रही हूँ।"

"कब से हैं आप यहाँ?"

"पिछले वर्ष आयी हूँ। सात महीने हो गये आये। अभी लगता है जैसे यहाँ काशी में ज्ञान का सागर और बढ़ता जा रहा है, और बढ़ता जा रहा है और मैं एक तिनके की तरह उसमें बह रही हूँ। बहुत कुछ जानना शेष है अभी।" गौरी की आँखें बच्चों की तरह विस्मय से खुली थीं और दोनों हाथ सागर की विशालता को बताने में ऊपर की ओर फैले थे।

"बौद्ध धर्म में आपकी रुचि नहीं?" भिक्खु के. सिरी सोभित ने पूछा।

"नहीं, ऐसी बात नहीं भन्ते। एक समय में एक ही धर्म के बारे में पूरी तरह

जान लिया जाय, वही सम्भव नहीं हो पाता अकसर। हम उसके बाह्य आवरण से ही टकरा-टकराकर लौट आते हैं और उसे ही धर्म समझ बैठते हैं। उसके मूल स्वरूप को समझने के लिए उन आवरणों के पार जाना होता है। मुख्य बिन्दु तक पहुँचना पड़ता है, तब जाकर कहीं हम उसके गूढ़ तत्त्वों को समझ पाते है, उसके स्थूल स्वरूप के सूक्ष्म आधार को जान पाते हैं। जैसे ब्रह्माण्ड की उत्पत्ति एक बिन्दु से हुई, एक महाविस्फोट से हुई, इस तथ्य को अब वैज्ञानिकों ने भी सिद्ध कर लिया है। आज भी नीहारिकाएँ जिस गति से दूर जा रही हैं उसे आधार बनाकर उन्होंने ब्रह्माण्ड की उत्पत्ति और उस महाविस्फोट के काल की गणना की है। इसीलिए भन्ते, उस आदि बिन्दु की खोज में हम सब चल रहे हैं। रास्ते चाहे अलग हों, पर गलत न हों, इसका ध्यान रखना मानवमात्र का कर्त्तव्य होना चाहिए। मैं शुरू से सनातन धर्म का अध्ययन कर रही हूँ। मेरे दाऊ शान्ति की खोज में यहाँ आये हैं। वे बुद्धिज़्म के माध्यम से कुछ पाना चाह रहे हैं। मैं कुछ पाने या गुण-दोष ढूँढ़ने के उद्देश्य से नहीं, बल्कि साक्षी भाव से अध्ययन कर रही हूँ, और ये खोजी दृष्टिकोण से शान्ति और तथागत के अन्य मानवीय मूल्यों की तलाश में हैं। हम सब साथ हैं। देखिए क्या होता है?''

गौरी ने दोनों कन्धे उचकाये थे और एक हल्की स्मित के साथ मौन हो गयी। उसकी स्पष्ट विचारधारा से के. सिरी सोभित थेरो बहुत प्रभावित लगे।

''बहुत अच्छा, बहुत अच्छा। गौरी, आइये आपको भी यह सूत्र बाँध दूँ।'' पीले धागे को पुनः उठाते हुए भिक्खु के. सिरी सोभित ने गौरी को पास बुलाया। गौरी पास जाकर घुटनों के बल वज्रासन की मुद्रा में उनके सम्मुख बैठ गयी। भिक्खु के. सिरी सोभित ने प्रतिमा के पीछे से एक सुनहरे कलश जैसा पात्र उठाया जिसका मुँह रंगीन कपड़े से ढँका हुआ था और उसे गौरी के सिर पर स्पर्श कराते हुए आशीर्वाद देने लगे थे—

भवतु सब्बमंगलं रक्खंतु सब्ब देवता,
सब्ब बुद्धानुभावेन सदा सोत्थि भवन्तु ते।।

कलश को यथास्थान रखने के पश्चात् वे पीला धागा बाँधने के लिए उद्यत हुए तो गौरी ने अपना हाथ आगे बढ़ा दिया। उसमें पहले से ही बँधा लाल रंग का रक्षा-सूत्र चमक रहा था। उनके पूछने से पूर्व ही गौरी ने बताया था—''कल मेरे गेस्ट हाउस की स्वामिनी के यहाँ पूजा हुई थी। वहीं पंडित जी ने बाँधा है।'' वह उल्लसित भाव से बता रही थी।

नये-नये भिक्खु बने एम. अलभ्यानन्द इन वार्ताओं से बिलकुल अलग-थलग बुद्ध-प्रतिमा के पास खड़े निर्निमेष उसे निहार रहे थे। तथागत उनके भाव-जगत् में

विचरण कर रहे थे—

"कितना कष्ट सहा इन्होंने लोगों का दुख दूर करने में और उन्हें आत्म-मुक्ति का मार्ग दिखाने में। जंगल-जंगल, वन-प्रान्तर, गह्वरों में फिरते रहे लोक कल्याण के लिए। कल गौरी कह रही थी कि दो महापुरुषों ने सांसारिक सुखों का त्याग किया दूसरों के कष्ट दूर करने के लिए—एक थे मर्यादा पुरुषोत्तम राम और दूसरे थे सिद्धार्थ गौतम। आज मैं भी शरण में हूँ आपकी तथागत। सत्य देखने वाली दृष्टि प्राप्त करने में अपना वरदान दीजिए। मैं भटकता हुआ यहाँ आपकी शरण में आया हूँ। वही शान्ति और करुणा पाना चाहता हूँ, जो यहाँ आपने बरसायी थी। ज्ञान का प्रकाश भर लेना चाहता हूँ अपने भीतर जिसे आपने इस स्थान से सम्पूर्ण धरा के लिए प्रेषित किया था। मैं प्रकाश पुञ्ज के पास ही आ पहुँचा हूँ, मुझमें अन्तर्दृष्टि दो तथागत।" एम. अलभ्यानन्द बुदबुदाते हुए बुद्ध-प्रतिमा के चरणों में नतमस्तक हो गये।

तथागत ऋषिपत्तन को देखना चाहते थे। यहाँ के लोग, उनकी चर्या और स्वयं द्वारा बताये गये ज्ञान मार्ग का प्रभाव जानने की उनके शुद्ध, बुद्ध चित्त में इच्छा हुई थी। इसके लिए एम. अलभ्यानन्द एक उचित माध्यम थे। वे बुद्ध प्रतिमा के चरणों में नतमस्तक एम. अलभ्यानन्द के निष्कलुष, जिज्ञासु चित्त में शान्त भाव से प्रविष्ट हो गये थे।

आनन्द का एक नव-स्फुरण हुआ एम. अलभ्यानन्द के चित्त में। झुका हुआ सिर उठा था उनका और अर्ध-उन्मीलित नेत्रों से उन्होंने बुद्ध-प्रतिमा की अधखुली आँखों में झाँका। रोमावलियाँ पुलक से खड़ी हो गयीं। पूरा ब्रह्माण्ड क्षण भर के लिए दृष्टि के सम्मुख झलक उठा और वे बन गये उसके साक्षी द्रष्टा।

पलांश में ही कोयल की कुहू-कुहू से वे स्थूल जगत् में लौट आये। सुबह की मन्द बासन्ती हवा का मद्धिम झोंका मूल गन्ध कुटी विहार की खिड़कियों से होकर उनको स्पर्श करने लगा था। वे विभोर हो उठे। खिड़की से बाहर झाँका तो दाहिनी ओर खड़े पीपल पर सूर्योदय की पहली किरणें बिखर चुकी थीं। ऊपर टँगे स्वर्णिम छत्र की झालर में लगी नन्हीं घण्टियाँ हवा के मद्धिम झोकों से हलके-हलके टुनटुना रही थीं। एम. अलभ्यानन्द के चेहरे पर फैले एक अलौकिक तेज को देखकर के. सिरी सोभित थेरो आश्चर्यचकित थे।

दो

मूलगन्धकुटी विहार से बाहर आते हुए एम. अलभ्यानन्द की चाल अत्यन्त गरिमापूर्ण थी। गौरवर्ण पर चीवर उनके सौम्य चेहरे को और आकर्षक बना रहा था। प्रौढ़ वय और मुण्डित सिर के कारण दूर से वे के. सेरी सोभित थेरो जैसे ही दिखाई दे रहे थे। उन दोनों भिक्षुओं के बीच गौरी चल रही थी वैराग्य के बीच उपजे वत्सल राग की तरह।

"उफ़, इतनी गर्मी इस वसन्त ऋतु में?" उसने अपने माथे का पसीना पोंछते हुए कहा। धम्म देशना के बाद मन्दिर की भीतरी दीवारों पर भगवान् गौतम बुद्ध के जीवन के प्रसंगों पर आधारित पेन्टिंग देखते तथा पुस्तकें खरीदने में सुबह के नौ बज गये थे और सूरज की नरम किरणें कुछ उग्र हो उठीं थीं।

"आजकल मौसम बहुत तेजी से बदल रहा है।" के. सिरी सोभित थेरो ने कहा।

"जिन कवियों ने इन महीनों में वसन्त ऋतु को देखकर अपना काव्यमय वर्णन किया होगा, आज के चार-छः सौ वर्षों बाद तो वह एक काल्पनिक तथ्य बनकर रह जाएगा। लोग इसे भी एक गप्प समझेंगे। इस ऋतुसंहार का कारण उसी तरह ढूँढ़ना भी नहीं चाहेंगे जैसे आज लोग वेदों और पुराणों में वर्णित घटनाओं और तथ्यों को झुठलाने लगे हैं। बारह आदित्यों की बातें, संजीवनी की खोज में पहाड़ को उठा लाना, या समुद्र पर पुल बाँध लेना, शब्दबेधी बाण आदि-आदि तमाम बातें कपोल कल्पना लगती हैं।" गौरी ने अपने ललाट पर हथेली से छाँह करते हुए कहा।

"सम्पूर्ण सृष्टि परिवर्तनशील है फिर भी सभी तत्त्व न तो सर्वथा पृथक् हैं और न ही शाश्वत।" भिक्षु एम. अलभ्यानन्द ने मुस्कराकर कहा। उनकी दृष्टि इस समय चन्द्रमा की भाँति शीतल थी।

"ओह दाऊ, यू आर कम्प्लीटली चेंज्ड।" चहककर गौरी ने अपना दाहिना हाथ अपने पिता भिक्षु एम. अलभ्यानन्द के बायें कन्धे पर रखते हुए कहा। उसके

चेहरे पर एक प्रसन्नता का भाव था और वह अपने पिता का मुँह ध्यान से देख रही थी।

"ओ.के. अलभ्यानन्द जी, शाम को मिलेंगे।" के. सिरी सोभित थेरो अपने चलते-चलते गौरी ने भिक्षु के. सिरी सोभित थेरो को पीछे से देखा। वे मन्थर किन्तु सधे पग रखते हुए जा रहे थे। गौरी ने सोचा—अधिकांश संन्यासियों की चाल में धीरता और गम्भीरता आ ही जाती है। ऐसा शायद सांसारिक वस्तुओं के प्रति चाहना और उत्सुकता में कमी हो जाने के कारण होता होगा, या फिर जीवन और संसार के प्रति एक स्पष्ट दृष्टिकोण विकसित हो जाने के कारण।

भिक्षु एम. अलभ्यानन्द दिन के उजाले में ध्यान से ऋषिपत्तन को देख रहे थे। सब कुछ बदला-बदला सा लग रहा था। वन-प्रान्तर की जगह क्रमबद्ध ढंग से वृक्ष अपने सौन्दर्य के साथ तने खड़े थे। चारों तरफ फूलों और हरी दूब की सुषमा बिखरी हुई थी। धम्मेक स्तूप और आस-पास के खँडहरों को भी आकर्षक ढंग से सजाया गया था। प्राचीन शिलाओं और सरोवरों का कहीं कोई अस्तित्व नहीं दिखाई पड़ रहा था। आधुनिक स्थापत्य कला का नमूना बना पत्थरों से निर्मित मूलगन्धकुटी विहार प्रकृति के बीच किसी श्रामणेर की तरह दिखायी दे रहा था। सामने की ओर जाती सड़क इच्छाओं के विस्तार की तरह मुख्य मार्ग से मिल गयी थी और मूलगन्धकुटी विहार उससे असम्पृक्त रहने के प्रयास में मानो ठिठककर खड़ा हो गया था।

गौरी और अलभ्यानन्द चलते हुए सारनाथ चौराहे से मिलने वाले मुख्य मार्ग पर आ गये। सूर्य के आलोक के साथ ही जीवन-व्यापार शुरू हो चुका था। सड़क के दोनों ओर ठेले वाले अपने-अपने ठेलों पर फल तथा अन्य खाने-पीने की वस्तुएँ सजाने लगे थे। गुमटियों के ताले खुल गये थे और उनके मालिक सामानों की झाड़-पोंछ के साथ धूप अगरबत्ती दिखा रहे थे। रंग-बिरंगी मोती की मालाएँ, खिलौने, आभूषण, स्कार्फ तथा मूर्तियों की आकर्षक दुनिया सजाए वे सभी आने-जाने वालों को अपनी ओर आमन्त्रित करते। चाय-पान की गुमटियों में इस समय सबसे अधिक भीड़ थी। भट्ठियों से धुआँ निकल रहा था और दुकानदार बाँस से बने पंखे से हौंक-हौंककर उसे लहकाने का प्रयास कर रहे थे। ग्राहकों को जल्दी हो या न हो पर उन्हें सामान बेच लेने और बोहनी हो जाने की बेचैनी थी। साड़ियों और मूर्तियों के भव्य शो-रूम के शटर अपनी खड़र-पड़र के साथ उठ रहे थे। किसी में सैम्पल वाली साड़ियाँ बाहर हैंगर में लटकाई जा रही थीं तो किसी शो-रूम में बड़ी बड़ी बुद्ध प्रतिमाएँ तथा फैन्सी फूलदान और दीपदान करीने से सजाए जा रहे थे ताकि अधिक से अधिक देशी-विदेशी ग्राहकों को अपनी ओर लुभाया जा सके। फुटपाथ पर छोटे-छोटे लकड़ी के पीढ़े और ईंटों के सहारे बड़े से चौकोर आईने

रखकर कई हजामत बनाने वाले मुस्तैदी से डट गये थे। कुछ आने-जाने वालों में ग्राहक तलाश रहे थे तो कुछ हज्जामों के सामने ग्राहक आकर पीढ़े पर बैठ चुके थे। उनके हाथ में आईना पकड़ा गर्दन के चारों ओर सफेद गमछा लपेट उस्तरे से कोई किसी की दाढ़ी साफ कर रहा था तो कोई सिर के बाल छाँट रहा था। इक्का-दुक्का खुले सैलूनों में बहुत कम ग्राहक ही जाते थे।

चारों तरफ ऊँची-ऊँची अट्टालिकाएँ एवं भवन खड़े थे। चौराहे पर ही सामने की ओर एक संकेतक लगा था, जिस पर लिखा था—'सारंगनाथ मन्दिर' और उसी ओर इंगित करता एक तीर का निशान बना था।

भिक्षु एम, अलभ्यानन्द ने अपनी दृष्टि उस पर गड़ा दी। गौरी ने हँसते हुए कहा—

"दाऊ जी, वह रास्ता मेरा है। आपका पीछे छूट गया। लेकिन फिलहाल अभी हम दाहिने मुड़ जाते हैं, अपने गेस्ट हाउस की ओर। भूख लग रही है मुझे।"

"हाँ, अवश्य।" दोनों गेस्ट हाउस की ओर मुड़ गये थे।

"ब्रेकफास्ट भेजूँ?" उन दोनों को डाइनिंग हाल के प्रवेश द्वार से भीतर आते देख गेस्ट हाउस की स्वामिनी मंजुला रानी ने रसोई से बाहर आते हुए पूछा।

"हाँ रानी जी, भूख लगी है।" गौरी ने अपना पेट हाथ से सहलाते हुए परिहास की मुद्रा में कहा।

भिक्षु एम. अलभ्यानन्द को भी इस समय तक नाश्ते की आवश्यकता महसूस हो रही थी, परन्तु भीतर से एक आवाज़ आयी थी—भिक्खु को दिन में एक बार भोजन करना चाहिए। उन्होंने मंजुलारानी को हाथ के संकेत से मना किया था।

"क्या मतलब?" मंजुलारानी का मुँह आश्चर्य से थोड़ा खुला था। किंचित् उभरी दन्तावलियाँ उनकी स्थूल काया के साथ तालमेल बैठा चुकी थीं। साँवले रंग के तन पर हलके पीले रंग की शिफान की साड़ी खाना बनाने के चक्कर में कमर पर अस्त-व्यस्त ढँग से खुँसी थी। आँचल का एक छोर भूमि का स्पर्श कर रहा था। हाथ में आटा लगा था। वे अपलक अलभ्यानन्द को देख रही थी। उन्हें ज्ञात तो था कि मि. माडवेल आज बौद्ध धर्म की दीक्षा लेंगे पर उनका यह परिवर्तित रूप देखकर वह विस्मित थीं।

"मैं साढ़े ग्यारह बजे खाना खाऊँगा। बस एक बार। यहीं, नीचे डाइनिंग हाल में आ जाऊँगा।" भिक्षु एम. अलभ्यानन्द ने अपना चीवर सँभालते हुए कहा।

"हे भाभी, ई देखिए।" पास ही खड़ी चौदह-पन्द्रह वर्षीया फुलझड़ी दोनों हाथों से ताली पीट हँस पड़ी।

"ओये, क्या हुआ फुलझड़ी?" गौरी के चेहरे पर भी एक मुस्कराहट रेंग गयी थी। इतने दिनों से इस पेइंग गेस्ट हाउस में रहते हुए वह सबसे अन्तरंग हो गयी थी। खाना बनाने में मदद करने एवं कमरों में झाड़ू-पोंछा करने वाली फुलझड़ी

अकसर उससे घंटों बातें करती रहती।

"ई देखो गौरी दीदी, दाऊ जी तो लामा बन गये।" वह भिक्षु एम. अलभ्यानन्द की ओर हाथ से संकेत कर पुन: हँस पड़ी।

"चुप फुलझड़ी, हँसते नहीं।" मंजुलारानी ने उसे डाँटा था।

"लामा क्या?" अलभ्यानन्द ने मुस्कराकर पूछा। फुलझड़ी की जगह मंजुलारानी ने उत्तर दिया–

"यहाँ के ये लोग सभी संन्यासियों को लामा ही कह देते हैं।"

"चलो, तुम्हें भी लामा बना दें।" भिक्षु एम. अलभ्यानन्द ने फुलझड़ी के सिर पर स्नेह से हाथ रखा।

"हूँ, ये सारे बाल श्यू...।" गौरी ने बाल काटने का अभिनय किया। उसका एक हाथ उस्तरे की मुद्रा में था।

"भक्क, हम क्यों बनें लमाइन?"

"क्यों? क्यों नहीं बनना चाहती?" गौरी ने पूछा।

"वो है न एक ठो लमाइन। लान में घूमती रहती हैं दिनभर। सारे लड़के उसके टकले सिर पर कउआ-ठोपी मारते रहते हैं और वह हँसती रहती है। कभी-कभी बिस्कुट बाँटती है। सारे बच्चे उसी लालच में पीछे-पीछे दौड़ते हैं।"

"तो, ये तो अच्छी बात है न?" गौरी ने हामी भरी।

"अच्छा, ये अच्छी बात है? अपना माई-बाऊ छोड़ के लामा बन जाओ, अच्छी बात है? हम तो कभी न छोड़ें?" फुलझड़ी ने अपना दो टूक उत्तर सुना दिया। उसके चेहरे की भंगिमा से लग रहा था जैसे यदि वह इस समय कठोर उत्तर नहीं दे देगी तो शायद उसे लोग संन्यासी बना ही देंगे।

"अच्छा, अच्छा, इस समय छोड़ देते हैं। बाद में देखेंगे।" गौरी ने कन्धे उचकाते हुए फुलझड़ी से कहा तो वह भी एक फीकी हँसी हँस पड़ी। अपने रूखे सूखे बालों को अपने रिबन में कसकर लपेटते हुए उसने अपने समीज की आस्तीन से चेहरा पोंछा। नीले रंग की लम्बी समीज उसके दुबले बदन पर बिजूका को पहनाए गये बेडौल वस्त्र की तरह लग रही थी। सलवार की निचली मोहरी पानी और धूल मिट्टी से लिथड़ी थी।

डाइनिंग हाल से बनी सीढ़ियाँ चढ़ते हुए भिक्षु एम. अलभ्यानन्द ऊपर अपने कमरे की ओर जा रहे थे।

"रानी, मेरे लिए जल्दी ब्रेकफास्ट।" कहते हुए गौरी भी सीढ़ियों की ओर लपकी।

"फुलझड़ी, तू इतने दिनों से हमारे यहाँ काम कर रही है और अभी तक बोलने का शऊर नहीं हुआ? ग्राहकों से ऐसे बात की जाती है?" मंजुलारानी उसे

धीमे स्वर में डाँटते हुए रसोई की ओर मुड़ गयीं।

डाइनिंग हाल में कई ग्राहक खाने और नाश्ते के इन्तजार में बैठे थे। ऊपर की मंजिल पर इन अतिथियों के ठहरने के लिए छोटे-छोटे सुविधाजनक कमरे बने थे और नीचे के भाग में डाइनिंग हाल तथा रसोई के अलावा बने कमरों में मंजुलारानी स्वयं अपने पति एवं बच्चों के साथ रहती थीं। फुलझड़ी और एक अन्य नौकर के साथ सभी अतिथियों के भोजन पानी की व्यवस्था वे स्वयं करतीं। इस घरेलू व्यवसाय से होने वाली आय से ही पूरे परिवार का खर्च चलता था। उनके पति प्रतापसिंह रघुवंशी एम. एस. डब्ल्यू की पढ़ाई पूरी करने के बाद समाज सेवा के कार्य से जुड़ गये। कई एन. जी. ओ. के संचालक और साथ ही स्थानीय स्तर की छिटपुट समस्याओं के समाधान हेतु कभी-कभी नेतागिरी भी कर लेते थे। उनकी वाक्पटुता और व्यवहारकुशलता के लोग प्रशंसक थे। पत्नी द्वारा चलाये जा रहे पेइंग गेस्ट हाउस से उन्हें दोहरा लाभ था। एक तो घर बैठे आमदनी का स्रोत, दूसरे विदेशी लोगों के सहयोग से अपने एन.जी.ओ. को अच्छे ढंग से संचालित करना। उनकी पत्नी अधिकतर लम्बे समय तक टिकने वाले अतिथियों को ही वरीयता देतीं। एक तो उनकी आदतों से परिचित हो जाने के कारण व्यवस्था करने में किसी प्रकार की उलझन नहीं होती थी दूसरे आमदनी की निश्चितता भी रहती थी।

× × ×

"कैसा लग रहा है दाऊजी अब?" गौरी ने चाकू से ब्रेड पर मक्खन फैलाते हुए पूछा। कमरे में ब्रेकफास्ट आ चुका था।

"अभी देखना शुरू हुआ है। महसूस करने के लिए थोड़ा समय तो चाहिए।" एम. अलभ्यानन्द ने कमरे में पड़ी आराम कुर्सी पर बैठते हुए स्वयं को ढीला छोड़ दिया।

"सच तो यह है दाऊजी कि अन्य धर्म अपनी ही मुक्ति या आत्म साक्षात्कार पर बल देते रहे हैं। यही एक धर्म है जिसमें गौतम बुद्ध आत्म मुक्ति के साथ-साथ अन्य प्राणियों के दुखों को भी दूर करना चाहते थे। उन्होंने उस सद्धर्म की खोज की जिससे जीवन की पीड़ाओं का समाधान निकले, पर क्या वे सफल हो सके? इस सारनाथ में अपने पञ्चवर्गीय भिक्खुओं के माध्यम से प्रथम धम्म-देशना के काल से लेकर आज लगभग ढाई हज़ार वर्षों के कालान्तर में बस इसी सारनाथ या तथागत के उस ऋषिपत्तन को ही ले लीजिए। क्या कम हो सकीं प्राणिमात्र की पीड़ाएँ? आत्मसात कर सके यहाँ के लोग उनके दस शील या अष्टाङ्गिक मार्ग को? मैं तो यह मानती हूँ कि धर्म एक नितान्त वैयक्तिक निधि है जो चाहे तो व्यक्ति का आत्मिक परिष्कार कर दे, आत्मानुशासन के द्वारा एक आध्यात्मिक मार्ग पर चला दे

अथवा भीड़ या प्रचार तन्त्र का अस्त्र बन जाए।'' गौरी ने ब्रेड का टुकड़ा अपने मुख में रखते हुए कहा।

''इतनी जल्दी निष्कर्ष पर नहीं पहुँचा जा सकता, गौरी। हम गहराई से देखें और समझें तब।''

''कभी-कभी एक दृष्टि डालने से भी वही सत्य पकड़ में आता है, जिसे हम बार-बार वैज्ञानिक और दार्शनिक सिद्धान्तों की कसौटी पर छानकर देखते हैं।'' वह खुलकर हँस पड़ी। उसके मोती जैसे दाँत चमक उठे।

''फिर भी उड़ती दृष्टि से देखने वाले सत्य को हमें पूर्ण नहीं मान लेना चाहिए।'' एम. अलभ्यानन्द ने अपने मुण्डित सिर पर हाथ फेरा।

''फुलझड़ी का सत्य क्या किसी दार्शनिक या सैद्धान्तिक विवेचन की अपेक्षा रखता है? मंजुलारानी को जहाँ तक मैंने समझा है, उनका जीवन क्या कष्टों से मुक्ति की दिशा में अग्रसर प्रतीत होता है?'' बोलते हुए एकाएक गौरी रुक गयी थी क्योंकि फुलझड़ी दरवाजे के बीचोबीच आकर खड़ी हो गयी थी।

''हूँ, क्या है?'' एम. अलभ्यानन्द ने शान्त स्वर में पूछा।

''भाभी ने पूछा है कि आज आप खाने में क्या लेंगे?''

''जो भी मिल जाएगा।'' उनकी मुखमुद्रा सौम्य थी।

''दाऊ जी भिक्खु हो गये न आज से। अब वे दान में मिली चीज खायेंगे। दाऊ जी, आपका पिण्डपात् कहाँ है?'' गौरी खिलखिलाकर हँस पड़ी। उसके चेहरे पर बच्चों सी निर्मलता नाच रही थी।

''समय के साथ बहुत कुछ परिवर्तन अपेक्षित होता है।'' उन्होंने अपना चीवर सँभाला।

''लेकिन भाभी जी तो दान में खिलायेंगी नहीं। ऐसे ही अगर वे दान करने लगीं तो बेचारी अपने तो भूखों मर जायेंगी...। चार ठो बच्चे कैसे पालेंगी? गेस्ट हाउस तो बन्दै हो जाएगा।'' फुलझड़ी भी हँस पड़ी। उसने अपना सलवार धीरे से ऊपर की ओर खींचा। शायद डोरी ढीली बँधी थी इसीलिए वह बार-बार खिसक रही थी।

''यह शरीर आत्मा का मन्दिर है। यह उस नौका के समान है जिसके माध्यम से नदी के इस पार या उस पार आया-जाया जा सकता है। इसलिए शरीर के साथ अन्याय करके शान्ति अथवा ज्ञान नहीं प्राप्त किया जा सकता। देश-काल-परिस्थिति के अनुसार हमें शरीर का पालन करना ही है।'' एम. अलभ्यानन्द ने फुलझड़ी की सहज बात और गौरी के परिहास का उत्तर देते हुए कहा।

''दाऊ जी, आपको भूख नहीं लग रही है? इस समय तक तो आप ब्रेकफास्ट के लिए बेचैन हो जाते थे।'' गौरी ने अपने प्याले में कॉफ़ी उड़ेलते हुए अपने पिता की ओर देखा।

"ऊँ, हूँ। कुछ तो नियम पालन होना ही चाहिए।"

"मुश्किल लग रहा है न?"

"नहीं, सामान्य सी बात है। मन में संकल्प ले लिया, तो ले लिया।" वे हँसे थे।

"फुलझड़ी, तुम्हें पीनी है काफ़ी?" गौरी ने फुलझड़ी से पूछा। वह एकटक उसी की ओर देख रही थी।

"....." वह कुछ नहीं बोली।

"आओ, बैठो। मैं बनाती हूँ तुम्हारे लिए कॉफ़ी।" गौरी ने अपने बगल में पड़ी कुर्सी की ओर संकेत किया और दूसरे प्याले में कॉफ़ी ढालने लगी। फुलझड़ी किंचित् संकोच के साथ कुर्सी पर सिकुड़कर बैठ गयी।

"तुम्हारी मम्मी कहाँ हैं?" गौरी ने उसे सहज करने का प्रयास किया।

"मेरी अम्मा?" उसने प्रश्न को और स्पष्ट कर लेना उचित समझा।

"हाँ, हाँ, तुम्हारी अम्मा?"

"वो तो घर पर होंगी। काम से आ गयी होंगी।"

"क्या करती हैं?" गौरी बातों का सिलसिला आगे बढ़ा रही थी।

"झाड़ू पोंछा करती है। खाली होती है तो ठेला भी लगाती है चौराहे पर।"

"तुम्हारे पिताजी?" गौरी ने आँखें उठाकर उसकी ओर देखा। हाथ पूर्ववत् कॉफ़ी के थर्मस को पकड़े हुए थे।

"हमार बाऊ? वो कुछ नहीं करते। कभी-कभी मन हुआ तो मंडी से सर-सौदा ला देते हैं। मन हुआ तो ठेले पर भी खड़े हो जाते हैं। नाहीं तो बाकी टैम दारू पीके बस हड़कम्पबाजी।" उसके स्वर में निर्लिप्तता थी। गौरी को फुलझड़ी की बातें कुछ समझ में आईं थीं और कुछ नहीं भी।

"कितने भाई बहन हो?" विषय बदलते हुए गौरी ने कॉफ़ी का प्याला उसे पकड़ा दिया। हाथ में प्याला थामे वह सीधी होकर बैठ गयी।

"दो बहिन थीं। सबका बियाह हो गया। एक छोटा भाई है बचाऊ, और एक हम।" उसके भोले चेहरे पर हँसी तैर गयी। गौरी को समझ में नहीं आ रहा था कि फुलझड़ी किस बात पर हँस रही है।

"तुम्हारा भाई पढ़ता है?"

"नहीं, धन्धा करता है।"

"क्या?"

"मूर्ति बेचता है लावन में।"

"लावन क्या?" गौरी की नासमझी पर फुलझड़ी खिलखिलाकर हँस पड़ी।

"लावन में रोज घूमती हो गौरी दीदी और लावन नहीं जानती? अरे वही जहाँ

सब बुद्ध मन्दिर है, फूल है, घास है। आगे जाकर तोता, सारस, मगरमच्छ और हिरन हैं।''

''ओह, लॉन? हूँ?'' गौरी भी हँस पड़ी उसके साथ। एम. अलभ्यानन्द के चेहरे पर एक मृदुल मुस्कान तैर रही थी।

''तुम्हारी बहनों की उम्र क्या है?'' गौरी ने पूछा तो फुलझड़ी ने प्याला ओठों से सटाते-सटाते रोक लिया।

''बड़ी वाली हमसे चार साल और छोटी वाली डेढ़ साल बड़ी है।''

''इतनी जल्दी शादी हो गयी उन सब की?'' गौरी के नेत्र आश्चर्य से खुलकर कुछ बड़े-बड़े हो गये।

''क्यों गौरी दीदी, आपकी शादी नहीं हुई है न?'' उल्टा एक प्रश्न फुलझड़ी की ओर से। गौरी अपने दोनों कन्धों को उचकाते हुए हँस पड़ी—

''अभी तक कोई अच्छा पति मिला ही नहीं।''

''धत्, अपना आदमी कोई अपने से खोजता है?'' फुलझड़ी उसकी नादानी पर हँस पड़ी।

''क्यों, तुम लोगों के यहाँ कौन खोजता है?''

''हम लोगों के बाऊ, चाचा, मामा, नाना।''

फुलझड़ी ने गर्व से बताया।

''अरे वाह। इतने लोग एक आदमी को खोजते हैं? तब तो यह जिम्मेदारी मुझे भी अपने दाऊ जी को देनी होगी। है न फुलझड़ी?'' गौरी ने परिहास किया।

''वो क्या खोजेंगे अब? वो तो संन्यासी हो गये।'' फुलझड़ी के चेहरे पर एक निराशा का भाव पसर गया था। वह एम. अलभ्यानन्द की ओर देख रही थी।

''क्यों, संन्यासी क्यों नहीं खोज सकते?'' गौरी ने बलात् अपने चेहरे पर उत्सुकता का भाव जागृत किया। उसे फुलझड़ी से बातें करने में आनन्द आ रहा था। अकसर अध्ययन और ध्यान से बचे समय में वह फुलझड़ी या मंजुलारानी के बच्चों के पास बैठ जाती और उनसे घंटों चुहलबाजी करती रहती। फुलझड़ी ने गम्भीरतापूर्वक बताया था—

''हमारी अम्मा कहती है कि संन्यासी और शराबी एक तरह के। दोनों को ही घर से कोई मतलब नहीं होता। चाहे आग लगे या बज्जर पड़े। हमारे बाऊ भी तो रोज पीकर टुन्न रहते हैं। घर में अनाज का एक्को दाना है कि नहीं, कोई मतलब नहीं। बस उनको तो खाना चाहिए। मम्मा लोग किस-किस तरह से बियाह तय कराये दुन्नो बहिन का।''

एम. अलभ्यानन्द शान्त भाव से उसकी बातें सुन रहे थे। गौरी अपनी कुर्सी पर थोड़ा सा झुककर ध्यान से फुलझड़ी की बातें सुन रही थी।

"गौरी दीदी, कॉफ़ी पी ली हो तो लाओ कप दे दो। भाभी नीचे भुनभुना रही होंगी कि हम कहाँ रह गयी।" वह निर्विकार भाव से ट्रे उठाकर कमरे से बाहर जाने को उद्यत हो गयी थी। बाहर धूप की तपिश तेज हो गयी थी। खिड़कियों के शीशे से छनकर धूप के टुकड़े बिस्तर और फर्श पर हिल डुल रहे थे। गौरी ने उठकर परदे खींच दिये।

"ओ. के. दाऊ जी, डाइनिंग हाल में मिलते हैं।" और वह बगल वाले अपने कक्ष की ओर चली गयी। एम. अलभ्यानन्द किसी गहरी सोच में डूब गये।

तीन

अपने कमरे का दरवाज़ा खोलकर गौरी अन्दर प्रविष्ट हुई तो देखा कि खिड़की खुली हुई थी। सुबह जल्दी-जल्दी वह दाऊ जी के साथ मन्दिर की ओर निकल गयी थी शायद इसीलिए बन्द करना भूल गयी। हवा के हलके झोंकों से मेज पर पड़े कुछेक कागज उड़कर फर्श पर पड़े थे। उसने झुककर कागजों को उठाया और मोटी सी पुस्तक के नीचे दबा दिया। ए.सी. का स्विच ऑन करने के बाद खिड़की बन्द करने पहुँची। न चाहते हुए भी सड़क के उस पार खड़े विशाल बरगद की ओर दृष्टि मुड़ गयी। डाक बँगले के सामने इस वटवृक्ष की ऊर्ध्वगामी शाखाएँ एक ओर आकाश की ऊँचाइयाँ नाप लेने की अदम्य जिजीविषा प्रकट कर रही थीं तो वहीं धरती का स्पर्श करतीं जटायें अपने मूल के प्रति कृतज्ञता ज्ञापित करते हुए दृढ़तापूर्वक उसे और सशक्त बना रही थीं। गौरी के ओठों पर एक प्रशंसात्मक मुस्कान तैर गयी। सचमुच छिन्न मूल होकर अस्तित्व की कल्पना भी की जा सकती है क्या? ऐसा मनुष्य बस हवा में कलाबाजियाँ ही खाता रह जाता है। पैरों के नीचे भूमि होने का एहसास और उस पर जमकर खड़े होने का आत्मविश्वास कभी नहीं पनप पाता भीतर। सोचते हुए गौरी ने एक बार पुनः बरगद की फैली जड़ों और उनसे कन्धा मिलाती जटाओं को देखा। जड़ों के पास ही छाया में अपनी गठरी पास रखे मैले कुचैले कपड़ों में बैठी एक अधेड़ सी स्त्री अपने दो छोटे-छोटे बच्चों को कुछ खिला रही थी। गौरी ने ध्यान से देखने का प्रयास किया परन्तु उस स्त्री के अल्युमिनियम के पुराने से कटोरे में रखा हुआ खाद्य पदार्थ वह देख नहीं पायी। बस खाने के हर कौर के साथ हुलस कर अपने दोनों नन्हे हाथ माँ की कलाई पर रख देते उस नंग धड़ंग बच्चे के अलावा उसे कुछ भी दिखाई नहीं दे रहा था। कुछ देर तक वह यूँ ही भाव विभोर माँ और बच्चे का हुलास देखती रही थी।

अचानक गौरी को अपनी माँ याद आई थी, जेनी मॉडवेल। ओह, नहीं-नहीं, अब तो वे जेनी अल्फ्रेड हो गयी हैं। गौरी के सीने में एक हूक सी उठी माँ को याद कर। कितना रीता सा है यह पक्ष उसका। बचपन में जितना ही वह माँ के और पास

जाना चाहती, उसके गले में बाँहें डाले सीने से चिपककर बिस्तर पर सो जाना चाहती, माँ उसे उतना ही दूर करती।

"ओह सेरेना, वेरी बैड हैबिट। यू ऑलवेज़ वांट टू क्लिग।" और वह सहमकर अलग हट जाती। माँ अपने कमरे में कम्प्यूटर से चिपक जाती और नन्ही सी सेरेना अपने कमरे में जाकर अपने टैडीबियर से। उसके नर्म फर के बालों से खेलती हुई वह स्वयं माँ की भूमिका में आ जाती।

"ओह, तुम्हें डर लग रहा है? आ, आ, आजा मेरा राजा बेटा, तुझे कहानी सुना दूँ। मिकी माउस वाली या एलीफैंट वाली? अच्छा, अच्छा, मिकी माउस वाली? तो सुनो...।" और वह बिस्तर पर लेटकर टैडीबियर को सीने से चिपका लेती। कहानी सुनाते-सुनाते न जाने कब वह स्वयं ही सो जाती। कभी-कभी उठती तो गाल के नीचे तकिया भींगी-भींगी सी रहती। पता नहीं आँसुओं से या फिर लार से।

परन्तु इस समय तो अपना बचपन याद कर गौरी की आँखें आँसुओं से भींगी हुईं थीं। उसने खिड़की के पट बन्द किये और आँखों को पोंछती हुई अपने लिखने वाली मेज के पास आयी। उसकी गौरवर्णी नाक का ऊपरी छोर लाल हो गया था। उसने अपने कुर्ते की बाँह से आँखों को रगड़ा और कुर्सी खींचकर बैठ गयी।

ऐसे ही डाक्टर के यहाँ अनजाने में उस दिन माँ भी कुर्सी खींचकर उसके बगल में आकर बैठ गयी थीं। चिर परिचित ममता की गन्ध उसके नथुनों से टकराई तो उसने पलटकर देखा और लगभग प्रसन्नता में चीख ही उठी—

"ओह ममा तुम?" उसका जी चाह रहा था कि अचानक मिली माँ को दोनों हाथों से पकड़कर झिंझोड़ डाले। गालों पर चुम्बनों की झड़ी लगा दे। अपनी बाँहों में जकड़कर गोल-गोल घूम जाय। 'ओह ममा, तुम कितनी अच्छी हो', कहते हुए गालों को चुटकी में भर ले। परन्तु वह यह सब नहीं कर सकी थी। माँ का किंचित् मुस्काता सा चेहरा किसी भी प्रकार की ऊष्मा से रहित लगा।

"हाँ मैं। तुम यहाँ क्यों?" माँ का ठण्डा सा प्रश्न उसे छुईमुई की पत्तियों की तरह सिकोड़ गया। बर्फबारी में पीली पड़ गयी दूब की तरह उसका चेहरा निस्तेज हो गया। उसने किसी तरह बताया—

"वो मेरी भारतीय मित्र है न अंजना श्रीवास्तव, उसे ही डॉक्टर को दिखाने लायी हूँ। यहाँ किसी डॉक्टर को नहीं जानती थी, इसलिए। अन्दर गयी है अभी। फ़ेमिली-वे में है।" उसने एक साँस में सब कुछ बता दिया।

"मैं भी डॉक्टर से समय लेकर आयी हूँ। इस समय मैं भी फेमिली-वे में हूँ।"

झन् ... झन् ... झन् ... झनाक् ...। कोई शीशा झनझनाकर टूटा था भीतर जिसकी आवाज़ केवल वही सुन सकी थी। उसे अपने गर्भ से जन्म देने वाली, उसके अंग-प्रत्यंग को अपने भीतर सृजित करने वाली माँ भी न सुन सकी थी। वह

अपलक माँ का चेहरा निहार रही थी और माँ अपने साथ आये मि. अल्फ्रेड से बगल में खाली पड़ी कुर्सी पर बैठने का संकेत कर रही थी। मि. अल्फ्रेड की उँगली में कार की चाभी फँसी हुई थी, जिसे वे लापरवाही से धीरे-धीरे घुमा रहे थे।

''हुँः, क्या देखा ममा ने मि. अल्फ्रेड में, जो हम लोगों को त्याग कर उनके साथ चली गयीं?'' उसकी आँखों में एक घृणा का भाव पसर गया और वह दूसरी ओर देखने लगी थी।

''ओह सेरेना, थैंक्यू वेरी मच। तुमने मेरा साथ दिया, अन्यथा मैं तो बहुत परेशान हो जाती।'' डॉक्टर के चैम्बर से अंजना श्रीवास्तव निकलकर उसकी ओर आ रही थी। लाल बार्डर वाली पीले सिल्क की साड़ी पर अपने भारी-भरकम बालों को लापरवाही से लपेटकर बनाये गये जूड़े और बड़ी सी लाल बिन्दी में अंजना का भारतीय सौन्दर्य वहाँ उपस्थित सभी के लिए आकर्षण का केन्द्र बन गया।

वह उठकर खड़ी हो गयी।

''क्या बताया?'' उसने औपचारिकता में पूछा।

''मैंने कन्सीव कर लिया है। यू नो, मेरे हस्बैण्ड सुनेंगे तो बहुत खुश होंगे। ही इज़ वेरी मच क्रेज़ी। लेकिन उनसे भी ज्यादा तो मेरी मम्मी खुश होंगी। उसे नानी बनने की बहुत पहले से इच्छा थी। अब पूरी हो रही है। नानी मीन्स यू नो?'' अंजना ने पूछा।

''यस, आई नो।'' उसने अनमने भाव से उत्तर दिया और पास बैठी माँ से परिचय करवाया—

''मीट माई ममा, मैडम जेनी ...।''

''माईसेल्फ जेनी अल्फ्रेड।'' माँ ने तपाक् से उठकर अंजना से हाथ मिलाया।

''और तुम्हारे पापा... ? ओह, आई मीन फादर?''

''सेरेना मेरे पहले पति से पैदा हुई है। ये मेरे दूसरे पति मि. अल्फ्रेड हैं।'' माँ ने संकेत कर मि. अल्फ्रेड को दिखाया और डॉक्टर के चैम्बर की ओर चली गयी थी। वह अंजना के सामने लज्जित सी महसूस कर रही थी। यूनिवर्सिटी के एक ही विभाग में साथ-साथ काम करने के कारण वे दोनों अच्छी मित्र बन गयीं थीं। परन्तु माँ का यह रूप वह अंजना से छिपाना चाहती थी। पता नहीं क्यों?

सोचते हुए गौरी ने पेन उठा लिया और डायरी खींचकर लिखने बैठ गयी।

काशी

18-5-2005

मेरे पिछले पत्र के उत्तर में ममा ने मुझसे फोन पर बातचीत की। पता नहीं क्यों, वायवीय सन्देशों के आदान-प्रदान से मैं सन्तुष्ट नहीं हो पाती। कागज के सीने पर

या फिर पत्थर के ही सीने पर क्यों न हों, खुदे हुए शब्द मुझे प्रिय हैं। आश्वस्ति सी महसूस होती है, अक्षर ब्रह्म की पुजारिन हो गयी हूँ। वैसे भी अक्षर ब्रह्म और नाद-ब्रह्म के साधकों का गढ़ माना जाता है यह नगर। शास्त्र हों या संगीत की शास्त्रीयता, यहाँ से अजस्र स्रोत फूट-फूटकर पूरे विश्व को आप्लावित करता रहा है और आज भी मैं ऐसा ही महसूस करती हूँ। सुबह की लाली भी देखना इसी नगर के भाग्य में है। लगता है भगवान् भास्कर स्वयं गंगा से भींगे-भींगे निकलकर संसार पर स्वर्ण-अर्घ्य दे रहे हों।

कई-कई रातें आँखों में काट दीं मैंने इस एक दृश्य को भरपूर जी लेने के लिए। फिर भी जी नहीं भरा अभी तक। भोर में गूँजती वेदध्वनियाँ और मन्त्र, घंटे घड़ियाल का शोर, एक छोटा सा गमछा लपेटे गंगाजी से निकलकर भगवान् विश्वनाथ के दरबार में जाते लोग, मन में एक विचित्र आस्था का सृजन कर जाते हैं। कहीं कोई अहंकार नहीं, कृत्रिमता नहीं, बस एक सहज विश्वास और आस्था। एक दिन यहाँ के एक प्रकाण्ड विद्वान् से चर्चा करते हुए मैंने इस फक्कड़पन का कारण जानना चाहा था तो उनका उत्तर था—"काशी का नागरिक होने का अर्थ है सम्पूर्ण ब्रह्माण्ड का नागरिक होना," और वे मुस्करा दिये। मैं कुछ-कुछ समझी, कुछ नहीं समझी। समझ पाने की प्रक्रिया अनवरत चल रही है। एक को समझ लेने का दम्भ पालती हूँ, तब तक दूसरा पहलू अबूझ सा सामने खड़ा हो जाता है। एक ऐसी पहेली जिसकी गाँठें खोलने में रस मिलने लगा है। इसीलिए बार-बार भारत आना चाहूँगी।

काशी के बारे में प्रचलित है कि यह भगवान् शिव की नगरी है। उनके त्रिशूल पर बसी काशी। इसीलिए शायद शिव का फक्कड़पन और अभाव में भी आनन्द यहाँ की विशेषता है। ऐसा नहीं है कि मैं एकतरफा दृष्टि रखकर इस नगर को देख रही हूँ? शिव के जीवन का हालाहल और कौपीन-वैभव भी दिखाई पड़ा है मुझे, पर वह आपा-धापी और यान्त्रिकता नहीं दिखाई देती जो किसी भी महानगर या मेरे देश की आज विशेषता है। इसीलिए पूरे विश्व के भूगोल से पृथक् मानी जाती है यह नगरी।

दीक्षा लेने के पश्चात् सेरेना से गौरी बनी मैं जब श्रद्धावनत हो अपने गुरुजी के चरणों में झुकी तो उन्होंने आशीर्वाद देते हुए एक रोचक किस्सा सुनाया। किसी शिष्य से उसके गुरु ने पूछा—काशी कहाँ स्थित है? शिष्य ने उत्तर दिया—उत्तर प्रदेश में। पुनः गुरु ने पूछा—कहाँ है? ठीक से उत्तर दो। शिष्य ने दृढ़तापूर्वक उत्तर दिया—भारत देश के उत्तर प्रदेश में। गुरुजी ने उसे दंडस्वरूप पुनः अध्ययन करने को कहा। शिष्य चकराया। अपने अध्ययन पर उसे पूरा विश्वास था। अपने पिताजी

से शिकायत की। पिता ने उसे धिक्कारते हुए कहा—मूर्ख हो तुम। काशी भूगोल से परे है। वह किसी भूखण्ड में कहाँ समाहित हो सकती है? सुनाते हुए गुरुजी के मुख पर एक दिव्य मुस्कराहट फैल गयी थी।

यह भी एक जनश्रुति है कि सृष्टि की रचना करते समय प्रजापति ब्रह्मा ने पृथ्वी पर जो सबसे पहला नगर बनाया, वह काशी ही थी। इन सब कथाओं और जनश्रुतियों के मध्य काशी को देखना, समझना अच्छा लगने लगा है। हर स्थान के नामकरण के पीछे की कहानी को यदि एक जगह संकलित किया जाय तो एक विशाल ग्रन्थ तैयार हो जाएगा। बहुत रोचक और चौंकाने वाले तथ्य सामने आयेंगे। अभी तो माया अथवा स्वप्नवत् सृष्टि के रहस्यों को ग्रन्थों से व्यवहार जगत् तक महसूस करने का प्रयास कर रही हूँ। मन्त्रों, सिद्धियों का मूल स्वरूप देखने के प्रयत्न में हूँ। आत्मज्ञान से होता हुआ ब्रह्मज्ञान तक के सफर का सैद्धान्तिक अवगाहन कर रही हूँ। शायद व्यवहार में भी उतर सके तो कुछ सचमुच पा सकूँ... शान्ति ...आनन्द या फिर कुछ और।

दाऊजी (अपने पिताजी) को भी आग्रह करके बुला लिया है मैंने। ममा के चले जाने के बाद से बिलकुल बुझ से गये थे वे। मैं तो भयभीत थी कि मि. अल्फ्रेड की तरह कोई मिसेज ... यदि आ गयी तो मेरा क्या होगा? हमारे यहाँ दाऊ जी जैसे दुर्लभ ही मिलते हैं, और यहाँ ममा जैसी.....। यहाँ अपने बच्चों और पति के प्रति अधिकांश स्त्रियाँ बहुत समर्पित होती हैं। भिक्षाटन द्वारा भी माँ बेटे, बेटी को पाल लेती है और सीने से लगाये रखती है। सोच में इतना अन्तर आखिर भूखंडों के मात्र विभाजन के साथ कैसे पैदा हुआ होगा? एक भौतिक और भौगोलिक रूप से खिंची रेखा क्या मानस को भी परिवर्तित करने की क्षमता रखती होगी? या फिर हमें यह स्वीकार कर लेना चाहिए कि इस भारत भूखंड पर वास्तव में कोई दैवी कृपा है जिसने इतनी समृद्ध संस्कृति दी है जो पूरे विश्व के लिए प्रेरणा बन सके।

वेद, पुराण यहाँ की मानसिकता और सोच की उर्वर भूमि हैं। उसे अपौरुषेय मानते हैं। यानी मनुष्यों ने इसकी रचना नहीं की है। सीधे आदि स्रोत से निःसृत हैं ये ऋचायें। ऋषि लोग इन मन्त्रों अथवा शाश्वत नियमों के मात्र अन्वेषक थे। इन ऋषियों ने आदिकाल से स्थित इस ज्ञानराशि वेदों का साक्षात्कार किया। इनकी प्राचीनता को देखते हुए इसे स्वीकार कर लेने में कोई आपत्ति नहीं होनी चाहिए। सृष्टि के आरम्भ में स्रष्टा और उसके सृजन के बीच निश्चय ही आज जितनी दूरी नहीं रही होगी। माँ के गर्भ से पैदा होते ही बालक छिटककर उस परिक्षेत्र से मुक्त नहीं हो जाता। समय के साथ ही वह अपने आदि स्रोत जननी से दूरी या नजदीकी स्थापित करने की सोच विकसित कर पाता है। यह मेरा मानना हो सकता है। जरूरी

नहीं कि सभी इससे सहमत हों ही परन्तु धर्म के पीछे जितनी वैज्ञानिक दृष्टि इन ऋषियों, तपस्वियों की रही है, वह आज भी एक-एक कर विज्ञान प्रमाणित कर रहा है। एक छोटा-सा उदाहरण यज्ञ का ही ले लें। आज कृषि वैज्ञानिकों ने मान लिया है कि गो-घृत के साथ मुट्ठी भर चावल की समिधा से प्रतिदिन होम करने से एक विशेष क्षेत्र तक का वातावरण शुद्ध होता है और वहाँ की जमीन में उगी फसलों पर कीटनाशकों के प्रयोग की आवश्यकता नहीं पड़ती। स्पष्ट है कि सृष्टि के आरम्भ में पृथ्वी के वातावरण में आक्सीजन की अधिकता रही होगी जिसके कारण सन्तुलन स्थापित नहीं हो पा रहा होगा। पर्यावरण के सन्तुलन के लिए तथा वनस्पति जगत् के विकास के लिए वातावरण में कार्बन-डाई-ऑक्साइड की भी आवश्यकता इन ऋषियों ने महसूस की। और विभिन्न प्रकार के यज्ञों में दी जाने वाली समिधाओं के द्वारा उन्होंने उसे पूरा करने पर बल देते हुए उसे मनुष्य का धर्म बनाया ताकि जीवन सुचारु रूप से चल सके। यह यज्ञों का एक वैज्ञानिक पक्ष है। आध्यात्मिक पक्ष भी इससे कमतर नहीं ही होगा।

एकमात्र वेदान्त ही पूरे विश्व में ऐसा धर्मग्रन्थ है, जिसकी शिक्षाओं का पूर्णतः सामञ्जस्य बाह्य प्रकृति के वैज्ञानिक खोजों से प्राप्त परिणामों के साथ है। जर्मन दार्शनिक शॉपेन हॉवर ने कहा है—"समस्त संसार में उपनिषद् के समान हितकारी और उन्नायक अन्य कोई अध्ययन नहीं है। जीवन भर उसने मुझे शान्ति प्रदान की है और मरने पर भी वही मुझे शान्ति प्रदान करेगा।" यह एक बड़ी और स्वाभाविक स्वीकारोक्ति है।

अत्यन्त प्राचीन समय में दो पृथक्-पृथक मेधायें अपने-अपने मार्ग से संसार के तत्त्वों को खोजने के लिए प्रवृत्त हुईं थी—एक थी प्राचीन हिन्दू मेधा और दूसरी प्राचीन यूनानी मेधा। यूनानी मेधा बाह्य जगत् का विश्लेषण करते हुए उसी अन्तिम लक्ष्य पर जाकर रुक गयी थी जिस ओर हिन्दू मेधा अपने अन्तर्जगत् का विश्लेषण करते हुए आगे बढ़ी थी। इसीलिए वर्तमान भौतिकवाद अपने सिद्धान्तों के प्रतिपादन के साथ ही यदि वेदान्त के सिद्धान्तों को भी स्वीकार कर ले तो स्वयमेव आध्यात्मिक पथ पर अग्रसर हो जाएगा। वैसे भी इस प्राचीन धर्म की मान्यता है कि—

"रुचीनां वैचित्र्यादृजुकुटिलनानापथजुषाम्।
नृणामेको गम्यस्त्वमसि पयसामर्णव इव।।

(शिवमहिम्न स्तोत्र-7)

चाहे जिसके नाम पर या जिस मूर्ति के चरणों में पुष्पाञ्जलि चढ़ायी जाय, वह उसी

एक परम सत्य, सभी आत्माओं के अन्तरात्मा-स्वरूप विराट् पुरुष के चरणों में ही पहुँचती है। ऋग्वेद भी कहता है—'एकं सद्विप्रा बहुधा वदन्ति', अर्थात् एक ही सत्ता को लोग अलग-अलग नामों से पुकारते हैं।"

आज दाऊ जी ने बौद्ध धर्म की दीक्षा ली है। समय के साथ-साथ कई तरह की विचारधाराएँ इस धर्म के साथ भी जुड़ गयी हैं। न जाने कितने बिन्दु भीतर-भीतर ही उठते हैं और मिट जाते हैं। कभी-कभी दाऊ जी से इन पर बहस भी करती हूँ। उन्हीं के कारण ऋषिपत्तन (सारनाथ) में रुकी हूँ। अपना काम तो यहाँ भी होता है और वहाँ भी, परन्तु दाऊ जी के लिए यह स्थान बहुत महत्त्वपूर्ण है। बुद्ध की प्रथम उपदेशस्थली है। मेरे भारत चले आने के बाद दाऊ जी बहुत खिन्न से रहने लगे थे। एक अवसाद से घिर गये थे वे। मैंने जिद करके उन्हें बुला लिया। शायद तथागत की शरण में वह बेचैनी कम हो। शान्ति मिल सके उन्हें भी।

— गौरी (सेरेना माडवेल)

गौरी ने डायरी बन्द कर दी। महत्त्वपूर्ण विचारों को वह डायरी में लिख लेती थी। दरवाज़े पर दस्तक हुई थी। फुलझड़ी खाने के लिए बुलाने आयी थी। गौरी ने उठकर दरवाज़ा खोल दिया।

चार

शाम होने से कुछ पूर्व ही एम. अलभ्यानन्द भिक्षु के. सिरी सोभित थेरो के आवास पर पहुँच गये। पारिजात कुञ्ज के बीचोबीच बना उनका छोटा सा खूबसूरत पक्का आवास था। भिक्षु के. सिरी सोभित थेरो ने उनका स्वागत किया—

''हैल्लो एम. अलभ्यानन्द जी, अब आप कैसा महसूस कर रहे हैं?''

''जी भन्ते, अच्छा।'' वे पारिजात कुंज के बीच बने ईंटों वाले पथ पर धीरे-धीरे उनकी ओर बढ़ते हुए बोले।

कमरे में पहुँचकर एम. अलभ्यानन्द एक ओर पड़े सोफे पर बैठ गये। के. सिरी सोभित थेरो उनके सामने वाली सीट पर बैठ गये थे। एक छोटा श्रामणेर उन लोगों के बीच पड़ी शीशे की मेज पर दो गिलास शीतल पेय रख गया।

''अब क्या प्रोग्राम है?'' के. सिरी सोभित थेरो ने गिलास उठाकर उन्हें पकड़ाते हुए पूछा।

''चाहता हूँ कि एक बार फिर पूरे सारनाथ का भ्रमण करूँ। यहाँ के लोगों से मिलूँ। मन्दिरों को देखूँ। उसके बाद फिर कुछ सोचूँ। बहुत इच्छा है सारनाथ को एक बार भरपूर दृष्टि से देखने की।''

एम. अलभ्यानन्द की सौम्य दृष्टि खुले दरवाजे से बाहर पारिजात वृक्षों की पंक्तियों पर टिकी थी। इस ऋतु में भी कुछ सफेद कोमल फूल झड़कर रास्ते पर गिरे थे। उनकी डहाडह नारंगी डंठियाँ मुरझाने के बाद भी विजय पताका की तरह तनी खड़ी थीं। वे मुग्ध हो उठे।

''कहाँ से शुरू करेंगे पहले?'' के. सिरी सोभित जी पूछ रहे थे।

''जहाँ से आप कहें।'' एम. अलभ्यानन्द ने एक घूँट भरकर गिलास मेज पर रख दिया।

''खँडहरों से ही शुरू कर सकते हैं। वैसे संग्रहालय भी खुला होगा। उसे भी देख सकते हैं।''

''संग्रहालय तो मैंने सेरेना के साथ एक बार देखा है।''

''तब खँडहरों से आरम्भ करिए। मेरे आवास से निकलकर मुख्य मार्ग पर

पहुँचते ही बायें मुड़ जाइए। कुछ दूर जाने पर सड़क पर ही एक समाधि होगी। उसी से आगे बढ़कर टिकट घर है। टिकट लेकर ही उन खँडहरों में आप प्रवेश पा सकते हैं।'' के. सिरी सोभित थेरो ने अपना गिलास खाली करके मेज पर रख दिया।

''ये समाधि कैसी?'' एम. अलभ्यानन्द के चेहरे पर उत्सुकता का भाव फैल गया।

''ये इंडिया है न अलभ्यानन्द। यहाँ धर्म की छूट के नाम पर कुछ भी हो सकता है। मेन-रोड को आधा घेरे हुए यह समाधि है। कोई कुछ नहीं कर सकता।'' वे हँसे थे।

''क्या कोई बहुत पुराने सिद्ध तपस्वी ...?'' एम. अलभ्यानन्द की उत्सुकता बढ़ रही थी।

''इधर बीच की जनश्रुति के अनुसार सुनने में तो आता है कि इस स्थान पर कोई लँगड़ा बाबा बैठा करते थे। बाद में उनकी मृत्यु के पश्चात् वहीं पर उनकी समाधि बना दी गयी। कुछेक लोगों ने मन्नतें माँगनी शुरू कीं। संयोग से पूरी हो जाने पर अपनी आस्था व्यक्त करने के लिए चादर और अन्य चढ़ावा चढ़ने लगा। धीरे-धीरे सभी वर्गों के लोग यहाँ आने लगे। कुछ लोग यह भी कहते हैं कि बुद्ध से सम्बन्धित है यह स्थल। तथागत का प्रथम दर्शन अस्सजि ने यहीं किया था, जब वे सम्बोधि के पश्चात् पहली बार ऋषिपत्तन आये। वन प्रान्तर था उस समय यह स्थान। सम्भवतः यहीं मृगदाय का द्वार था, जिससे तथागत प्रविष्ट हुए। इसी के सामने धम्मेख स्तूप है जहाँ उनकी मुलाकात पंचवर्गीय भिक्षुओं से हुई थी और उन्होंने उन्हें प्रथम धर्मोपदेश दिया था। इस प्रकार यह समाधि-स्थल मृगदाय का वह द्वार संकेतित होता है जहाँ से पञ्चवर्गीय भिक्षुओं की कुटिया जो धम्मेख स्तूप के पास रही होगी, दिखाई देती होगी। बाद के कालों में विकास और निर्माण के मध्य अनेक परिवर्तन हो गये। आप भी ध्यान से देखिएगा। धम्मेख स्तूप के ठीक सामने ही है यह समाधि।''

''ओह, चलता हूँ भन्ते। शाम को मन्दिर में भेंट होगी।'' कहते हुए एम. अलभ्यानन्द उठ खड़े हुए। समाधि के पास पहुँचकर उन्हें याद आया—लगभग एक महीने पहले होली का त्योहार था। उसी के दूसरे दिन यहाँ एक मेला लगा था। अधिकतर अशिक्षित या कम पढ़े-लिखे लोगों की ही भीड़ दिखाई दे रही थी। लाउडस्पीकर पर कव्वालियों और गीत-संगीत का कार्यक्रम रात भर चलता रहा था और रात भर गेस्ट हाउस के कमरे में सोना कठिन हो रहा था। सेरेना के साथ टहलते हुए शाम को वे भी उस मेले में गये थे। चाट, पकौड़ों, मिठाइयों की दुकानें सजी थीं। कहीं-कहीं मोती की माला, अंगूठी, चूड़िल्ला वगैरह बिक रहा था। सेरेना एक लोहे की अँगूठी खरीदकर अपनी उँगली में पहनने लगी तो वहीं पास में बैठा एक फकीर काले फर वाले मुलायम झाड़न से उसकी नज़र उतारने लगा था। कौतूहल में

आस-पास छोटी सी भीड़ जुट गयी। सेरेना आनन्द मग्न अपनी आँखें बन्द किये थी और वह फकीर जल्दी-जल्दी उसके चेहरे और कन्धों तक काले रेशमी फर के चँवरनुमा झाड़न को घुमा रहा था। नज़र झाड़ चुकने के बाद उसने कुछ पाने के उद्देश्य से हाथ बढ़ाया था तो सेरेना ने उस पर दस रुपये का नोट रख दिया। उसने लपककर उस नोट को वापस कर दिया और बोला—

"नो नो, डालर ... डालर ... एटलीस्ट ट्वेन्टी फ़ाइव।"

"क्या मतलब?" सेरेना ने जब उससे उसी की भाषा में बात किया तो वह सकापका उठा। चुपचाप दस का नोट उठाकर जेब में रख लिया उसने। छोटी सी भीड़ छँटने लगी। दो युवक आपस में बातें करते हुए हँस रहे थे—

"ई विदेशियो सब आके यहाँ चालू हो जाते हैं।"

सोचते हुए वे टिकट घर की खिड़की के पास जाकर खड़े हो गये। गौरी साथ नहीं आयी थी। उन्होंने भी जिद नहीं की चलने की। अपने अध्ययन में व्यस्त थी आज वह।

टिकट खरीदकर वे खँडहरों की ओर बढ़ चले। साँझ होने से पहले उन्हें देख लेना था। उनके पग कुछ जल्दी-जल्दी उठने लगे। एक लड़का झपटकर उनके पास आया। वे विस्मित थे। अभी-अभी वह कहीं नहीं था और एकाएक कैसे प्रगट हो गया? देह पर एक हलके आसमानी रंग की शर्ट जिसकी बटन ऊपर नीचे बन्द हो जाने के कारण एक ओर नीचे झूल रही थी। सामने वाली पॉकेट का एक सिरा खुलकर नीचे की ओर लटका हुआ। पुरानी-सी पैंट की जेब में हाथ डाले वह उनसे पूछ रहा था—"सर, आइडल आफ लार्ड बुद्धा? वन्ली वन एन्टीक पीस, रेयर पीस, फाउन्ड इन रुइन्स। प्राइस फिफ्टी डालर।"

एम. अलभ्यानन्द उसके भोले चेहरे की ओर देख रहे थे। इतनी कम उम्र में ही उसके माथे पर श्रम की बूँदें चमक रही थीं। उसकी आँखों में उम्मीद का महासागर ठाठें मार रहा था।

"कहाँ है एन्टीक पीस?" उन्होंने मुस्कराते हुए पूछा तो लड़का चौंक पड़ा। जिसे विदेशी समझकर वह आया था, वह तो उसी की भाषा में बातें करने लगा।

उसने किंचित् संकोच के साथ अपनी जेब से गौतम बुद्ध की एक काले रंग की छोटी सी मूर्ति निकाल कर उन्हें दिखाई। मूर्ति के दोनों हाथ खण्डित थे तथा सिर के ऊपर भी थोड़ा सा अंश टूटा हुआ था। जगह-जगह जमी मिट्टी उसके पुराने होने का संकेत कर रही थी।

उन्होंने मूर्ति को हाथ में ले लिया और उलट-पुलट कर देखने लगे। लड़के ने अन्तिम दाँव मारा—"सर जी, टेन डालर में ही ले लीजिए। दे दूँगा।"

"क्या नाम है तुम्हारा?"

"जी तूफानी।" उसका गला मानो सूख रहा था।

"कहाँ रहते हो तुम?" एम. अलभ्यानन्द के स्वर में स्नेह की मिठास घुल गयी।

"इसी लॉन के पीछे गाँव है हम लोगों का, घुरहूपुर, वहीं।"

"अभी-अभी वहीं से आ रहे हो?"

"जी नहीं, उधर से जम्प करके।" उसने बगल की ओर इशारा किया।

"क्यों?"

"पुलिस लोग अन्दर नहीं आने देते हम लोगों को।"

"क्यों?"

"कहते हैं मत बेचो यहाँ?" वह चोर निगाहों से इधर-उधर देख रहा था।

"क्यों?" एम. अलभ्यानन्द को केवल एक शब्द से कई जानकारियाँ मिल रही थीं।

"क्योंकि वे लोग हम लोगों से कमीशन माँगते हैं। कहते हैं जितने में बेचो, उसका आधा हमें दे दो। जल्दी करिए सर, आप लेंगे?" वह फिर अपने प्रश्न पर आ गया।

"एक शर्त पर लूँगा।"

"क्या?"

"तुम एक दिन हमसे मिलने हमारे गेस्ट हाउस आओगे। हम तुम्हारे गाँव भी घूमने चलेंगे।"

"जी अच्छा।" तूफानी को यह संन्यासी विचित्र सा लग रहा था। वह जल्दी से जल्दी अपना सामान बेचकर हट जाना चाहता था।

एम. अलभ्यानन्द ने अपने भीतरी जेब से दस डालर निकालकर उसे पकड़ा दिया। वह खुशी से झूमता हुआ आगे जा रहे पर्यटकों के दूसरे झुंड की ओर चला गया।

"सर जी, एलीफैन्टो, तीग्रे, पैराट?" दो छोटे बच्चों का एक और झुंड आकर एम. अलभ्यानन्द के साथ-साथ रिरियाते हुए चलने लगा था। तूफानी को अपने काम में सफल होता देख वे सब भी अपना खिलौना बेचने आ गये थे।

"नहीं, अब मुझे कुछ नहीं चाहिए।" उन्होंने मुस्कराकर चलते-चलते अपने दोनों हाथ धीरे से ऊपर उठा दिये।

"ले लीजिए सर, बच्चे खेलेंगे।" सबसे छोटे लड़के ने अपने लकड़ी के तोते को एम. अलभ्यानन्द के ठीक सामने दिखाते हुए नीचे से बटन दबा दिया। दोनों तोते किट्-किट् की आवाज़ निकालते हुए हिलने-डुलने लगे।

"चुप्प, ये संन्यासी हैं। इनके बच्चे कहाँ होंगे?" दूसरे वाले ने उसका हाथ धीरे से दबाया था और उसे अपने साथ घसीटता हुआ आगे की ओर बढ़ गया। एम. अलभ्यानन्द के ओठों पर एक कोमल हँसी बिछल गयी, परन्तु अगले ही पल

उनका चेहरा करुणा से म्लान हो गया। राहुल याद आये। कितने छोटे थे वे जब उन्हें सबको छोड़कर सद्धर्म की खोज में निकलना पड़ा। केवल आत्ममुक्ति के लिए नहीं वरन् बहुजन हिताय। समस्त प्राणियों की पीड़ा दूर करने का मार्ग ढूँढ़ने। लेकिन आज तक... ? खिलौने स्वयं खेलने की उम्र में खिलौने बेचते इन बच्चों को देखकर एम. अलभ्यानन्द का मन द्रवित हो उठा।

धर्मराजिका स्तूप के पास पहुँचकर उनके पग ठिठक गये। लौह-पट्ट पर कुछ लिखा था। वे ध्यान से पढ़ने लगे—

"इस स्तूप का निर्माण सम्राट् अशोक द्वारा कराया गया था। उल्लेख है कि सम्राट् अशोक ने आठ में से सात धातु स्तूपों को खोलकर (राम ग्राम-स्तूप जो नागों से सुरक्षित था, को छोड़कर) धातु अवशेष एकत्रित कर हजारों स्तूपों का निर्माण कराया, धर्मराजिका स्तूप उन्हीं में से एक है। उत्खनन से प्राप्त निष्कर्ष के आधार पर मूल रूप में यह छोटा स्तूप था जिसका व्यास 13.49 मीटर था। परवर्ती काल में छः विभिन्न चरणों में इसे परिवर्धित किया गया जिसमें इसकी ऊँचाई में वृद्धि प्रदक्षिणा-पथ का निर्माण तथा बाद में प्रदक्षिणा-पथ का मेधि में परिवर्तन और चारों दिशाओं में ऊपर चढ़ने के लिए एकाश्मक सीढ़ियों का प्रावधान प्रमुख हैं। उपलब्ध साक्ष्यों से यह एक विशाल स्तूप था, जो दुर्भाग्यवश काशी नरेश राजा चेतसिंह के दीवान जगत सिंह के द्वारा भवन निर्माण सामग्री के दोहन करने के उद्देश्य से सन् 1794 ई. में विनष्ट कर दिया गया। इस दुखद प्रक्रिया में प्रस्तर-पेटिका में रखी हरे संगमरमर की धातु-मंजूषा भी प्राप्त हुई थी। प्रस्तर-पेटिका भारतीय संग्रहालय, कलकत्ता में सुरक्षित है, किन्तु धातु-मंजूषा गंगा नदी में फेंक दी गयी। बाद में इस स्थल के पुरातात्त्विक उत्खनन में स्तूप की परिधि के समीप दो अति महत्त्वपूर्ण प्रतिमाएँ प्राप्त हुईं। पहली लाल बलुए पत्थर की कुषाण कालीन बोधिसत्त्व की मूर्ति तथा दूसरी गुप्तकालीन बुद्ध प्रतिमा जिसमें उन्हें धर्म-चक्र-प्रवर्तन की मुद्रा में दर्शाया गया है।"

ठंडी साँस लेते हुए एम. अलभ्यानन्द ने धर्मराजिका की ओर दृष्टि दौड़ाई। पश्चिम दिशा से अस्त होते लाल सूर्य की किरणों से धर्मराजिका स्तूप और आस-पास के खँडहर भर उठे थे। वे आगे बढ़े थे। कुछ दूर जाने पर मूलगन्ध कुटी के ध्वंसावशेष दिखाई दिये थे। उसके चारों ओर कंक्रीट का चौड़ा प्रदक्षिणापथ था। इसके बारे में एक अन्य लौह-पट्ट पर सूचना अंकित थी। कौतूहलवश वे उसे भी पढ़ने के लिए ठिठक गये। कुछेक स्त्री-पुरुषों का समूह भी उनके पीछे ठमककर खड़ा हो गया। उन्होंने ध्यान से पढ़ना प्रारम्भ किया—

"यह सम्भवतः भगवान् बुद्ध के ध्यान साधना स्थल पर निर्मित एक विशाल मन्दिर का भग्नावशेष है। ह्वेनसांग के अनुसार इसकी ऊँचाई लगभग 61.0 मीटर थी, इसकी मोटी दीवारों को देखकर भी इस पर बने भव्य मन्दिर की कल्पना सहज

ही की जा सकती है। 18.29 मीटर भुजा वाले वर्गाकार आधार पर बने इस मन्दिर का प्रवेशद्वार पूर्व की ओर था, जिसके सामने एक आयताकार मंडप एवं विशाल प्रांगण था। स्थापत्य, अलंकृत ईंटों की सज्जा, शैली के आधार पर यह गुप्त काल में निर्मित प्रतीत होता है।''

''चलो यार, क्या देख रहे हो ये सब।'' पीछे से फुसफुसाकर एक ने दूसरे से कहा।

''घर की मुर्गी साग बराबर, हम लोगों के लिए कोई महत्त्व नहीं है यहाँ का क्योंकि हम लोग यहीं के हैं न? देखो, विदेशों से कितने लोग और कितनी श्रद्धा के साथ आते हैं यहाँ।''

''अच्छा, अच्छा, रहने दो उपदेश देने के लिए। बुद्ध जी दे गए, वही समझ में आ जाए तो बहुत है। चलो।'' पहले वाली फुसफुसाहट सुनाई दी। एम. अलभ्यानन्द ने पीछे मुड़कर देखा और मुस्करा दिये। वे सब झेंपकर धम्मेख-स्तूप की ओर बढ़ गये।

खँडहरों में घूमते हुए वे पश्चिम की ओर मुड़े थे। अँधेरा घिरने में कुछ ही देर थी। वे जल्दी-जल्दी खँडहरों को देख लेना चाह रहे थे। कुछ दूरी पर उनके पीछे-पीछे दो सिपाही हाथ में डंडा लिए आ रहे थे।

झम्म, झम्म, झम्म ...। आवाज़ से चौंककर एम. अलभ्यानन्द ने पश्चिम की ओर देखा था। वही तीनों बच्चे जो कुछ देर पहले खिलौने और मूर्तियाँ बेच रहे थे, लॉन की पश्चिमी दीवार को फाँदते हुए उस पार कूद कर अदृश्य हो गये। शायद सिपाही को आते हुए उन सबों ने देख लिया था।

अशोक-स्तम्भ के पास उनके कदमों की आहट सुनकर चैत्य मन्दिर के ध्वंसावशेष की आड़ में बैठा एक युवा जोड़ा शीघ्रता से एक-दूसरे से अलग होते हुए सावधान की मुद्रा में बैठ गया। लड़की अपने दुपट्टे को ठीक करने के बहाने नीची दृष्टि किये थी तो लड़के ने अपने दोनों घुटनों को मोड़कर उस पर दोनों हाथों को फैलाकर देखते हुए एम. अलभ्यानन्द को नज़रअन्दाज़ करने की कोशिश की।

युवा जोड़े की ऐकान्तिकता को भंग करने का अपराध-बोध एम. अलभ्यानन्द के मुखमंडल पर फैल गया। उन्होंने उनकी उपस्थिति से स्वयं को अनभिज्ञ जताते हुए सामने की ओर दृष्टि दौड़ाई। दो कोनों वाले चैत्य की आकृति की एक इमारत के ध्वंसावशेषों की आड़ लिए यत्र तत्र कई युवा जोड़े आपत्तिजनक मुद्रा में बैठे या लेटे दिखाई दिये। उनकी उपस्थिति से अनजान वे अपने-आप में खोये थे। एम. अलभ्यानन्द ने संकोच में क्षण भर के लिए अपनी आँखें मींच लीं। उनके दोनों कान लाल हो उठे। एक विचित्र परिदृश्य में वे अकस्मात् पहुँच गए थे। उन्हें समझ में नहीं आ रहा था कि वे क्या करें? उल्टे पाँव लौट जाएँ अथवा आगे बढ़कर अशोक-स्तम्भ को देखें। कुछ क्षण के लिए किंकर्त्तव्यविमूढ़ से उनके पग जहाँ के तहाँ

ठिठक गये परन्तु अगले ही पल उन्होंने निर्णय ले लिया। वे आगे बढ़कर अशोक-स्तम्भ को ध्यान से देखने लगे। पत्थर का यह स्तम्भ ऊपर से टूट गया था और नीचे का दंड केवल अपने स्थान पर खड़ा रह गया था। बाकी टुकड़े पास ही पड़े हुए थे। चारों तरफ से घेरी गयी लोहे की रेलिंग पकड़ कर वे उसे निर्निमेष निहारने लगे।

''ऐ ... कोने में क्या कर रहे हो?'' सिपाही की गुर्राहट सुनकर वे चौंके और पलटकर पीछे देखा। कोने में बैठे उसी जोड़े को वह डाँट रहा था जिसे देखकर वे संकुचित हो उठे थे।

''तमीज़ से बात करिए।'' सिपाही की गुर्राहट पर युवक उठकर खड़ा हो गया। स्त्री के सामने पुरुष अपनी पराजय स्वीकार नहीं कर पाता।

''क्या? एक तो चोरी, ऊपर से सीनाजोरी। हमें ही तमीज़ सिखाने चले हो बबुआ?'' सिपाही का व्यंग्य तिलमिला देने वाला था।

''शहर से लौंडिया फँसा-फँसाकर लाते हो यहाँ और कोना-अँतरा देख बैठ लेते हो। ऊपर से गुर्रा भी रहे हो? पाँच रुपया के टिकट में क्या-क्या कर लोगे जी?'' दूसरे सिपाही ने अपने हाथ में थमे डंडे से युवक के सीने पर कोंचते हुए गुस्से में कहा।

''हम खँडहर घूमने आये थे। थक गये तो यहीं बैठ गये। इसमें क्या गलती हुई?'' युवक का स्वर अब भी कठोर था। पास खड़ी लड़की ने उसकी बाँह पकड़ते हुए बीच-बचाव किया—

''जाने दो सुरेन्द्र। प्लीज़ चलो यहाँ से।''

उसकी बातों को अनसुना करते हुए सिपाही व्यंग्य से हँस रहा था—

''खँडहर तो बहुतै लोग घूमने आते हैं। देसी से विदेसी तक। पर आजकल के लड़के-लड़कियों में अधिकै खँडहर-प्रेम हो गया है। यह प्रेम बुद्ध जी आकर देख लेते तो अपना कपार फोड़ डालते बबुआ।''

''और भी लोग तो हैं यहाँ?'' युवक ने सामने दिखाते हुए प्रतिवाद किया।

''देख नहीं रहे हो, आवाज़ सुनते ही सटक लिए लोग। भाई बहिन होते तो खँडहर का कोना-आड़ पकड़कर बैठते?''

''निकालो सौ रुपये, नहीं तो चलो थाने।'' पहला वाला सिपाही गुर्राया। उसकी कड़क आवाज़ सुनकर सचमुच सामने चैत्य में बैठे जोड़े उठ-उठकर तेज कदमों से बाहर वाले गेट की ओर जाने लगे थे।

''किस बात के लिए भाई?'' युवक अकड़ कर खड़ा हो गया।

''दरोगा जी जब चार बेंत पीछे लगाएँगे न, तब सब मालूम पड़ जाएगा। चलो साथ।''

''सुनिये सर, प्लीज़ हम लोगों को जाने दीजिए।'' लड़की हाथ जोड़े गिड़गिड़ा रही थी।

"कहाँ पढ़ती हो?" सिपाही ने कड़क आवाज़ में पूछा।

"जी यूनिवर्सिटी में।"

"क्या नाम है?"

"जी, आरती।" वह सहमी हुई बोल रही थी।

"माँ बाप सोच रहे होंगे कि बिटिया यूनिवर्सिटी गयी है और बिटिया यहाँ लैला-मजनू का ड्रामा कर रही है। एक सामने विदेशी आदमी खड़ा है। वो क्या सोच रहा होगा हमारे देश के बारे में। बड़ी सीता-सावित्री यहाँ के खँडहरों में मिलती हैं।"

"तुम्हारे बाप का क्या नाम है? तुम दोनों के घरवालों को थाने पर बुलवाता हूँ और उन्हीं के साथ विदाई होगी तुम लोगों की।" दूसरे सिपाही ने कहा।

"देखिए प्लीज़, हमारी इज्जत बचा लीजिए। ऐसा फिर नहीं होगा।" लड़की थरथर काँप रही थी। युवक अपने पॉकेट में हाथ डाले कुछ खोजने लगा था।

एम. अलभ्यानन्द हतप्रभ से यह सब घटित होते हुए देख रहे थे। उद्विग्न मन से वे वापस मुड़ गये और तेज कदमों से धम्मेक स्तूप की ओर बढ़े।

उनसे कुछ ही दूर आगे विदेशी पर्यटकों का एक समूह उसी ओर जा रहा था। मूर्ति और खिलौने बेचने वाले दो-तीन युवक उन्हें घेरे चल रहे थे। उनकी उम्र लगभग पन्द्रह से बीस वर्ष के बीच रही होगी। बदन से लिपटे कपड़े उनकी दैन्य स्थिति का वर्णन कर रहे थे। एम. अलभ्यानन्द उनके करीब पहुँच गये क्योंकि पर्यटकों का वह समूह ठिठककर उन युवकों की बात सुनने लगा था।

एक युवक अपने पॉकेट से बुद्ध की छोटी सी मूर्ति को छिपाकर थोड़ा सा दिखाते हुए उन्हीं की भाषा बोलने का प्रयास करने में कह रहा था—

"हपीसोन पूटा।[1]"

"रिफिल?[2] एक पर्यटक ने पूछा।

"स्वाई हुन्डेड।[3]" युवक ने मूर्ति को झट से जेब के भीतर कर लिया।

"फुफ्ती।[4]" पर्यटक ने दाम घटाकर लगाया।

"ओरिजिनल टेम्पलो सम्ब्रुस्त। फुम्फ ईरो।[5]" युवक ने अन्तिम बोली लगाई।

सौदा पट गया था। युवक मूर्ति पकड़ाकर धीरे से खिसक लिया। उसके अन्य साथी ग्राहक की तलाश में आगे बढ़ गये। एम. अलभ्यानन्द हतप्रभ थे। देखने में अशिक्षित और दीन-हीन से ये युवक कितनी योग्यता रखते थे कि पर्यटकों की

---

1. आप बुद्ध की मूर्ति देखिए।
2. कितने की है?
3. दो सौ रुपये।
4. पचास रुपये में दो।
5. ओरिजिनल टेम्पल से मिला है। पाँच ईरो दो।

आकृति देखकर उनके देश का अनुमान लगा लेते थे और किस तरह टूटी-फूटी ही सही उनकी भाषा की भी पकड़ थी? तभी तो संवाद के बीच में कोई तीसरा नहीं आ पाता था।

उन्होंने संकेत से उस पर्यटक को सम्बोधित किया—

"हैल्लो, कैन यू शो मी योर बुद्धाज़ आइडल?"

"ओह, येस। व्हाई नॉट।" उसने हाथ में थमी अभी-अभी खरीदी गयी बुद्ध की मूर्ति एम. अलभ्यानन्द को थमा दी। वे आश्चर्य से भर उठे थे। लगभग ऐसी ही मूर्ति तो अभी कुछ देर पहले तूफानी ने उन्हें भी बेची थी। बस अन्तर इतना सा था कि मूर्ति का हाथ पैर पूरी तरह खण्डित नहीं था। शेष सब कुछ वैसा ही। एक ही रंग, एक ही तरह की उसकी पुरातनता और एक ही आकार-प्रकार। उन्होंने अपनी भी मूर्ति निकालकर दूसरे हाथ में ले ली और दोनों मूर्तियों को अगल-बगल सटाकर देखने लगे।

"ओह, सिमिलर।" वह जर्मन पर्यटक मुस्कराया।

भाषा उन दोनों के बीच व्यवधान थी। एम. अलभ्यानन्द को उसकी भाषा ज्ञात न थी और उसे अंग्रेजी का अल्पज्ञान था।

एम. अलभ्यानन्द हँस पड़े। एकाएक वह पर्यटक भी हँस पड़ा जोर से। शायद दोनों मूर्तियों में साम्य देखकर अथवा अपने ठगे जाने पर। हँसी और दुख के लिए भाषा का बन्धन नहीं होता। यह सर्वकालिक और सर्वव्यापी है। दोनों हँस रहे थे।

मन्दिर के पास लगे विशाल धर्मघंटे की आवाज़ गूँजी थी। कुछ देर तक उसकी अनुगूँज वातावरण को दोलायमान करती रही। एम. अलभ्यानन्द ने मूर्ति को पर्यटक के हाथ में पकड़ाया और मन्दिर की ओर बढ़ते हुए उन सबका अभिवादन किया—

"ओ.के. सी यू ... बाय ...।"

शाम की प्रार्थना का समय हो गया था। मन्दिर प्रांगण में भिक्षुगण इकट्ठा हो गये थे। शीतल मन्द हवा के संग मन्दिर के चारों ओर लगे ताड़, अशोक और गुलमोहर के वृक्षों की पत्तियाँ हिल रही थीं। लॉन में टहलने वालों की संख्या बढ़ गयी थी। जगह-जगह हरी दूबों के ऊपर चादर बिछाए लोग सुहानी साँझ का आनन्द ले रहे थे। बच्चे खुले आसमान और प्रकृति की गोद में उल्लास से भरे दौड़ रहे थे। शहर की घुटन से ऊबे हुए लोग थे ये।

एम. अलभ्यानन्द ने मन्दिर की सीढ़ियों के पास अपनी चप्पलें उतार दीं और मन्दिर के मुख्य प्रवेश द्वार से भीतर प्रविष्ट हुए। भिक्षु के. सिरी सोभित थेरो तथागत की स्वर्णिम प्रतिमा के नीचे मंच पर बैठ चुके थे। अन्य भिक्षुगण भी उधर ही मुख किये बैठे थे। सामने माइक रखी थी और सुत्तपाठ चल रहा था।

पाँच

सूर्योदय के साथ ही घुरहूपुर गाँव भी जाग गया था। औरतें अपने दैनिक कार्यों में जुट गयीं थीं तो युवा और अधेड़ पुरुष अलसाए से हाथों में पानी का डिब्बा लिए सीवान की ओर जा रहे थे। फुलझड़ी की माँ मन्नी अपने घर के पिछवाड़े गोबर पाथ रही थी। पास ही जमीन पर ईंट का पीढ़ा बनाए उसकी पड़ोसन फुलमतिया बैठी बातें कर रही थी।

"अरे, रात भर चम्पवा के घर में जाग-जूग रही है!" वह फुसफुसाकर बता रही थी।

"काहे?" मन्नी ने हाथ में उठी गोबर की चिपरी को दीवार पर सटाते हुए पूछा।

"अरे, वही जो रिश्तेदार बनकर आयी है उसके घर में, अरे वही ... सवितरी नाम बताती है ... पेट से थी न?"

"हाँ, हाँ, तो?" मन्नी ने गोबर में सूखा भूसा मिलाकर सानते हुए पूछा।

"उसी को रात में लड़की हुई, और भोरै में उसके घर वाले उसे लेकर चले गये।"

"अरे, इस हाल में?"

"वही तो बहिन, वही बात ... एही से तो पता चला कि वह यहाँ छिप-छिपाकर आयी थी। पैदा हुई बच्ची को चम्पवा के पास छोड़ गयी है। हमें तो लगता है कि कुछ गड़बड़ था। सही होता तो अपना बच्चा कोई छोड़ जाता। सुनने में आ रहा है कि अभी उसका गौना नहीं हुआ है।" फुलमतिया मन्नी के घुटने पर अपनी हथेली रखते हुए भेदभरे ढंग से बता रही थी।

"इसीलिए सीवाने ताले में घर बनवाई है सवतिया। ली होगी हजार-पाँच सौ रुपया उन लोगों से। सीवान में उनका यह कुकरम कौन देखने जा रहा है।"

"अपना आदमी छोड़के यहाँ नइहर में पड़ी है, क्या ऐसे ही? माई बाऊ ठेला की रखवाली में बारहो महीन्ना, चाहे गर्मी हो, चाहे जाड़ा, वहीं चौराहा पर रहते

हैं। घर ताल में बनवा दिया है। बिटिया सब यहाँ अलगै पेसा फाँदे हैं।'' फुलमतिया ने बात आगे बढ़ाई।

''रात-रात भर चम्पवा कभी-कभी खुदै गायब रहती है। घर में उसके दोनों बच्चे और छोटकी बहिनिया अकेले रहते हैं। कैसे रह लेते हैं सब? दिन अछतै डर लगता है उस ताल में। रात में तो भड़ँछ के मर जाय आदमी।'' मन्नी ने हथेली के उल्टे भाग से सिर का आँचल आगे की ओर खिसकाया और फुलझड़ी को आवाज़ दी—

''अरे हे फुलझड़िया, जरा एक बाल्टी पानी इधर लेती आ।''

''आयी अम्मा।'' कच्ची मिट्टी से चूल्हा लीपते-लीपते फुलझड़ी ने अपने हाथ रोक लिए और बाल्टी का पानी लिए वह दरवाज़े से बाहर निकली थी। बाल्टी को जमीन पर रखकर दरवाज़े को उढ़काने के लिए उसने हाथ बढ़ाया ताकि कुत्ता जाकर बासी रोटी न खा ले तभी दरवाज़े की सिटकनी जोर से खड़क उठी।

''हरामजादी सब, सबेरहीं से खटर-पटर शुरू कर दीं। चैन से एक्को घंटा आराम नहीं। रात भर मच्छर चिंचोरे और दिन भर ये।'' सिटकनी की आवाज़ से फुलझड़ी का बाऊ पाँचू जाग गया था और गुस्से में बड़बड़ा उठा। झिलंगी चारपाई उसके करवट बदलने से चरमरा उठी।

सहमी सी फुलझड़ी धीरे से बाल्टी उठाकर पिछवाड़े की ओर चली गयी। रात का दृश्य उसकी आँखों के आगे नाच उठा। कितनी देर तक किच्-किच् होती रही थी। बगलवाली काकी अम्मा के पास ओरहन लेकर आयी थी—

''अपने भतार को काबू में रखो। अपने तो दारू पीकर लुण्ड रहता है, हमारे सतीसवा को भी बिगाड़ दिया। अपने साथ बैठा-बैठाकर उसे भी पीना सिखा दिया।''

''तुम्हारा सतीसवा दूध पीता बच्चा है का, जो दूसरा सिखा देगा। कोई उसके मुँह में ढरका नहीं न लगा दिया? दोख पाप दूसरे के माथे काहे मढ़ रही हो?'' अम्मा तिलमिला उठी थी।

''अरे चल चल। हम सब समझ रही हूँ। पिला-खिलाकर हमारा घर हड़पना चाह रही हो न?''

''अरे हमारा खुदै तुम हड़प के बैठी हो। हमारे दुआर तक तुम्हारी ओरी लटक गयी। तुम क्या बतिया रही हो?'' अम्मा का गुस्सा भड़क उठा।

''अरे जा, जा, बेटी बेचवा की जमीन हम क्या हड़पेंगे? पाप लगे छाया पड़े से।'' उसने कमजोर नस दबा दी। अम्मा बिलबिला उठी थीं।

''अरे ऐसा करम न किया होता माटीमिला तो काहे ताना सुनना पड़ता।'' वह अपना सिर हाथ में थामे बैठकर बिलखने लगी। फुलझड़ी भी आकर बगल में बैठ

गयी। दोनों बहनों के ब्याह में बाऊ द्वारा लड़के वालों से रुपये लेने की बात वह कई बार अड़ोस-पड़ोस की औरतों से सुन चुकी थी। अम्मा का विलाप सुनकर दारू के नशे में झूमते बाऊ ने आकर अम्मा का बाल पकड़ लिया था और घसीटते हुए भीतर ले गये—

"हरामजादी, बाहर बैठकर डिरामा फाँने है। पीता हूँ तो अपनी कमाई का। किसी के बाप का क्या? घर बेचकर पीऊँ चाहे तुमको; किसी का क्या जाता है? बेटी हम पैदा किये थे। जिसको गरज थी, पैसा खर्चकर उसे ब्याह ले गया, किसी के बाप का क्या? एक बची है ये फुलझड़िया। इसको भी बेच दूँगा। क्या कर लेगा कोई? थाना पुलिस को देख लूँगा। बेटी मेरी है। मैं रखूँ चाहे बेचूँ।" वह लाल-लाल आँखें किये फुलझड़ी को घूरने लगा था।

वह डर के मारे सिकुड़ कर दीवार से चिपककर खड़ी हो गयी। उसका दिल जोर-जोर से धड़क रहा था। बाऊ का यह रौद्र रूप वह अकसर देखती थी। शराब के नशे में उसे कुछ भी होश न रहता। कभी-कभी रात में पैर दबाने के लिए वह उसे और बचाऊ को अपनी चारपाई पर बुला लेता। जरा सी पकड़ ढीली होते ही वह लात खींचकर चला देता। कई बार नशे के झोंक में वह फुलझड़ी को अपने पेट पर लेटाकर इतनी जोर से भींचता कि उसकी साँस ही रुक जाती।

"अरे मोरी बिटिया... कितनी सुघ्घर है तू।" और वह उसके मुँह से उठ रही दारू की बदबू से बिलबिला उठती। किसी तरह उसके चंगुल से स्वयं को छुड़ाते हुए जाकर अम्मा की खाट पर लेट जाती। सब कुछ बहुत अटपटा सा लगता। उसे समझ में नहीं आता कि उसका बाऊ क्यों ऐसी हरकतें करता है?

रात की बातें सोचते हुए फुलझड़ी का चेहरा म्लान हो गया था। उसने बाल्टी का पानी ले जाकर गोबर पाथती अम्मा के सामने रख दिया और चुपचाप खड़ी होकर हंसराज के घर की ओर देखने लगी।

"जा, जरा ये गोहरी का झउआ हंसू को दे आ। सबेरे ही आया था माँगने। मूर्ति बनायेगा।" अम्मा ने उसे दूसरा आदेश दे दिया।

"बचाऊ से काहे नाहीं भेज दी।" वह ऊबकर बोली थी।

"पहाड़ टूट पड़ा सबेरहीं। कौन सा कोल्हू ढकेली है जो इसी समय थक गयी। कितना दूर है?" अम्मा गुस्से से उसे घूर रही थी। उसने चुपचाप गोहरी वाला झउआ उठाकर अपने सिर पर रखा और हंसराज के घर की ओर बढ़ चली।

राजभरों की इस बस्ती में सभी घर बिलकुल आस-पास सटे बने थे। अधिकतर घर मिट्टी के और छतें खपरैल वाली थीं। गर्मी की रातों में सभी घरों के स्त्री-पुरुष अपनी-अपनी चारपाई अपने दरवाजे के बाहर लगा लेते तो लगता जैसे पूरा गाँव एक जगह इकट्ठा हो गया है। एक-दूसरे के घर में बर्तनों की खटर-पटर

भी सभी को सुनाई पड़ती। गाँव के बीच से पतली सी पक्की सड़क सिंहपुर बाजार से जुड़ते हुए सारनाथ तक चली गयी थी। सड़क के दोनों ओर राजभर जाति तथा कुछ अन्य जातियों के भी कच्चे-पक्के मकान बने थे।

"आ फुलझड़िया, तू भी आ गयी, अच्छा हुआ। दो-चार बुद्ध के हाथ पैर तू भी तोड़। ले, यह छेनी। सँभाल के मारना। ऐसा न हो कि पूरी मूर्ति ही टूट जाए।" हंसू अपने घर के आँगन में बैठा था। छोटा भाई बचाऊ भी सुबह-सुबह आकर उसका हाथ बँटा रहा था। सामने गोहरी और लकड़ी की आँच धधक रही थी। कुछेक मूर्तियाँ आग में पड़ी उसके धुएँ से काली हो रही थीं।

फुलझड़ी सिर से झउआ उतार एक ओर खड़ी हो गयी।

"अम्मा ने गोहरी भेजी है। जल्दी से झउआ खाली करके दे दो। मेरे पास बैठने का बखत नहीं।"

"देखा बचाऊ। मैं कह रहा था न, कि तेरी बहिन हमेशा सियालदाह एक्सप्रेस की तरह आती है और राजधानी की तरह चली जाती है।" हंसू उसे देख ठठाकर हँस पड़ा। उसके साथ बचाऊ भी हँस पड़ा। फुलझड़ी नाराज़ हो उठी थी।

"ये क्या खिसिर-खिसिर करते हो? हमें अच्छा नहीं लगता।"

"थोड़ी देर बैठ जा न। जैसे काम वहाँ, वैसे ही यहाँ। बाऊ तो अभी सोये होंगे न? अम्मा से कहो तो मैं बोल आऊँ कि फुलझड़ी यहाँ है। हंसू भइया के साथ काम करवा रही है।" बचाऊ ने एक मूर्ति पर भँगरैया का रस पोतते-पोतते अपना हाथ रोक लिया।

"हाँ, हाँ, बचाऊ, जा अपनी अम्मा से बोल आ कि फुलझड़ी भँगरैया पोत रही है मूर्ति में। आग के आगे तो हम लोग झुलस ही जायेंगे। तुझे एक मूर्ति और दे दूँगा।" हंसू ने बचाऊ को उठाते हुए बाहर भेज दिया।

फुलझड़ी आँगन में चारों ओर देखने लगी थी।

"घबड़ा मत। कोई नहीं है। माई सीवान गयी है। दो घंटा बाद लौटेगी। बाकी कोई नहीं घर में।"

हंसू ने लपककर उसका हाथ पकड़ जबरदस्ती बैठा लिया।

"हर बखत की खिसकड़ी हमको अच्छी नहीं लगती। काहे हाथ पकड़ता है रे।" उसने अपने शरीर को सँभालते हुए हंसू को डाँटा और उठकर पुनः खड़ी हो गयी।

"अच्छा आओ, आओ, अब खिसकड़ी नहीं।" वह भी उठकर उसके सामने खड़ा हो गया। फुलझड़ी थोड़ा सा पीछे खिसक गयी।

"हमें अभी बहुत काम है घर में। हम नहीं पोतेंगे भँगरैया।" वह रुखाई से बोलकर जाने लगी थी। हंसू ने उसे पीछे से पकड़कर अपने घेरे में ले लिया।

"हे हरामी का पिल्ला, आज मैं अपने बाऊ से जरूर कहूँगी। गदहा कहीं का।" अपने को उससे छुड़ाते हुए फुलझड़ी ने आग्नेय नेत्रों से उसे घूरा था।

"वो क्या करेगा? अरे मौका मिले तो वो भी ...। आ बैठ। अब नहीं पकड़ूँगा तुम्हें।" उसने उसका हाथ पकड़ पुनः अपनी ओर खींचा। फुलझड़ी रुआँसी हो उठी। अकसर ही हंसू एकान्त पाकर उससे छेड़छाड़ करता था। वह जल्दी उसके घर नहीं आना चाहती थी, परन्तु अम्मा या बाऊ कुछ न कुछ माँगने या पहुँचाने के लिए उसे ही भेज देते। अपनी माँ का इकलौता लड़का होने और घर में कोई डाँटने फटकारने वाला न होने के कारण हंसू की आदतें बचपन से ही बिगड़ गयीं थीं। मूर्ति बेचकर जितने पैसे कमाता, उसे दारू पीने में उड़ा देता। बचाऊ भी उसके काम में मदद करके मजदूरी में दो एक मूर्ति पा जाता और विदेशियों के हाथ बेच आता।

"बोल आया अम्मा से। वह बोली है कि कुछ देर में आ जाना।" बचाऊ दौड़ता हुआ दरवाजे से भीतर घुसा। लकड़ी की चौखट ऊँची होने के कारण उसका पैर उलझ गया और वह धड़ाम से मुँह के बल गिर पड़ा।

"अरे ससुरा तू क्यों गिरा जा रहा है? हाथ पैर तुड़वाकर तुझे भी भँगरैया की मालिश कर दूँ?"

हंसू ने लपककर उसे उठाया। बचाऊ खिसियानी हँसी हँसते हुए आकर फुलझड़ी के बगल में बैठ गया।

"अभी तक एक्को मूर्ति में नहीं पोती? क्या कर रही थी?" उसने पूछा तो हंसू ने तपाक् से अपनी एक आँख दबाते हुए उत्तर दिया—

"अभी तक बैठकर वह गिन रही थी कि कितनी मूर्तियों में पोतना है?"

"कितनी है अभी?" बचाऊ ने सामने जमीन पर बिछे बोरे के ऊपर रखी गौतम बुद्ध की छोटी बड़ी मिट्टी की मूर्तियों को देखते हुए पूछा। मूर्तियाँ आवाँ में पके मिट्टी के बर्तनों की तरह लाल-लाल थीं। उन पर महीन नक्काशी की गयी थी। किसी में बुद्ध धर्म-चक्र-प्रवर्तन मुद्रा में थे तो किसी में ध्यान मुद्रा और आशीर्वाद मुद्रा में। दो-चार मूर्तियाँ लेटी हुई मुद्रा में भी थीं।

"बस पन्द्रह-बीस और होंगी। आठ-नौ ठो आग में हैं। आज बना लूँगा तो चार-छः दिन की छुट्टी हो जाएगी।" हंसू ने बोरे पर से एक मूर्ति उठाते हुए बताया।

"आज कमलेशवा भी कई मूर्ति ले आया है खरीदकर। रात में शायद तीन-चार बस आयी हैं भरी हुई। विदेशी पार्टी हैं सब रजा।" आँखें मटकाते हुए बचाऊ ने नयी सूचना दी।

"अरे मुझे पहले से ही मालूम है बे। उस समय मैं हनुमान मन्दिर पर ही तो था। परसों बुद्ध पूर्णिमा है न? अभी दो दिन तो रहेंगे ही सब। आज रात में बहुत होगा तो सब मन्दिर देखेंगे। खँडहर तो दिन में ही देख पायेंगे। तब तक हमारा माल

तैयार हो जाएगा।'' छेनी से एक मूर्ति का पैर थोड़ा सा तोड़ते हुए हंसू ने कहा। टूटे हुए भाग में हल्की गीली मिट्टी का लेप रगड़ते हुए उसने उस मूर्ति को फुलझड़ी को पकड़ा दिया।

फुलझड़ी भँगरैया की पत्तियों को दोनों हथेलियों के बीच रगड़ते हुए उसका रस एक पुराने सूती कपड़े में सोखाने लगी ताकि उससे मूर्ति को पोचाड़ा जा सके।

''गुरु, नरैयना खूब काटेगा आज दलाली। बस के रुकते ही वह लपक लिया उन सबों को। ले गया मियवाँ के साड़ी दुकान में।'' बचाऊ बड़ों की तरह बातें कर रहा था।

''अरे तो अच्छा कमीशन देता है वह। मान लो बीस हजार की भी खरीददारी सब कर लिए तो बन गया नरैयना का दो हजार। अब दस दिन बैठकर ठाठ से उड़ाए। ऊ ठकुरवा तो बिलकुल कंजूस है।'' हंसू सिर झुकाए दूसरी बुद्ध मूर्ति के सिर पर सावधानी से धीरे-धीरे वार कर रहा था।

''तू भी काहे नहीं आजमाते दलाली वाला धन्धा?'' बचाऊ ने अपना हाथ रोकते हुए हंसू की ओर उत्सुकता से देखा।

''तू ही काहे नहीं कर लेता बे?'' हंसू उसके प्रश्न पर हँस पड़ा।

''मैं तो अभी छोटा हूँ। कौनो नहीं विश्वास करेंगे।'' बचाऊ के स्वर में निराशा थी।

''चाहो तो पूरा सारनाथ विदेशियों के हाथ रजिस्ट्री कर आओ और अभी छोटे बनते हो? क्यों फुलझड़िया?'' हंसू ने सिर ऊपर उठाते हुए फुलझड़ी को देखा।

वह कुछ नहीं बोली। उसके हाथ में थमी मूर्ति भँगरैया का रस पुत जाने से काली और पुरानी सी लगने लगी थी।

''अरे वाह, तूने तो बिना आग में जलाए ही बिलकुल एन्टीक पीस तैयार कर दिया रे।'' वह हँसा था। फुलझड़ी के चेहरे पर मुस्कान तैरते-तैरते रुक गयी। कुछ देर पहले का हंसू का दुर्व्यवहार याद आ गया था। कहीं ओठों पर मुस्कान देखकर उसका मन और न बढ़ जाए। उसने अपने दोनों ओठों को कसकर जकड़ लिया। मुस्कराहट पर चुप्पी का ताला लग गया था।

''ई विदेशियो सब पागल होते हैं क्या? औना-पौना दाम की मूर्ति खरीद लेंगे। औरतें पहनेंगी स्कर्ट, ब्लाउज और पैन्ट, शर्ट, खरीदेंगी बनारसी साड़ियाँ। क्या करती होंगी सब? पहनने भी तो नहीं आता होगा।'' बचाऊ लगातार बात कर रहा था।

''अरे तो तू चला जा न साथ उन सबों के। पहनना सिखा देना।'' हंसू ने भँगरैया पुती मूर्ति लेकर सुलग रही आग के भीतर डाल दिया।

"हमको भी सिखा दो न उन सबों की भाषा। कैसे तुम सीख लिए गुरु।" बचाऊ आश्चर्य से हंसू के मुँह की ओर देख रहा था।

"उन सब के साथ-साथ चलता रह, बातें सुनता रह, धीरे-धीरे तुम्हें भी आ जाएगा बोलना। हम लोगों ने भी तो ऐसे ही सीख लिया। कोई जापान और अमरीका थोड़े ही गये थे सीखने।"

"कल एक बस भर के जापानी भी आये हैं, गुरु। दो बस में तो श्रीलंका वाले थे। काले-काले, नारियल का तेल चुपोड़े। सफेद-सफेद मैक्सी और ब्लाउज पहने औरतें दूर से ही समझ में आ जाती हैं।"

"जापानियों को कैसे पहचाना बे?"

"अरे गोरी चमड़ी, चपटी नाक, नाटे-नाटे ...।"

"वाह, अब चालाक हो गया तू।"

"हमें भी सिखा दे न उनकी बोली।" बचाऊ पुन: रिरिया उठा।

"फुलझड़ी कहेगी तब सिखाऊँगा।" हंसू ने दूसरी मूर्ति उठाते हुए उसकी ओर देखा।

"मैं क्यों कहने जाऊँ? सीखे चाहे मत सीखे।" फुलझड़ी दूसरी मूर्ति हाथ से उठाकर पोचाड़े से भँगरैया का रस पोतने लगी।

"ई तो गेस्ट हाउस में नौकरी क्या पकड़ ली कि सरकारी बाबू हो गयी है। लगता है जैसे परमामेंट हो गयी।" बचाऊ ने गुस्से में फुलझड़ी को घूरते हुए कहा।

"ज्यादा पकर-पकर मत कर। समझा न?" फुलझड़ी तमतमा उठी।

"अच्छा, अच्छा, लड़ो मत। देखो मैं बताता हूँ। जापानी को देखो तो धीरे से मूर्ति दिखा दो और फिर अन्दर रखते हुए बोलो—"खोरेवा बुत्ता सारुनाथ कोरवा कोत्तोहि ओत्तो सामाका"। अब मतलब भी जान ले इसका। ये भगवान बुद्ध की मूर्ति बहुत पुरानी है, अशोक के समय की। समझा।" हंसू ने गुरु की मुद्रा में बचाऊ को ज्ञान दिया। बचाऊ हतप्रभ सा उसे देख रहा था। उसे याद नहीं हो पाया था वाक्य। फुलझड़ी भी हंसू की ओर देखने लगी। उसकी दृष्टि में न चाहते हुए भी हंसू के प्रति एक सम्मान का भाव जाग गया था। हंसू उत्साहित हुआ।

"अब अगर जर्मनी के पर्यटक हैं तो उनकी भाषा में पूछ—हपीसोन पूटा, माने आप देखिए बुद्ध की मूर्ति। लेकिन मूर्ति दिखाने के बाद उसके पीछे मत पड़ जाओ खरीदने के लिए, बल्कि थोड़ी रुखाई के साथ आगे बढ़ जाओ, तभी उसे विश्वास होगा कि यह मूर्ति सचमुच खुदाई से मिली है। एक ग्रुप में एक ही मूर्ति बेचो नहीं तो बात पकड़ में आ जाएगी।" हंसू ने व्यापार का गुरुमंत्र दे दिया बचाऊ को।

"मान लो कई ग्राहक तैयार हो जाएँ लेने को तो? तब तो दूसरी-तीसरी मूर्ति भी बेचनी पड़ जाएगी।" बचाऊ ने शंका प्रकट की।

''लालच किये कि गये काम से। फिर पर्यटक पुलिस तुमको उतनी देर वहाँ रुकने देगी तब न बेचोगे? वे सब तो जमराज की तरह चढ़े रहते हैं सिर पर।''

''अरे पिछली बार तो हमें तोता बेचते पकड़ लिया था ससुरा। सारनाथ चौराहा से म्यूजियम वाले चौराहे तक कलइया खिलाते ले गया था स्साला। पूरी पीठ छिल गयी। चारों तोता भी छीनकर वहीं पंडितवा को दे दिया।'' बचाऊ ने घृणा से मुँह बिचकाते हुए बताया। उसके श्यामवर्ण माथे पर आग की तपिश से पसीने की बूँदें छलछला आयीं थीं।

''हे बे, जा जरा हरचरना से पूछ आ कि वह मुझसे माल खरीदेगा? एक एक मूर्ति पन्द्रह पन्द्रह में दूँगा। बोलना, बिलकुल पुरानी लग रही हैं मूर्तियाँ। मिट्टी से खोदकर निकाली हुई।'' हंसू ने पुनः बचाऊ को बाहर भेजने का उपक्रम किया।

''अरे वाह रजा, खरीदे हो पाँच-पाँच में और ...।''

''अबे, लक्सा जाकर ले आया हूँ ये सब मूर्तियाँ। यहाँ चैनुवा के यहाँ से थोड़े ही खरीदा हूँ।''

''वो भी तो वहीं से ले आता होगा?''

''अब चाहे जहाँ से लाए। यहाँ लाकर दादा के मोल बेचता है।''

''अच्छा, हम लोग ये मूर्तियाँ नहीं बना सकते न?'' बचाऊ का अगला प्रस्ताव सुन हंसू झुँझला उठा।

''घर में भूँजी भाँग नहीं और चले हो फैक्टरी लगाने। आज मूर्ति का कारखाना बैठा लो, फिर कल बनारसी साड़ी का भी पावरलूम लगा लेना। ससुर के नाती ...। जा, हरचरना से पूछ आ कि चाहिए तो तैयार है माल।'' हंसू ने उसे फटकार लगाई।

''जाता हूँ, जाता हूँ।'' वह जाने के लिए उठ खड़ा हुआ।

''अब बस। हम भी जा रहे हैं। अभी काम पर भी जाना है।'' फुलझड़ी उसके साथ ही उठ खड़ी हुई।

''अरे, अरे, तू कहाँ जा रही है? बचाऊ आ जाए तब चली जाना। मैं अकेले ही तोड़ने और पोतने का काम कैसे करूँगा? बैठ अभी।'' हंसू ने फुलझड़ी की समीज पकड़कर खींची।

''हे देख, हर घड़ी का मजाक हमें नहीं अच्छा लगता।'' उसने झटके से अपनी समीज हंसू की पकड़ से छुड़ा ली थी और बिना अपना झउआ लिए ही दरवाज़े से बाहर निकल गयी। उसका चेहरा तमतमाया हुआ था।

''देख लिया न बचाऊ, उस पर से तुम्हारी अम्मा कहती है कि उसे कुछ गुन शऊर सिखाओ। ये क्या सीखेगी? बस झाड़ू पोंछा और बर्तन माँजती रह जाएगी गेस्ट हाउस में। कोई ब्याह भी नहीं करेगा जल्दी। नइहर में ही डीह पूजेगी।'' हंसू बड़बड़ा रहा था। बचाऊ भी मन ही मन फुलझड़ी पर क्रोधित होता हुआ हरचरना

के घर की ओर दौड़ पड़ा। सुबह का सूरज थोड़ा और ऊपर चढ़ आया था। बस्ती में चहल-पहल शुरू हो गयी थी। आदमियों की आवाज़ों के साथ ही बकरियों और मुर्गे-मुर्गियों की भी आवाज़ों से वातावरण भर उठा था। सब अपने-अपने धन्धे की तैयारी में जुटे थे।

छह

''यह जापानी बौद्ध मन्दिर है।'' प्रतापसिंह रघुवंशी ने मुख्य द्वार से प्रवेश करते हुए एम. अलभ्यानन्द को तर्जनी से संकेत कर सामने दिखाया। उनके बगल में गौरी भी चल रही थी। आज उसने मंजुलारानी से जिद करके साड़ी पहननी सीखी थी। काले रंग के बार्डर वाली आसमानी साड़ी में उसका सुनहरा रंग दमक उठा था। हाथों में काले रंग की ढेरों चूड़ियाँ और माथे पर लम्बी सी काली बिन्दी उसके सौन्दर्य में चार चाँद लगा रही थी। उलझकर गिरने के डर से गौरी ने साड़ी को दोनों हाथों में पकड़कर थोड़ा ऊपर उठा लिया और सामने जापानी मन्दिर का वास्तु शिल्प देखने लगी। अपनी बनावट में अन्य सभी मन्दिरों से हटकर था यह मन्दिर।

उन्हें भीतर आता देख मन्दिर के बरामदे में झाड़ू लगाता एक व्यक्ति दौड़कर भीतर गया था और अगले ही पल पुनः बाहर आ गया। अब उसके हाथ में झाड़ू नहीं थी। उसने प्रतापसिंह रघुवंशी को नमस्कार किया—

''क्या भइया, आज इधर कैसे रास्ता भटक गये?''

''कुछ करते-धरते हो ही नहीं तो क्या आऊँ?'' वे सीढ़ियाँ चढ़ते हुए हँस पड़े। उनके साथ-साथ सीढ़ियाँ चढ़ती गौरी और एम. अलभ्यानन्द आश्चर्य से मन्दिर के भीतर का दृश्य निहार रहे थे।

''आज्ञा दीजिए भइया। काहे नहीं होगा काम?'' वह आदमी हाथ जोड़े प्रतापसिंह रघुवंशी के सामने खड़ा हो गया।

''देखो लखन, कमाने खाने के लिए तो तुम लोग एक मन्दिर पकड़ लिए। छोटी मोटी नौकरी करके गुजारा हो जा रहा है। मन्दिर की रखवाली या साफ-सफाई के लिए ये लोग जापान चीन से आदमी नहीं न लायेंगे? अधिकारी भेज देंगे, पुजारी रख देंगे, लेकिन जमीन वहाँ से तो लायेंगे नहीं। वो तो यहीं की रहेगी। छोटे-मोटे कामों के लिए आदमी भी यहीं के रहेंगे।''

''जी भइया।'' लखन सिर हिला रहा था।

''लेकिन, हम लोगों के डीह, देवता को भी उखाड़ फेंके, ये बर्दाश्त होगा?''

"नहीं भइया।" उसने दृढ़तापूर्वक सिर हिलाया।

"तो आज शाम मंकारडीह पर दस बीस आदमियों को लेकर आ जाना। औरतें भी रहें तुम्हारी बस्ती की तो ठीक रहेगा।"

"कोई बात है क्या भइया?"

"तब क्या? कड़ाहा चढ़ाने के लिए बुला रहा हूँ?"

"अरे जैसे ...?" वह अचकचा गया।

"प्रशासन वहाँ मंकारडीह को उजाड़कर सीता रसोइया तक ईंट बिछाने के लिए चार-पाँच ट्रैक्टर ईंट गिरवा भी चुका है। डीह बाबा के दोनों पीपल के पेड़ रातोंरात काटकर साफ कर देने की योजना है।" प्रतापसिंह ने फुसफुसाकर बताया।

"अरे भइया, ई कैसे हो सकता है? वो हमारे डीह हैं। शादी ब्याह में परिछन, मौरी-दौरी सब वहीं होता है। आस-पास के तमाम गाँवों की औरतें कड़ाही चढ़ाती हैं, मनौती मानती हैं और ये लोग उजाड़ देंगे?"

इसीलिए कह रहा हूँ। रात भर कीर्तन होगा वहीं। सब लोग जमे रहो। प्रशासन कुछ नहीं कर पायेगा।"

"भइया की बात। आपकी अगुवाई रहेगी तो ...।"

"अभी तो बहुत सा लफड़ा दबा पड़ा है। चाइना मन्दिर के भीतर एक भारत माता की मूर्ति भी है। उस पर से भी कब्जा हटवाना है। इधर जापानी लोग विश्व शान्ति-स्तूप बनाने के लिए लोगों की जमीनें लेने के चक्कर में पड़े ही हैं। उधर शक्तिपीठ पर सबका कब्जा हो ही रहा है। अँधेर मची है सारनाथ में।" बोलते हुए प्रतापसिंह रघुवंशी एम. अलभ्यानन्द की ओर बढ़े थे।

"मैं पहुँचूँगा शाम को वहाँ।"

"ठीक है। ढोलक मजीरा भी ले लेना। थोड़ा तामझाम रहे। इन लोगों को भी सुबह बुला लूँगा।" प्रतापसिंह ने एम. अलभ्यानन्द और गौरी की ओर इशारा किया।

"उसका भी प्रभाव पड़ेगा प्रशासन पर।"

प्रतापसिंह ने एक आँख को हलके से दबाते हुए लखन को समझाया और मन्दिर के भीतर पहुँचे थे जहाँ बुद्ध की लकड़ी की आदमकद मूर्ति परिनिर्वाण की मुद्रा में लेटी थी। गौरी आश्चर्य से उसे देख रही थी।

"यह मूर्ति चन्दन की लकड़ी से बनी है। ये ऊपर टँगी झूमर और अन्य सजावटी चीजें भी लकड़ी की हैं।" लखन ने गौरी के पास आकर बताया।

"हूँ। ये बिस्किट्स वगैरह क्यों?" बुद्ध की बैठी मुद्रा वाली मूर्ति के सम्मुख रखे बिस्कुट के पैकेट देखकर गौरी आश्चर्यचकित थी।

"ये सब बुद्ध जी को चढ़ाया जाता है, मैडम। कच्चा चावल, दाल, चाय, पानी सबका भोग लगाया जाता है सुबह। यहाँ तक कि कुछ विदेशी लोग इन मन्दिरों में

शराब भी श्रद्धावश चढ़ाते हैं।''

''हाँ ...आँ ... ?'' वह आश्चर्य से चीखी थी। एम. अलभ्यानन्द भी परेशान से हो उठे। पंचशील की दीक्षा देते समय के. सिरी सोभित थेरो ने उन्हें बताया था—

'सुरा-मेरय-मज्ज पमादट्ठान वेरमणि सिक्खापदं समादियामि।'

अर्थात् मैं सुरा, मेरय (कच्ची शराब) मद्य और नशीली चीजों के सेवन से विरत रहने का शिक्षा पद ग्रहण करता हूँ।

''तथागत का आदेश था कि जो कुछ भी भिक्षाटन में मिल जाय उसे भिक्षु को ग्रहण कर लेना चाहिए।'' गौरी ने बात को सँभाला था। प्रतापसिंह रघुवंशी ठठाकर हँस पड़े।

''अब गौरी जी, भिक्षाटन तो नहीं, अवश्याटन हो गया है। भिक्षा न कोई माँगने जाता है, न कोई देने। दान के रुपयों से माँस-मछली खाने से लेकर फ़ाइव स्टार होटलों में दावतें तक उड़ायी जाती हैं। आप कह सकती हैं कि कभी-कभी किसी स्थान की भौगोलिक स्थितियाँ भी मदिरा-माँस लेने के लिए विवश करती हैं। पर मैं पूछता हूँ कि यहाँ सारनाथ में कौन सी जलवायु इतनी प्रतिकूल है कि इन सब वस्तुओं का सेवन करना विवशता है? अहिंसा की शिक्षा देने वाले बुद्ध की इस ज्ञानभूमि के आस-पास चलिए आपको दिखाऊँ कितनी दुकानें, जहाँ बकरियाँ बँधी हैं कटने के लिए। दड़बों में पचासों मुर्गे बन्द हैं भुने जाने के लिए। करुणा उत्पन्न होती है देखकर उन्हें।''

''मैं देखूँगी प्रताप जी आपके साथ चलकर। आप किसी दिन थोड़ा समय हमें दे सकते हैं?'' गौरी ने अनुनय की मुद्रा में कहा।

''कल तो आप लोग भी व्यस्त होंगे बुद्ध पूर्णिमा में शायद? मैं भी कुछ व्यस्त हूँ। फिर भी आप लोग बुद्ध मन्दिर जाने से पहले चौखण्डी स्तूप के पास आ जाइएगा। वहीं पर हम लोगों का एक आयोजन हो रहा है। समय निकालकर आपको दिखा दूँगा।''

''अवश्य। हम लोग जरूर चलेंगे न दाऊजी?'' गौरी ने एम. अलभ्यानन्द की ओर आशा के साथ देखा।

उनकी आँखों में उद्विग्नता की स्पष्ट छाप दिखाई पड़ रही थी। कुछ न बोलते हुए उन्होंने आँखें झपकाकर अपनी मौन स्वीकृति दे दी और बगल में लकड़ी की पट्टिका पर हिन्दी में लिखे लोटस सूत्र को पढ़ने लगे— ना मु म्यो हो रें गे क्यो।

सामने एक लकड़ी के स्टैंड पर रखे बड़े से ड्रम पर लकड़ी के ही हथौड़े से वार कर ढम् ... ढम् ... की आवाज़ निकालते हुए जापानी मन्दिर के पुजारी अपनी भाषा में सूत्तपाठ कर रहे थे।

''यह मन्दिर किसका है?'' मुख्य मन्दिर से बाहर निकलते हुए बाईं तरफ बने छोटे से मन्दिर की ओर संकेत कर गौरी ने लखन से पूछा।

"यह वरुण-नाग मन्दिर है मैडम। तपस्या करते हुए बुद्ध जी बिलकुल कमजोर हो गये थे। एक रात बहुत तेज आँधी-पानी से युक्त तूफ़ान आया। उस समय एक नाग ने बुद्ध को अपने पाश में लपेटकर फन की छाया से उनकी रक्षा की। ऐसी कहानी मिलती है, इसीलिए जापानी लोगों ने उस याद में वरुण-नाग का यह मन्दिर बनवाया है।" लखन ने अपनी जानकारी के अनुसार गौरी को समझा दिया।

"दाऊ जी, अद्‌भुत। आश्चर्य ...।" वह लगभग चिल्ला उठी।

"क्या हुआ?" एम. अलभ्यानन्द का स्वर शान्त था।

"दाऊ जी, बुद्ध को विष्णु का अवतार भी मानते हैं लोग, और शेषनाग की शय्या पर उसके फण के नीचे विष्णु की मान्यता ...? क्या आपको कुछ नहीं लगता? दोनों धर्मों का जुड़ाव?" वह बच्चों जैसे किलक उठी। एम. अलभ्यानन्द के सौम्य मुखमंडल पर भी एक हँसी तैर गयी।

"मैंने कब कहा कि धर्मों का आपस में कोई सम्बन्ध नहीं? धर्म तो अलग-अलग नदियाँ हैं जिनका लक्ष्य एक सागर से एकाकार होना। भले ही ये नदियाँ भिन्न दिशाओं और मार्गों से होती हुई आती हों।" एम. अलभ्यानन्द के चेहरे पर कुछ देर पहले छाया विषाद तिरोहित हो चुका था। उसके स्थान पर शान्ति विराजमान थी।

"लेकिन सर, यहाँ के नव-बौद्ध आपके इस तथ्य से इनकार करते हैं। हिन्दू-बौद्ध धर्मों के जुड़ाव के वे कट्टर विरोधी हैं। देवी-देवताओं की आलोचना से ही उनके अपने बौद्ध धर्म की शुरूआत होती है।" प्रतापसिंह रघुवंशी ने उनके बराबर चलते हुए बताया।

"नहीं, तथागत ने स्पष्ट शिक्षा दी थी कि किसी की आलोचना मत करो, विरोध मत करो। परीक्ष्य भिक्षवो ग्राह्यं मद्‌वचो न तु गौरवात्। दूसरों के कृत्याकृत्य को न देखो। केवल अपने कृत्याकृत्य का अवलोकन करो।" एम. अलभ्यानन्द मन्थर कदमों से चलते हुए बता रहे थे। दाहिनी ओर आम के वृक्ष पर चिड़ियों का समूह चहचहा रहा था। हवा में गर्मी थी। कैम्पस के कोने में लगे हैण्डपाइप पर कुछ स्त्रियाँ पानी भर रही थीं।

"मेरे दाऊ जी दीक्षा लेते ही बौद्ध धर्म के उपदेशक बन गये प्रताप जी। है न?" गौरी ने चलते-चलते चुहल की।

"अच्छे ही नहीं, बहुत अच्छे।" प्रतापसिंह ने हाँ में हाँ मिलाई।

"इसीलिए तो कल भन्ते ने इन्हें भी आमन्त्रित किया है बुद्ध पूर्णिमा पर। आप भी आ रहे हैं न प्रताप जी?"

"देखिए, समय से खाली हो गया तो जरूर पहुँचूँगा। लेकिन वहाँ पहुँचने से पहले आप लोगों को चौखण्डी स्तूप के पास आना है। याद है न?" प्रतापसिंह ने स्मरण दिलाया।

"ओह, अवश्य। सोचती हूँ आज शाम को दाऊ जी को थाई मन्दिर और चाइना मन्दिर भी घुमा दूँ।"

"आपने पहले से देख लिया है क्या?"

"जी हाँ, दाऊजी के इंडिया आने से पहले मैं देख चुकी थी एक बार।"

"वहाँ भीड़ क्यों लगी है?" मन्दिर परिसर के दाहिनी ओर खेत में जुटी छोटी सी भीड़ की ओर देखते हुए एम. अलभ्यानन्द के स्वर में एक उत्सुकता थी।

प्रतापसिंह और गौरी ने एक साथ उधर देखा था। दोपहर से पूर्व का सूरज तीखा हो उठा था। चालीस पचास स्त्री-पुरुष और बच्चों का समूह खेत में इकट्ठा था। एक बड़े से कड़ाहे में दूध डालकर उसे खौलाया जा रहा था।

"यह भी भारत की एक विद्या है। आस्था और विश्वास का जीता जागता उदाहरण। खौलते दूध से एक आदमी स्नान करेगा और जरा भी जलन की अनुभूति नहीं होगी उसे।"

"क्या सचमुच? मैं विश्वास नहीं कर सकती।" गौरी ने आश्चर्य से अपनी दोनों आँखों को फैलाते हुए कहा।

"खुद ही चलकर देख लीजिए न मैडम। संयोग से यह आयोजन हो भी रहा है।"

"क्या कहते हैं इसे?"

"कड़ाहा चढ़ाना। एक प्रकार की पूजा है यह। अधिकांशतः यादव जाति के लोगों के यहाँ होती है लेकिन यदि अन्य जातियों के व्यक्ति की भी आस्था है, तो वह भी कर सकता है।"

"ओह, हम देख सकते हैं इसे?" गौरी ने कौतूहल से पूछा।

"धूप है। बहुत देर तक वहाँ खुली धूप में खड़ा रहना होगा।" प्रताप ने टालने की कोशिश की।

"लेकिन हम देखना चाहते हैं। क्यों दाऊजी?" गौरी ने एम. अलभ्यानन्द की ओर देखा।

"चलो, चलते हैं। लेकिन थोड़ी ही देर में वापस हो लेना।"

"बिलकुल। आइए प्रताप जी, आप भी हम लोगों के साथ।" गौरी ने प्रतापसिंह रघुवंशी का हाथ पकड़कर खींचा। पीछे-पीछे चल रहा लखन मुस्करा उठा।

"अच्छा भइया, अब हमें इजाजत दो। मन्दिर में काम है अभी। शाम को मंकारडीह पर मिलूंगा।"

"अच्छा, अच्छा। चलता हूँ।" प्रतापसिंह रघुवंशी उन दोनों के साथ दाहिनी ओर खेत के बीचोबीच चल रहे कड़ाहा कार्यक्रम की ओर बढ़ चले। स्त्री-पुरुष, बच्चे धूप की परवाह किये बिना खेत में इधर उधर खड़े बहुत ध्यान से कड़ाहे में

खौलते दूध को देख रहे थे। उसी के बगल में दूसरे बड़े चूल्हे पर एक कड़ाहे में घी गरम हो रहा था। कुछ ही दूर पर बनी हवन वेदिका में पाँच लोग समिधा छोड़ रहे थे और पंडित जी नंगे बदन पसीने से तर-बतर मन्त्र पढ़ते हुए उस कुण्ड में आम के हरे पत्ते से घी डाल रहे थे। हवन कुण्ड में धधकती अग्नि में चट्चट् करती समिधा से पूरा वातावरण सुगन्धित हो रहा था। एक बूढ़ा सा व्यक्ति कमर पर केवल पीली धोती बाँधे नंगे बदन खौलते घी वाले कड़ाहे के पास खड़ा था। हाथ में एक विशेष प्रकार की छड़ी लिए वह ऊपर देखकर कुछ बुदबुदा रहा था। उपस्थित लोग बहुत श्रद्धाभाव और उत्सुकता से उसे निहार रहे थे।

गौरी ने धूप से बचने के लिए अपनी साड़ी का आँचल सिर पर रख लिया जबकि अलभ्यानन्द अपने मुंडित सिर पर हाथ फिरा रहे थे। तीखी धूप से तीनों बेहाल थे, परन्तु उत्सुकता दबा न पाने के कारण चले आये थे। उनके पहुँचते ही कुछेक स्त्री-पुरुषों ने पीछे मुड़कर उन लोगों को देखा और आपस में फुसफुसाकर हँस पड़े।

उनकी हँसी की परवाह न करते हुए गौरी वहीं किनारे खड़ी हो गयी और बगल में खड़े एक आदमी से पूछा—

"क्या होगा अभी यहाँ?"

"कड़ाहा चढ़ाने की मन्नत थी। पूरी हो गयी है, तो वही भगत जी को बुलाकर दिया जा रहा है।"

"भगत कौन?"

"वही जो, लाठी लिए खड़े हैं कड़ाहे के पास, वही हैं भगत जी। सवारी आयेगी अभी उनके ऊपर। सवारी आयेगी तो गरम घी में से अपने हाथ से पूड़ी निकालेंगे और उस गरम जाउर से नहायेंगे।"

"जाउर क्या है?"

"वो जो दूसरे वाले कड़ाहे में दूध चावल पक रहा है, वही जाउर है। उसी खौलते जाउर से नहा लेंगे बाबा, लेकिन जलेंगे नहीं।" वह आदमी गौरी को बता रहा था और वह हैरत से सुन रही थी। उसे विश्वास नहीं हो पा रहा था। उसने एम. अलभ्यानन्द की ओर देखा—

"रियली इट इज़ सरप्राइज़िंग।"

"लेट्स सी।" वे मुस्कराए।

"ये किस बाबा की पूजा है?" उसने पुनः उस आदमी से पूछा।

"काशी दास बाबा की पूजा होती है। कहते हैं कि उनको वरदान मिला था कि ...।"

तभी अचानक भीड़ में एक शोर उठा था जय-जयकार का। वह आदमी अपनी बात अधूरी छोड़ जय-जय बोलने में सम्मिलित हो गया। महिलाएँ श्रद्धाभाव से

हाथ जोड़े 'दोहाई बाबा की' बुदबुदा रही थीं।

कड़ाहे के पास खड़े भगत ने अपने दोनों हाथों को गरम घी में डालते हुए उसमें लाल होती पूड़ियों को बाहर निकाल लिया और दूध वाले कड़ाहे की ओर बढ़े थे।

"बोलो बाबा काशीदास कीऽऽऽ"

"जय...।" भीड़ उन्माद में चिल्ला रही थी।

भगत एक जग द्वारा कड़ाहे में से खीर निकालकर अपने नंगे बदन पर गिराने लगे। पास ही खड़े नगाड़े वाले तेज-तेज थाप देने लगे थे। छड़ी को हाथ में त्रिशूल की तरह थामे भगत हुँकार भरते और जोर-जोर से सिर हिलाते हुए इधर से उधर दौड़ रहे थे। नगाड़ों की थाप उनकी गति के साथ तेज हो रही थी। वे गरम खीर हाथ से उठा- उठाकर लोगों की तरफ फेंक रहे थे। कुछ उसे आशीर्वाद की तरह सिर झुकाकर स्वीकार कर रहे थे तो कुछ डर के कारण भाग रहे थे। एक विचित्र सा वातावरण तैयार हो गया था।

गौरी आश्चर्यचकित सी सब कुछ देख रही थी।

"बाबा, ये साल बरखा क का हाल होई?"

"होई रे, होई। लेकिन फसल बरबाद करके, तब।"

भगत ने जवाब देते हुए खीर का एक लोंदा उसकी ओर फेंका।

"बाबा, छोटका बेटउआ के पेट में छः महिन्ना से दरद है। बहुत देखाए लेकिन...।" एक महिला भगत के सामने गिड़गिड़ा उठी। भगत ने उसे भी आशीर्वाद देते हुए कहा—

"ठीक हो जाई। डॉक्टर के देखा ले। ओझा के चक्कर में मत पड़। ओकरे वश क बात नाहीं।" वह महिला भगत के चरणों में झुक गयी थी।

"बाबा, हमार भइंसिया ठहरत ना बाय।" दूसरे व्यक्ति की समस्या भगत के सामने आयी थी।

"ओके इहै परसादी खियाय दे। एदवा पारी ठहर जाई।" भगत अपना छड़ी उठाए पंडित की ओर बढ़े थे।

"जोर-जोर से बोल मन्तर। अभी एक घंटा पूजा लेब।"

"तू चला ओहर, पूजा होत हौ।" पंडित ने भगत को आश्वस्त किया और समिधा छोड़ने वाले आदमियों को ललकारने लगे—

"जल्दी-जल्दी और ढेर-ढेर साकला छोड़ा लोगन।"

"हाँ यार, नहीं तो एक मन साकला छोड़ते तो चार घंटा लग जाएगा।" धूप से बिलबिलाते हुए एक ने हामी भरी। भगत हुंकार भरते हुए दूसरे श्रद्धालुओं का दुख सुनने चले गये। पंडित ने अपने सामने रखे कटोरे का पूरा घी हवन-कुण्ड में एक साथ उड़ेल दिया और टिन में से दूसरा घी निकाल लिया। वे इतनी अधिक हवन

सामग्री देखकर पूजा के प्रारम्भ से ही भन्नाए थे। उन्हें यदि मालूम रहा होता कि इस तरह की पूजा है तो वे कदापि न आते। उन्हें अपने छोटे बेटे पर क्रोध आया था जिसने जाकर सूचना दी थी—

"हाँ, बाबूजी हैं। भेज रहा हूँ।" और अन्दर आकर आराम कर रहे उन्हें बताया था—

"बाबूजी, रामवृक्ष यादव आये हैं।"

"क्या बोल दिए कि मैं भीतर हूँ?"

"हाँ।"

"नालायक कहीं का। एक घंटा आराम करके निकलने वाला था तो ...।" वे भुनभुनाते हुए बाहर आये।

"पंडित जी, जरा चले चलिए। मुहूर्त निकला जा रहा है। अवधनरायन पंडित से कहे थे हम कि टाइम से आ जाइएगा, लेकिन अभी तक पहुँचे नहीं। उनसे तो बाद में पूछूँगा। खाली दच्छिना गिनने आता है उनको।"

"अरे भाई, हमको तो अभी एक जगह कथा बाँचने जाना है। फिर जजमानी का झगड़ा बढ़ जाएगा। अवधनरायन का इन्तजार कर ही लीजिए।" उन्होंने अपनी बात साफ-साफ कह दी थी फिर भी रामवृक्ष अड़ गया था—

"बस एक घंटे में आपको छोड़ दूँगा। बल्कि जहाँ कथा बाँचने जाना है, वहाँ तक मोटर साइकिल से छोड़ आऊँगा।"

वे लाचार हो अपना झोला ले चले आये थे रामवृक्ष के साथ। लेकिन यहाँ आने पर ज्ञात हुआ था कि कड़ाहा का कार्यक्रम है और तपती दोपहर में खुले में ही सब कुछ होना है। तम्बू कनात की भी व्यवस्था वर्जित है इसमें। वे चकरा उठे थे। पहुँचते ही उन्हें एक हल्दी में रंगी पीली धोती पहनने के लिए दी गयी थी और बाकी सब कपड़े उतरवाकर एक ओर रख दिये गये। धूप की तीखी किरणों से उनका बदन झुलस उठा था, लेकिन संकोच में वे कुछ बोल न सके। जल्दी-जल्दी पूजा शुरू करवा दिया। बीच में ही अवधनरायन पंडित अपने बेटे के साथ पहुँच गये थे। उनकी जान में जान आयी। चलो अब अपना काम ये सँभालेंगे। वे उठना चाहे थे—

"लो भइया, अपना जजमान सँभालो। हमको तो ऐसे ही लोग पकड़ ले आये।" वे हँसकर एक ओर खिसकने लगे थे, तभी हाथ में छड़ी लिए भगत आये थे और चिल्लाकर बोले थे—

"अब आयल हउए पंडितवा तू? पूजा तो पहिले वाले पंडित ही करायेंगे अब।" अवधनरायन पंडित खिसियाकर एक ओर खड़े हो गये थे।

"अरे पंडित, ई जो कलसा रखवाए, ओपर कुछ बनबो करी?" भगत हुंकार भरते हुए पुनः पंडित की ओर पहुँचे तो पंडित की सोचों का ताना-बाना बिखर

गया। वे चैतन्य हो उठे। उन्होंने माथे का पसीना पोंछते हुए रुखाई से समिधा डालने वाले एक जजमान से कहा था—

"हे, जाकर उस कलश पर स्वस्तिक बना दो।"

"हमको नहीं आयेगा बनाने पंडित जी। आप ही बना दीजिए।" उसने अंजुरी में भरकर समिधा हवन-कुण्ड में झोंक दिया। अग्नि और तेजी से भभक उठी।

पंडित जी विवश से उठकर कलश पर रोली से स्वस्तिक का निशान बनाने लगे।

"पंडित के दच्छिना दे।" भगत ने छड़ी जमीन पर पटकते हुए कहा। वे अपना सिर अभी भी जोर-जोर से हिला रहे थे मानो उनके भीतर किसी दूसरी आत्मा का प्रवेश हो गया हो।

जजमान अपने पाकेट से सौ की नोट निकालने लगा तो भगत ने पुनः हुंकार भरते हुए कहा—

"पचास दे, पचास। पंडित के पचास रुपइया दच्छिना दे जल्दी।" और वे दूसरी ओर दौड़ पड़े।

गौरी कौतूहल से देख रही थी। पंडित ने अपना झोला उठाया और अपने कुर्ते को कन्धे पर टाँगते हुए रुखाई से उठ खड़े हुए—

"अब तो हम एक मिनट नहीं रुक सकते। आप लोग कहे थे कि एक घंटे में छोड़ देंगे और तीन घंटे हो गया। धूप और प्यास के मारे जान निकल रही है।"

उन्होंने कुर्त्ता पहन लिया और अपनी साइकिल की ओर लपके थे जो गौरी के बगल में ही खड़ी थी। एक लड़का दौड़ता हुआ आया था और दस रुपये के पाँच नोट उनकी जेब में खोंसकर चला गया।

"क्या हुआ पंडित जी?" एम. अलभ्यानन्द के पास खड़े एक अधेड़ से आदमी ने लोलुप हँसी के साथ पूछा।

"जाइए अवधनरायन, आप करवाइए बाकी पूजा। जजमान आपके हैं। लीजिए यह अपना हिस्सा। जजमानी आपकी थी न।"

पंडित जी ने दस-दस के दो नोट निकाल कर अवधनरायन को पकड़ा दिया। बिना किसी संकोच के दोनों नोट लेकर अवधनरायन ने अपनी जेब में रख लिया और पंडित जी के साथ बातें करता हुआ एक ओर बढ़ गया। इतनी तेज धूप देखकर उसकी हिम्मत भी नहीं पड़ी थी शायद पूजा करवाने की।

"चलिए चला जाय अब।" प्रतापसिंह रघुवंशी उकता चुके थे।

"हाँ चलना चाहिए अब।" एम. अलभ्यानन्द वापस चलने के लिए उद्यत हो उठे थे। उन्होंने अपने चीवर को खुले कन्धे पर डाल लिया और धूप में भी शान्त कदमों से सड़क की ओर बढ़े। खेत की ऊँची नीची भूमि पर उनके पाँव रह-रहकर असन्तुलित हो उठते परन्तु अगले ही पल वे उसे सँभाल ले रहे थे। गौरी उनके

बगल में चल रही थी।

"दाऊ जी, इसे आप क्या कहेंगे? एक चमत्कार, आस्था का परिणाम या फिर छलावा।" चलते-चलते उसने दाऊ जी का चेहरा निहारा। वहाँ एक निर्लिप्त शान्त मुस्कराहट खेल रही थी।

"बहुत उलझा हुआ रहस्य है सृष्टि का। एक समय में एक ही घटना से कुछ भी शाश्वत निष्कर्ष नहीं निकाला जा सकता। सभी धर्मों में कुछ न कुछ चमत्कारों का अंश मिलता ही है।"

"परन्तु अन्य सभी चमत्कार तो बस कथाओं में जीवित रह गये हैं। श्रुत हो गये हैं। परन्तु यह तो प्रत्यक्ष उदाहरण है। इसे काल्पनिक, गल्प या दृष्टि-वशीकरण तो नहीं कहा जा सकता है।"

गौरी अत्यन्त गम्भीरता से इस घटना पर विचार कर रही थी।

"मन्त्रों के प्रभाव को कोई भी इनकार नहीं कर सकता गौरी जी। बस, इसी तरह का जब कोई प्रत्यक्ष साक्षात्कार हो जाय तब न?" प्रतापसिंह ने चलते-चलते पीछे मुड़कर कहा।

"मैं तो तब से आश्चर्यचकित हूँ मन्त्रों के प्रभाव पर जब से वह फरीदे आया था आपके यहाँ साँप पकड़ने। जिस साँप को देखकर फुलझड़ी और मंजुलारानी दो दिनों तक दहशत में थीं उसी भयंकर साँप को फरीदे ने किस तरह पाँच मिनट के अन्दर मन्त्र पढ़ते हुए और सरसों फेंकते हुए पकड़ लिया। मैं तो हैरत में थी। किस तरह वह साँप सनसनाता हुआ फरीदे की ओर चला आया था और उसने हाथ से पकड़कर उसे अपनी गठरी में डाल लिया। वह प्रत्यक्ष घटना यदि मैं अपने देश जाकर सुनाऊँगी तो कुछ लोग हँस सकते हैं मुझ पर। व्यंग्य भी कर सकते हैं कि मैं इंडिया जाकर जादू-टोने और तन्त्र-मन्त्र के ढकोसले में फँस गयी हूँ।" वह हँसी थी।

"जिसने अध्यात्म मार्ग का अनुसरण नहीं किया, कभी इन सब चीजों का अनुभव नहीं लिया, उसके लिए मन्त्रों का प्रभाव, शान्ति, अहिंसा, करुणा, मुक्ति आदि बातें तो अविश्वसनीय लगेंगी ही। इसमें उनका दोष कहाँ? वंचित हैं वे, सहानुभूति के पात्र भी।" कहते हुए एम. अलभ्यानन्द की दृष्टि सारनाथ चौराहे की ओर उठी थी। वे अपने गेस्ट हाउस के पास पहुँच चुके थे।

"आज संयोग से आपने कई चीजें एक साथ देख लीं। जापानी बौद्ध मन्दिर और फिर कड़ाहा कार्यक्रम। सेरेना जी को तो रिसर्च का एक नया बिन्दु और मिल गया। क्यों सेरेना जी?" प्रतापसिंह ने अपने गेस्ट हाउस के डाइनिंग हाल में कुर्सी पर बैठते हुए कहा। फुलझड़ी ने आकर कूलर का स्विच दबा दिया था। ठण्डी हवा से एक शान्ति महसूस हुई थी सभी को।

"जी बिलकुल। मुझे भी और दाऊ जी को भी।" अपने साड़ी के आँचल को

कन्धे से उतारकर एक ओर झटकते हुए सेरेना ने पसीने से तर ब्लाउज सहित अपना चेहरा कूलर की ओर कर लिया। उसका चेहरा तप कर लाल हो गया था। प्रतापसिंह की आँखें विचलित हुई थीं, परन्तु अगले ही पल उन्होंने स्वयं को संयत करते हुए पूछा—

"क्यों? दाऊजी को क्यों?"

"क्यों नहीं? वे थीसिस भले ही न लिखने आये हों लेकिन शान्ति की खोज में तो आये ही हैं। क्यों दाऊ जी, आपको क्या लगता है? बुद्धिज्म का प्रभाव सारनाथ में ही लोगों पर नहीं दिखाई पड़ रहा है जबकि यहीं से चलकर वह पूरे विश्व में पहुँचा है? क्या कारण हो सकता है? यह भी एक रिसर्च का विषय है।"

"तथागत ने कभी नहीं कहा कि जो कुछ मैंने उपदेश दिया है उसे तुम केवल इसलिए स्वीकार कर लो कि वह धर्म है अथवा मैंने कहा है, बल्कि उसे अपने विवेक से परखो और उचित लगे तो स्वीकार करो।" कहकर एम. अलभ्यानन्द मौन हो गये।

"यानी यहीं के लोगों को वह धर्म बहुत उचित नहीं लगा?" गौरी के स्वर में परिहास था।

"ठीक ही कह रही हैं सेरेना जी आप।"

"सेरेना नहीं, गौरी कहिए प्रताप जी।" गौरी ने अपनी रूमाल से गर्दन का पसीना सुखाया।

"हाँ, वही। भूल जाता हूँ रह-रहकर। हाँ, तो मैं यह कह रहा था कि यहीं के नव-बौद्धों ने बहुत नुकसान पहुँचाया इस धर्म को।" प्रतापसिंह ने गिलास का पानी उठाकर हाथ में ले लिया।

"कैसे?" गौरी ने उत्सुकता से पूछा।

"एक खास वर्ग का बनकर रह गया यह धर्म, लिहाज़ा दूसरे लोग इससे कटते चले गये और जिन लोगों ने इसे स्वीकार भी किया उनका आधार इस धर्म की अच्छाइयाँ ग्रहण करना नहीं, बल्कि हिन्दू धर्म की बुराई और विरोध पर खड़ा कर दिया उन्होंने बौद्ध धर्म को। परिणाम सामने है। सब कुछ बँटा, बिखरा। अपने ही देश उपेक्षित। आप विदेश से आयी हैं यहाँ रिसर्च करने और यहाँ के लोग इसके मूलभूत सिद्धान्तों को भी समझने और अपनाने को तैयार नहीं। यह विडम्बना नहीं तो और क्या है? तमाम देशों के बौद्ध मन्दिर यहाँ बन गये हैं लेकिन एक भी भारतीय बौद्ध मन्दिर नहीं है सारनाथ में। हैं तो गुप्त कालीन, मौर्य कालीन ध्वंसावशेष। बस और कुछ नहीं।" प्रतापसिंह रघुवंशी ने पानी का गिलास ओठों से सटा लिया।

फुलझड़ी उन लोगों के पास खड़ी बिटिर-बिटिर देख रही थी। उसे कुछ भी समझ में नहीं आ रहा था। गौरी दीदी के गहरे कटे ब्लाउज से उनका गोरा सा बदन

झाँक रहा था। उससे बेपरवाह सी वह प्रतापसिंह से बातें किये जा रही थी। पास ही बैठे उनके दाऊ जी भी नहीं टोक रहे थे। उसने एम. अलभ्यानन्द की ओर देखा। वे एकटक छत से लटके फानूस को देखते हुए कुछ सोच रहे थे।

''कैसे पिता हैं ये? एक बार भी गौरी दीदी को टोक नहीं रहे हैं कि ठीक से बैठो। कपड़े ठीक कर लो। उसके बाऊ रहते तो अब तक कितना हंगामा मचा देते। उस दिन जरा सी ही बात पर कितना बड़ा बवण्डर उठ गया था। पूरी बस्ती में पता नहीं कैसे खबर फैल गयी? अम्मा बहुत प्रपंची हैं इस मामले में। वही सब जगह फैलाई होंगी। क्या जरूरत थी दस जगह गाने की? कोई घर के भीतर देखने तो नहीं आया था न? समीज धोकर सूखने के लिए डाल दिया था उसने तो अम्मा ने ही कहा था कि मेरा बिलाउज पहन ले तब तक। समीज सूख जाए तो बदल लेना। क्या मालूम कि उस दिन, दिन अछतै बाऊ दारू पीकर धमक पड़ेगा? आते ही बिलाउज पकड़कर नोंच लिया। अब इतनी सी बात को कितना बड़ा पहाड़ बना डाली अम्मा। माथा पीट- पीटकर चिल्लाने लगी। छिः, उसे कितनी शरम आयी थी जब दूसरे दिन बगल वाली काकी ने उसे बुलाकर भेद लेने के ढंग में पूछा था—

''क्या रे, नशे में तेरे बाऊ ने सीना पऽऽ...।''

''छिः, बड़ी वो हो काकी तुम।'' वह उनका वाक्य पूरा होने से पहले ही गिनगिनाकर हट गयी वहाँ से। न जाने किस-किस तरह की बातें करती हैं उसकी बस्ती की औरतें। इसी बात को कितने मुँह से कितनी तरह सुन चुकी थी वह। नन्हकी फूआ तो हंसू की माई से यहाँ तक कह डाली कि अपनी बड़ी लड़की के साथ भी वह ऐसा कर चुका था। किसी-किसी तरह तो उन सबका ब्याह हुआ। दारू के नशे में अपनी बेटी को नहीं छोड़ रहा है फुँकवना तो और क्या करेगा? हंसू की माई सिर हिला-हिलाकर हामी भरे जा रही थी। उन सबों को मालूम ही नहीं चला कि दरवाजे की आड़ से वह सारी बातें सुन रही थी। अम्मा आग माँगने के लिए भेजी थी उसे हंसू के घर। माचिस की तीली खतम हो गयी थी।''

''क्या सुन रही हो फुलझड़ी? जाओ, खाना लगाने की तैयारी करो।'' प्रतापसिंह रघुवंशी ने डाइनिंग के पास तब से खड़ी फुलझड़ी को टोका तो वह चौंक उठी। सचमुच वह पता नहीं क्या क्या सोचे जा रही थी तब से। हड़बड़ाकर वह रसोई के भीतर चली गयी जहाँ मंजुलारानी दाल फ्राई कर रही थीं। वह सभी के लिए प्लेट और कटोरी सजाने लगी। सामने वाले कमरे में मंजुलारानी के तीनों बच्चे वीडियो गेम खेल रहे थे। किसी बात को लेकर उनमें झगड़ा हो रहा था। बड़ी वाली दीदी रूबी सबको समझा रही थीं।

सात

कार्यक्रम शुरू होने से पूर्व ही एम. अलभ्यानन्द और गौरी आयोजन स्थल पर पहुँच गये थे। सुबह आठ बजे का समय सभी को दिया गया था ताकि धूप तेज होने से पहले ही कार्यक्रम सम्पन्न हो सके। कुछेक विद्यालयों के छात्र-छात्राएँ भी बुद्ध पूर्णिमा के आयोजन में भाग लेने के लिए उपस्थित थे। स्थानीय तथा नगर के आमन्त्रित विद्वान् एवं पत्रकार भी पण्डाल में बैठ चुके थे। पण्डाल के दाहिनी ओर निःशुल्क शरबत पिलाने की व्यवस्था की गयी थी। मुख्य अतिथि की प्रतीक्षा हो रही थी। एम. अलभ्यानन्द के पहुँचते ही के. सिरी सोभित थेरो गर्मजोशी से उनका स्वागत करते हुए मंच पर रखी कुर्सियों की ओर ले गये।

''इंडियन लोग इंडियन टाइम से आते हैं यहाँ। वो चाहे आई.ए.एस. अधिकारी हों या नेता।'' कुर्सी पर बैठाते हुए के. सिरी सोभित थेरो ठठाकर हँस पड़े। उनकी शुभ्र दन्तावलियाँ चमक उठीं।

''आइए, सेरेना माडवेल, आप भी यहाँ बैठिए। इस बार हमारे यहाँ का फंक्शन देखिए।'' पंडाल में पड़ी सामने की कुर्सियों की ओर जाती गौरी को के. सिरी सोभित थेरो ने मंच की ओर बुलाया।

''नो, इट्स ओ.के। मैं ऑडियेन्स में बैठूँगी।'' गौरी दर्शक दीर्घा में एकदम सामने पड़ी कुर्सी पर जाकर बैठ गयी। बगल में ही आठ-दस कुर्सियाँ पत्रकारों के लिए सुरक्षित थीं। एक छोटी सी तख्ती पर पत्रकार दीर्घा लिखा हुआ था। कुछेक लोग उन कुर्सियों पर बैठे थे। गौरी संकोच में उठ खड़ी हुई।

''ओह सॉरी, ये आपकी कुर्सियाँ हैं।'' वह पत्रकारों से उन्मुख हुई थी।

''कोई बात नहीं। आप बैठिए। प्लीज़।'' एक पत्रकार ने उसका संकोच दूर किया।

''ओ.के. थैंक्यू।'' कहकर वह पुनः बैठ गयी।

''क्या गुरु, इम्प्रेशन जमा रहे हो।'' बगल में बैठे दूसरे व्यक्ति ने फुसफुसाकर

परिहास किया।

''हर वक्त अच्छा नहीं लगता यार। समय कुसमय का ध्यान रखा करो।'' पहले वाले पत्रकार ने दूसरे को हल्की सी डाँट लगाई। गौरी ने पलटकर देखा और मुस्करा उठी।

मुख्य अतिथि के रूप में श्रम आयुक्त राम सुमेर जी पधार चुके थे। प्रतीक्षारत संन्यासियों और दर्शकों के बीच विलम्ब से आने के कारण उनके चेहरे पर एक खिसियाहट का भाव था। कुर्सी पर बैठते ही उन्होंने पहले पानी का गिलास उठाकर ओठों से लगा लिया और गटागट पीते हुए खाली कर दिया। सबकी निगाहें उन पर टिक गयीं थीं। कार्यक्रम संचालक डॉ. मधुसूदन आज के कार्यक्रम की रूपरेखा और मंच पर विराजमान अतिथियों का परिचय दे रहे थे। सभा में अनेक बौद्ध-भिक्षु भी बैठे थे।

बाहर की ओर एक शोर उठा था। दर्शक दीर्घा में बैठ लोग पीछे पलटकर देखने लगे। शरबत पिलाने वाला आदमी दो भिक्षुओं को डाँट रहा था। कई बार शरबत पी लेने के सवाल पर विवाद उठ खड़ा हुआ था।

''ये देखो, ये है असली धर्म की तस्वीर। वे धर्म के लिए शरबत पिला रहे हैं और उन्होंने धर्म की खातिर ही चीवर धारण किया है।'' एक पत्रकार ने व्यंग्य किया।

''चीवर-फेंक कार्यक्रम में दीक्षा लिया होगा इन लोगों ने इसीलिए अभी तक पुरानी आदतें गयी नहीं हैं।'' दूसरा पत्रकार हँस पड़ा।

बुद्ध प्रतिमा के सामने ताजा फूलों से भरा थाल अर्पित कर तथा दीप-प्रज्वलन करने के पश्चात् मुख्य अतिथि राम सुमेर जी के. सिरी सोभित थेरो के साथ वापस आकर अपनी कुर्सी पर बैठ चुके थे। के. सिरी सोभित थेरो माइक से अतिथियों के स्वागत एवं विषय स्थापना का भाषण दे रहे थे—

''जब अनागारिक धर्मपाल श्रीलंका से चलकर भारत आये और उन्होंने सारनाथ में बौद्ध धर्म की दुर्दशा देखी तो उनका मन बहुत दुखी हुआ। चारों तरफ जंगल ही जंगल था। उन्होंने यहाँ रहकर बुद्ध मन्दिर का निर्माण करवाया। बच्चों के लिए प्राइमरी पाठशाला खोला, ...।''

''जाके अफ़गानिस्तान में एक बुद्ध मन्दिर बना लेते?'' दर्शक दीर्घा में बैठे एक व्यक्ति ने अपने साथी से फुसफुसाकर कहा तो आसपास बैठे लोगों के भी कानों में वह स्वर पहुँच गया। लोग अनसुना किये बैठे रहे, लेकिन गौरी स्वयं को रोक न सकी और पीछे पलटकर मुस्कराते हुए कहा—

''येस, यू आर राइट। अभी तक था, लेकिन तालिबानों ने तोड़ दिया।''

''वही तो कह रहा हूँ मैडम कि भारत ही एक ऐसा देश है, जहाँ आकर हर

कोई अपना-अपना झंडा गाड़ ले रहा है।'' उस व्यक्ति का साहस बढ़ा था, लेकिन सेरेना ने उसे आगे बढ़ने का मौका नहीं दिया। खिसियाकर अपने ही साथी से बोलने लगा—''ऐसा एहसान जता रहे हैं भन्ते जी, जैसे उन्होंने सारनाथ को श्रीलंका से लाकर यहाँ रख दिया। इसका अपना कोई अस्तित्व ही नहीं था पहले। बस वे आये और अहिल्या की तरह उद्धार हो गया सारनाथ का।''

''चुप कर यार। बस सुनता चल सबको। क्या फर्क पड़ जाएगा इससे? वे करें उद्धार चाहे लन्दन वाले, हमारे तुम्हारे बाप का क्या जाता है?'' उसके साथी ने धीमे स्वर में उसे शान्त कराते हुए कहा।

''ऐसे ही चुप बैठे थे, तो मुगलों ने आक्रमण किया। ऐसे ही चुप बैठे थे, तो अंग्रेजों ने गुलाम बनाया। अब भी हम सब अपने-अपने दड़बों में दुम दबाए बैठे हैं, देखो क्या-क्या होता है?''

''तो जा न, चन्द्रशेखर आज़ाद की तरह अपनी कनपटी पर पिस्तौल सटाकर गोली मार ले खुद को। अमर हो जाएगा। लोग कहेंगे, भारत के नये क्रान्तिकारी सपूत ने देश को गुलाम होने से बचाने के लिए अपना बलिदान दे दिया।'' उसका दोस्त धीरे से हँसा था।

''हमारा सौभाग्य है कि आज मंच पर हमारे साथ हैं भन्ते एम. अलभ्यानन्द जी, जिन्होंने कुछ ही दिनों पूर्व बौद्ध धर्म की दीक्षा ली है और अमरीका की चकाचौंधभरी भौतिकतावादी दुनिया को छोड़कर शान्ति पाने के उद्देश्य से यहाँ पधारे हैं। हम उनका स्वागत करते हुए सादर डायस पर आमन्त्रित करते हैं कि वे आयें और अपने अनुभवों से हमें कृतार्थ करें।''

संचालक की आवाज़ माइक से गूँजी थी तो लोग आश्चर्य से मंच की ओर देखने लगे जहाँ एम. अलभ्यानन्द अपना चीवर सँभालते हुए ओठों पर मन्द-मन्द मुस्कराहट लिए सहज भाव से माइक की ओर आ रहे थे। उनकी दृष्टि में चाँदनी की शीतलता थी और माथे पर अनुभवों की लकीरें। उनके उठते ही सामने पीले गुलमोहर के वृक्ष पर बैठी चिड़िया चहचहा उठीं। सूर्य की किरणें पृथ्वी की ओर थोड़ी और झुक आयीं थीं, तथा दर्शकदीर्घा से होती हुई मंच पर बिछी कालीन को चूमने लगीं। किरणों के उन धवल गुच्छों पर आहिस्ता-आहिस्ता पग रखते हुए एम. अलभ्यानन्द माइक पकड़कर खड़े हो गये थे। एक निस्तब्धता सी बिखर गयी दर्शक दीर्घा में। ध्वनि विस्तारक यन्त्र से उनका स्वर चारों ओर गूँज उठा—

अप्प दीपो भव भिक्खवे।
परीक्ष्य भिक्षवो ग्राह्यं मद्वचो न तु गौरवात्।

भिक्खुओ, अपना दीपक स्वयं बनो। मेरे वचनों की भी परीक्षा करके भिक्षुओ

उनका ग्रहण करो, मेरे प्रति आदर के कारण नहीं। आज विश्व भौतिकता के चरमोत्कर्ष पर पहुँच गया है, उसमें उलझकर मानव-मन यन्त्रवत् हो गया है। संवेदनाएँ सूख रही हैं, तृष्णाएँ बढ़ रही हैं, फलस्वरूप चारों तरफ अशान्ति है, दुख है। ऐसे में—

कायेन संवरो साधु, साधु वाचा य संवरो,
मनसा संवरो साधु, साधु सब्बत्थ संवरो।
सब्बत्थ संवुतो भिक्खु सब्ब दुक्खा पमुच्चति।

अर्थात् शरीर का संयम भला, वचन का संयम भला है। मन का संयम भला है तथा सभी इन्द्रियों का संयम भला है। सर्वत्र संयम युक्त भिक्षु सारे दुखों से मुक्त हो जाता है।

"साधु, साधु ...।" दर्शक दीर्घा में बैठे भिक्षुओं और उपासकों के मुँह से समवेत स्वर में निकला।

"लग रहा है जैसे साक्षात् गौतम बुद्ध जी उतर आये हैं और अपना उपदेश दे रहे हैं।" एक पत्रकार ने दूसरे से कहा। उसके स्वर में प्रशंसा का भाव था।

"गुरु, ऐसे ही लगता है। आपन जोगी जोगड़ा आन गाँव का सिद्ध। विदेशी यदि कुछ धर्म-कर्म की बात करें तो साक्षात् भगवान् लगने लगते हैं और अपने यहाँ के ऋषि, मुनि, सिद्ध लोगों की वाणी ढकोसला और अन्धविश्वास लगने लगती है। हमारे यहाँ का योग विदेशों से योगा होकर लौटा तो सारे लोग प्राणायाम, आसन, जप और ध्यान करने में रुचि लेने लगे हैं। बड़े-बड़े होटलों में शिविर और प्रशिक्षण कैम्प लग रहे हैं। लाखों की भीड़ उमड़कर ध्यान, प्राणायाम सीख रही है। चाहे हिन्दू हो, मुसलमान हों या कोई और। ऊँकार के जप के साथ योग की विभिन्न मुद्राओं से रोग दूर किये जा रहे हैं, तब कोई कट्टरता रास्ता नहीं रोक रही है। वहीं जब हमारे शास्त्रों और धार्मिक कृत्यों के अनुसार पुरोहित या ब्राह्मण जजमान से प्राणायाम और ध्यान करवाता है तो लोग इसे कर्मकांड का ढकोसला बताते हैं।"

"तुमको छेड़ना यानी टेप चालू कर देना। देखो, अब मुख्य अतिथि आ रहे हैं बोलने।" उसने अपने मित्र का ध्यान मंच की ओर खींचा।

"वे दोनों लोग तो संक्षेप में भाषण देकर गये। अब मुख्य अतिथि महोदय को देखो। इस धूप में कितनी देर झेलाते हैं? पहले ही देर से आकर मूड खराब कर चुके हैं।" उसने पान की पीक को धीरे से अपनी कुर्सी के नीचे थूकते हुए कहा।

"जाओ, तब तक एक गिलास शरबत पीते आओ। दिमाग ठण्डा रहेगा।" पत्रकार ने परिहास में सुझाव दिया।

"अरे जाने दो यार। कौन जाए वहाँ पीने? पिलाने वाले भी च भइया और पीने वाले भी च भइया।" उसने वितृष्णा में ओंठ बिचकाए।

"आज के युग में इस तरह की बातें गले के नीचे नहीं उतरतीं। इसीलिए तो और भी हमारे समाज का पतन होता जा रहा है। अभी तुमको मंच पर चढ़ा दिया जाए तो ऐसी सामाजिक समरसता की बात करोगे कि रामचन्द्र पानी भरें।"

"यही दुनिया है प्यारे। यूँ ही चलती रहेगी व्यवस्था। यूँ ही देते रहेंगे लोग नारा। आज भी इन्हीं श्रम आयुक्त महोदय से कहो कि अपनी ही बिरादरी के एक चपरासी की लड़की से अपने लड़के या उसी के लड़के से अपनी लड़की का ब्याह कर दो तो घोड़े की तरह बिदककर दूर खड़े हो जाएँगे। औरों से चाहेंगे कि वे भेद-भाव मिटाएँ। अरे, युगों-युगों से भेद रहा है समाज में, रहेगा भी। अमेरिका में नहीं है कि लन्दन और अफ्रीका में नहीं है? कहाँ नहीं है वर्गभेद? उसी को मनुवादी व्यवस्था कह लो या आज के सन्दर्भ में ब्यूरोक्रेसी की उपज।"

"अरे यार चुप भी रहो। देखो मुख्य अतिथि महोदय कितनी बातें बोल गये और हम तुम्हारी भाषणबाजी में उलझ गये। कल की न्यूज़ में उनकी जगह तुम्हारा ही नाम छाप दूँगा।" पत्रकार ने उसे चुप कराते हुए अपनी कलम खोल ली और डायरी में मुख्य अतिथि के भाषण का अंश नोट करने लगा।

मुख्य अतिथि राम सुमेर क्षण भर को रुके थे और अपनी पैंट की जेब से गीता की छोटी पुस्तक निकाल कर हवा में लहराते हुए पुनः अपना भाषण प्रारम्भ किया—

"यह, इसे धर्मग्रन्थ कहते हैं लोग। न्यायालयों में इस पर हाथ रखकर सत्य कहने की सौगन्ध खाते हैं लोग। अरे मैं कहता हूँ यह धर्मग्रन्थ नहीं युद्धग्रन्थ है, युद्ध ग्रन्थ। यह शान्ति का पाठ नहीं, बल्कि हिंसा का पाठ पढ़ाता है। युद्ध के लिए उकसाता है इसका नायक। स्वधर्म पालन के नाम पर वर्णव्यवस्था का पोषक है यह ग्रन्थ। अर्जुन युद्ध नहीं चाहता था, वह अहिंसक था। कृष्ण हिंसक थे। अर्जुन बुद्ध का अनुयायी था, शान्ति का पुजारी था। वह शान्ति चाहता था, युद्ध नहीं।"

राम सुमेर जी आवेश में चिल्लाते हुए भाषण दे रहे थे। के. सिरी सोभित थेरो के चेहरे पर बेचैनी और उद्विग्नता की रेखाएँ साफ झलक रही थीं। किसी सम्भावित हंगामे के भय से उन्हें अपने उस निर्णय पर क्षोभ हो रहा था जब उन्होंने श्रम आयुक्त को मुख्य अतिथि के रूप में आमन्त्रित करने का निर्णय लिया था।

"मुख्य अतिथि महोदय जी, हमें दुख के साथ कहना पड़ रहा है कि आपको इतिहास अभी ठीक तरह से पढ़ना चाहिए। बुद्ध और महाभारत काल में कितना अन्तर है, इसे सभी जानते हैं।" पत्रकार विद्याभूषण ने बीच में उठकर हस्तक्षेप किया।

"आप यहाँ बुद्ध के आदर्शों और जीवन-चरित की चर्चा करने आये हैं या कृष्ण और राम के चरित्र की दूषित व्याख्या करने? आपने अपने मन की गन्दगी निकालने के लिए इसी स्थल को क्यों चुना? जरूरी नहीं कि यहाँ पर सभी लोग आप ही की तरह छद्म बौद्ध हों। बुद्ध ने वाणी द्वारा भी हिंसा न करने का उपदेश दिया और आप अपने भाषण के द्वारा लगातार हमारी भावनाओं को ठेस पहुँचा रहे हैं।" बहुत देर से अपना आक्रोश पी रहे दूसरे पत्रकार देवनाथ पाण्डेय ने भी उठकर अपना कड़ा प्रतिवाद प्रस्तुत किया।

श्रम आयुक्त का चेहरा तमतमा उठा था। जनसभा में अपना अपमान और वह दो पत्रकारों के द्वारा उन्हें बर्दाश्त नहीं हुआ और जवाब में उन्होंने शब्दों को चबाते हुए कहा—

"सुनना हो तो सुनिए अन्यथा उठकर आप लोग चले जाइए। किसी के बोलने पर तो कोई पाबन्दी नहीं लगा सकता मिस्टर। अब तो आप लोगों को सुनना ही पड़ेगा।"

पत्रकार देवनाथ ने उखड़ते हुए और तीखा पलटवार किया—

"जरा दूसरे धर्मों के नायकों पर इस तरह का आरोप लगाकर देखिए तो देखूँ आपकी बहादुरी? उसके बारे में अपने बोलने का अधिकार नहीं दिखा पाएँगे आयुक्त महोदय। न जाने क्या क्या हो जाएगा? बस यही एक धर्म है जिसमें चाहे जो आकर डुबकी मार लेता है और अपनी गन्दगी भी फेंक लेता है।"

श्रम आयुक्त राम सुमेर निरुत्तर से हो उठे थे। दर्शक दीर्घा में बैठे कुछ लोगों के चेहरे जो कुछ देर पहले उनके भाषण को सुनकर कसमसाहट के भाव से भरे हुए थे, वे एकाएक खिल उठे।

"हर-हर महादेव!" एक समवेत स्वर गूँजा पीछे से। लोग इस बदली हुई परिस्थिति से एकाएक सशंकित हो उठे। कुछ भयवश अपनी कुर्सियाँ छोड़ उठ खड़े हुए तो कुछ बाहर की ओर लपके। श्रम आयुक्त के साथ आये लोग उन्हें अपने सुरक्षा घेरे में लेकर बाहर की ओर बढ़ने लगे। एकाएक पूरा दृश्य बदल गया था। न जाने किधर से दो-चार ईंट और पत्थर के टुकड़े मंच की ओर आकर गिरे थे। स्वयं को बचाते हुए श्रम आयुक्त झुके तो एक पत्थर का टुकड़ा आकर सीधे एम. अलभ्यानन्द के माथे पर लगा। एक सीत्कार के साथ उन्होंने अपनी हथेली से ललाट को दबा लिया। रक्त की एक लाल धारा गोरी उंगलियों के बीच से रिसकर हथेली के पृष्ठभाग पर फैलने लगी थी। सभा में एक कोलाहल सा मच गया था।

"भाग रे, नहीं तो पकड़े जाएँगे।" मंच के पीछे लुंगी और शर्ट में तीन-चार युवक भागे थे। उनके पैरों की धप-धप से के. सिरी सोभित थेरो ने पीछे मुड़कर देखा। इतने देशी-विदेशी पर्यटकों और सारनाथ के लॉन में घूमने आने वालों के चेहरे पहचानना सम्भव नहीं था। उन्होंने पुलिस वालों को ललकारा था—

''पकड़ो, पकड़ो, अरेस्ट करो। वो पत्थर फेंककर भागने वालों को पकड़ो।''

दो सिपाही उन युवकों के पीछे दौड़ पड़े। दोनों पत्रकार हतप्रभ से खड़े थे। उन्हें अपराध-बोध महसूस हो रहा था। श्रम आयुक्त अपनी गाड़ी की ओर बढ़ते हुए उन दोनों के पास ठिठके थे—

''अब मैं अपना इतिहास ज्ञान दिखाऊँगा तुम दोनों को। कितने रुपये पाते हो अखबार में?''

उनका दम्भ और आक्रोश भरा स्वर धमकी के रूप में फूटा था।

पत्रकार विद्याभूषण ने तिलमिलाकर उत्तर दिया—

''अरे जाइए साहब, रुपये हमारा क्या पूछ रहे हैं? हमारा तो जगत् विख्यात है। अपना सोचिए, कि कल की सुर्खियों में आप होंगे। सरकारी पद पर रहकर ऐसी असंवैधानिक बातें करते हैं?'' बोलते हुए उसके ओंठ के दोनों किनारों से झाग निकलने लगा था आवेश में।

''एक तरफ पत्रकारिता के नाम पर सभाओं में घुस आते हो और दूसरी तरफ ईंट पत्थर चलाकर शान्ति भंग का जुर्म करते हो? चलो, अब कोर्ट में जवाब देना।'' कहते हुए उन्होंने सामने वायरलेस सेट से बात करते दरोगा को बुलाया—

''इधर आइए दरोगा जी, ये हैं दोनों मुख्य अभियुक्त जिन्होंने इस दंगे की शुरुआत करायी है। बाद में पत्थर भी फेंका है इन सबों ने। अरेस्ट करिए इन दोनों को।'' श्रम आयुक्त ने पूरा दृश्य परिवर्तन कर दिया था। आनन-फानन में देवनाथ पाण्डेय और विद्याभूषण के साथ ही वे तीनों लुंगीधारी युवक भी पकड़कर जीप में बैठा लिए गये और पुलिस उन्हें पूछताछ के लिए थाने की ओर लेकर बढ़ गयी।

गौरी दौड़ती हुई मंच पर चढ़ गयी और माथा पकड़कर बैठे एम. अलभ्यानन्द को अपनी दोनों भुजाओं में जकड़ लिया—

''दाऊ जी, दाऊ जी, अधिक चोट लग गयी है?'' वह असहाय बच्ची की तरह पूछ रही थी।

''हाँ, लेकिन चिन्ता मत करो। किसी डॉक्टर के यहाँ चलते हैं।'' उन्होंने अपनी हथेली चोट से हटाई तो खून की धारा रिसकर आँखों की ओर आने लगी।

''ओह दाऊ, आपको अधिक चोट लगी है। प्लीज़ हेल्प ...।'' वह सामने देखकर चीखी थी।

के. सिरी सोभित थेरो भी भीड़ में अपने कार ड्राइवर को ढूँढ़ रहे थे ताकि एम. अलभ्यानन्द को लेकर डॉक्टर के पास पहुँचा जा सके। उनके चेहरे पर घबड़ाहट और तनाव की रेखाएँ स्पष्ट दिखाई पड़ रही थीं।

''तब तक लाइए मैं अपनी रूमाल बाँध देती हूँ, दाऊ जी।'' गौरी ने बेचैनी में

अपना पर्स खोलकर रूमाल निकालते हुए एम. अलभ्यानन्द से कहा।

"लाइए मैं ठण्डे पानी से चोट साफ करके बाँध दे रहा हूँ।" कुछ देर पहले कार्यक्रम का संचालन कर रहे डॉ. मधुसूदन हाथ में गिलास का पानी लिये गौरी के पास आकर खड़े हो गये। उनके चेहरे पर एक सौम्य भाव था। कुर्ता पायजामा में उनका लम्बा और स्वस्थ शरीर आकर्षक लग रहा था। आँखों पर सुनहरे फ्रेम का पतला चश्मा और बातचीत में शालीनता थी।

"मैं मधुसूदन।" उन्होंने अपना संक्षिप्त परिचय दिया।

"जी, मैं सेरेना मॉडवेल, गौरी मेरा दीक्षा नाम है। ये मेरे दाऊ जी।" वह गम्भीर थी।

"आप चिन्तित मत होइए। चोट ज्यादा गहरी नहीं है। हम लोग अभी हास्पीटल चल रहे हैं।" मधुसूदन ने गौरी के हाथ से रूमाल ले पानी में डुबाकर निचोड़ते हुए आश्वस्त किया।

"दरअसल इस तरह की सिचुएशन ... पुलिस कुछ नहीं कर सकती?" गौरी के चेहरे पर आक्रोश के साथ असमंजस का भी भाव था।

"पुलिस ही नहीं, इस देश में कोई कुछ नहीं कर सकता। घटनाएँ, शर्मनाक दुर्घटनाएँ हो जाएँगी तब पुलिस सक्रिय होगी, फिर चलेगा लम्बा मुकदमा, पाँच, दस या पैंतीस साल भी। तब तक ईश्वर का न्याय हो चुका होगा!" मधुसूदन की भंगिमा वितृष्णा से भरी थी। उन्होंने गीले रूमाल से एम. अलभ्यानन्द के घाव के आस-पास का खून पोंछते हुए कहा।

"मधुसूदन जी, जल्दी लेकर आइए एम. अलभ्यानन्द को। गाड़ी तैयार है। हास्पीटल में फ़र्स्ट एड दिलवा देते हैं।"

के. सिरी सोभित थेरो हड़बड़ाए से उन लोगों के पास आये थे।

"घबड़ाइए नहीं सर, चोट बहुत गहरी नहीं है। बस, चल ही रहा हूँ लेकर।" मधुसदन ने रूमाल को कसकर एम. अलभ्यानन्द के माथे पर बाँध दिया।

"आइए सर, धीरे से ...।" मधुसूदन ने एम. अलभ्यानन्द को कन्धे से पकड़कर धीरे से उठाया।

"इट्स ओ. के. मि. मधुसूदन। मैं चल लूँगा अपने से।" वे जबरदस्ती मुस्कराये।

गाड़ी में पीछे की सीट पर उन्हें बैठाकर गौरी और मधुसूदन उनके अगल-बगल बैठ गए थे। के. सिरी सोभित थेरो आगे की सीट पर बैठ गये थे। उनकी गाड़ी के पीछे पुलिस की गाड़ी भी चलने लगी।

"ये लोग क्यों आ रहे हैं?" गौरी ने पीछे पलटकर देखते हुए पूछा।

''शायद सर का बयान लेंगे।'' मधुसूदन ने भी पीछे देखते हुए कहा।

''वास्तव में अब यह केवल सारनाथ का मुद्दा नहीं रह गया न? दो देशों का मामला हो गया। पुलिस वालों की अब खैर नहीं है। तलवार लटक रही है उन पर, इसीलिए अब ज्यादा सक्रिय दिखाई देंगे।'' अब तक चुपचाप गाड़ी चला रहा ड्राइवर बोल पड़ा।

एम. अलभ्यानन्द ने अपना सिर गाड़ी की सीट पर पीछे टिका लिया और आँखें मूँद लीं। पूरा दृश्य एक बार पुनः चलचित्र की तरह घूम गया। सुबह-सुबह यहाँ सभा में आने से पूर्व वे मंकारडीह पहुँचे थे गौरी के साथ। रात में भी प्रतापसिंह रघुवंशी ने वहाँ आने के लिए उनसे बहुत आग्रह किया था।

''आइए, आइए, सर। हम सभी का सौभाग्य कि आप हमारे डीह तक आए।'' सुबह पहुँचते ही प्रतापसिंह रघुवंशी ने तपाक से उठकर उनका स्वागत किया।

दो पीपल वृक्षों के बीच साफ-सुथरी जमीन पर गद्दे बिछाकर उन पर सफेद चादरें फैलाई गयी थीं। सामने ही लगभग तीन फुट ऊँचा छोटा सा मन्दिर जिस पर घी और सिन्दूर के घोल से मंकारडीह बाबा लिखा था। छोटा सा हवन-कुण्ड जिसमें पड़ी ताज़ा राख बता रही थी कि रात में हवन-पूजन हुआ था। पीपल के पेड़ में कई छोटी बड़ी पीतल की घंटियाँ लटक रही थीं। कुछ ही दूर पर चौखण्डी स्तूप ऊँचाई पर तना खड़ा था। नीचे की समतल भूमि में हरी-हरी दूबों से आच्छादित विशाल लॉन था जिसके चारों और ईंट से आकर्षक पाथ-वे बना था।

''..... हरे राम हरे राम राम राम हरे हरे ... हरे कृष्णा .....।'' कीर्तन चल रहा था।

''देखिए सर, हमारे डीह को हटाकर ये लोग सुन्दरीकरण करना चाह रहे हैं। यहाँ से सबकी आस्था जुड़ी हुई है। आस-पास के गाँवों के लोग यहाँ श्रद्धा से पूजा-पाठ करने आते हैं, मन्नतें मानते हैं। शादी ब्याह में परिछन और मौरी सेराने की रस्म करते हैं यहाँ, और ये लोग सुन्दरीकरण के नाम पर उस भावना पर ही आघात कर रहे हैं।'' प्रतापसिंह ने उन्हें पीपल के नीचे बिछी सफेद चाँदनी पर बैठाते हुए कहा। गौरी ध्यान से चारों ओर देख रही थी।

''हम लोगों ने भी ठान लिया है कि चाहे मर जाना पड़े, लेकिन यहाँ के लोगों की भावनाओं से खिलवाड़ नहीं करने देंगे हम किसी को।'' सफेद कुर्ता पाजामा पहने नेतानुमा एक आदमी ने जोश के साथ कहा तो कीर्तन कर रहे कुछ युवकों ने उत्साह में मिलकर जोर से नारा लगाया—

''भइया नान्हू लाल ... जिन्दाबाद!''

''अरे भाई हम हमेशा आपके साथ हैं। बस प्रतापसिंह भइया का आशीर्वाद हमें बराबर मिलता रहे।'' नान्हू लाल ने कृत्रिम विनम्रता प्रकट की।

"आइए, गौरी जी कुछ देर हम लोगों के साथ भी बैठिए।" प्रतापसिंह ने एक ओर जगह बनाते हुए कहा। कीर्तन करने वाले और उत्साह में आ गये थे। ढोल मजीरे के साथ तालियों का ताल बढ़ गया था। गौरी और एम. अलभ्यानन्द ने पीपल वृक्ष से कुछ दूर पहले ही अपनी चप्पलें उतार दी थीं और आकर चादर पर बैठ गये थे। दो-तीन युवक जीन्स और ढीली-ढाली शर्ट पहने अभिनेता वाले अन्दाज में झूम कर चलते हुए आये थे और मिट्टी लगे जूतों सहित मंकारडीह के छोटे मन्दिर तक चले गये। गाढ़े साँवले रंग पर हिप्पीनुमा बढ़े बालों में सरसों का तेल पुता हुआ था जिसकी गमक पूरे वातावरण में फैल गयी थी।

"ये क्या?" गौरी ने संकेत करते हुए प्रतापसिंह रघुवंशी से पूछा।

"ये ही रंगरूट लोग हैं न जिनके कारण लोग हमारे देवी-देवताओं को उजाड़ने का संकोच नहीं करते मैडम। ए... ए... हीरो, जूते निकाल नहीं सकते?" प्रतापसिंह ने क्रोध में उन युवकों को डाँटा।

गौरी व्यंग्य से हँस पड़ी—

"ये कैसी आस्था?"

युवकों ने घूरते हुए देखा था उन दोनों की ओर तथा मौके की नजाकत समझ उल्टे पाँव लौट पड़े थे।

"अपना कोई मतलब साध रहा होगा स्साला।" जाते-जाते कानों से आवाज़ टकरायी थी। प्रतापसिंह रघुवंशी गौरी और एम. अलभ्यानन्द के सामने स्वयं को अपमानित महसूस कर रहे थे। स्पष्ट था कि वह वाक्य उन्हीं को लक्ष्य कर उछाला गया था। वे उठे थे और उन युवकों को ललकारते हुए रोका—

"अबे रुक, मतलब बताता हूँ।"

आशा के विपरीत दोनों युवक पलटकर खड़े हो गये।

"क्या बोला बे ठकुरवा। अपने को दादा समझ रहा है क्या?" एक अपनी कमर पर हाथ रखे क्रोध में बोल रहा था। दूसरा उसे पकड़कर चलने के लिए खींच रहा था। प्रतापसिंह रघुवंशी के लिए उसका इस तरह बोलना आग में घी छोड़ने जैसा था। लपककर उन्होंने उसे गर्दन से पकड़कर जमीन पर औंधा दिया और पीठ पर कई मुक्के जड़ दिये।

"हाँ, हाँ, हाँ, हाँ, अरे ये क्या हो रहा है?" नान्हू लाल झपटकर बीच-बचाव करने आ गये थे। कीर्तन बन्द हो गया कुछ समय के लिए। सभी लोग गुत्थम-गुत्था हुए उन दोनों को छुड़ाने में लग गये थे। गौरी और एम. अलभ्यानन्द इस दृश्य परिवर्तन पर चौंककर खड़े हो गये।

"आइए प्रतापसिंह, बैठिए। संयत करिए अपने मन को।" एम. अलभ्यानन्द ने क्रोध में हाँफ़ रहे प्रतापसिंह को हाथ से सहारा देते हुए बैठाने का उपक्रम किया।

"देखिए न सर, मैं इन्हीं लोगों की खातिर ये सब कर रहा हूँ और ये लोग ...।" प्रतापसिंह रघुवंशी ने अपने कुर्ते की बाँह को मोड़ते हुए बात अधूरी छोड़ दी। पिटे हुए दोनों युवक थाने जाने की धमकी देते हुए पैदल ही बढ़े जा रहे थे।

"मैं समझता हूँ प्रताप जी आपकी भावना। तथागत को भी ऐसे अपमान झेलने पड़े थे। जब भी आप कोई अच्छा कार्य करेंगे तो आवश्यक नहीं कि उसमें सभी का समुचित सहयोग आपको मिले ही। जेतवन में रहते हुए एक दिन तथागत और अन्य भिक्खुगण भिक्षाटन के लिए विहार से निकल ही रहे थे कि पुलिस वाले एक महिला का शव खोजने विहार में आ गये थे। मान्य भद्दिय के पूछने पर बताया गया कि सुन्दरी नाम की महिला श्रावस्ती के एक बड़े सम्प्रदाय की सदस्या थी जो अकसर धर्मदेशना सुनने आती थी और अब वह लापता है। सबको तब बहुत आश्चर्य हुआ जब पुलिस वालों ने कुटी के पीछे जमीन में गड़े शव को ढूँढ़ निकाला था। किसी को समझ में नहीं आ रहा था कि ये सब कैसे हुआ होगा? तथागत के अनेक श्रद्धावान् शिष्यों की आस्था डोलने लगी। लोग उनके बारे में तरह-तरह की शंकाओं से घिर गये। बहुत से भिक्षुओं को इस घटना से शर्म आने लगी थी और वे नगर में भिक्षाटन करने जाने से कतराने लगे। एक दिन तथागत ने भिक्खु-सभा बुलाई और उन्हें सम्बोधित किया—'अनुचित आरोप किसी पर भी कभी भी लगाए जा सकते हैं। असत्य आरोप अधिक दिन नहीं टिक सकते। जिससे भी आपकी इस सम्बन्ध में चर्चा हो, आप उससे कह दीजिए कि जो भी इस कार्य के लिए जिम्मेदार होगा, उसे फल अवश्य मिलेगा।'

और कुछ ही दिनों के भीतर राजकीय आरक्षियों ने अपराधियों को पकड़ लिया जिन्होंने अपना अपराध स्वयं ही स्वीकार कर लिया।"

एम. अलभ्यानन्द का दाहिना हाथ प्रतापसिंह रघुवंशी की पीठ पर स्नेहिल मुद्रा में पड़ा था। उनकी वाणी में एक अनोखी शान्ति थी। सभी लोग मन्त्रमुग्ध से सुन रहे थे। ऊपर पीपल की डाली पर बैठी बुलबुल इस डाल से उस डाल पर फुदक रही थी। पत्तियाँ धीरे-धीरे डोल रही थीं। उनके आवर्तन से डालियों में टँगी पीतल की छोटी-छोटी घण्टियाँ बहुत मद्धिम स्वर में टुनटुना रही थीं। वातावरण मधुर लग रहा था।

"अच्छा, अब मैं चलूँगा। भन्ते जी को भी समय दिया है आठ बजे का।" एम. अलभ्यानन्द उठकर खड़े हो गये।

"थोड़ी देर और बैठ जाते सर।" प्रतापसिंह के साथ ही नान्हू लाल ने भी अनुरोध किया।

"मेरी शुभकामनाएँ आप लोगों के साथ हैं। अच्छे कार्य में बाधा भले ही आये

पर अन्तिम विजय उसी की होती है। आप जनहित के लिए बैठे हैं, सत्कर्म है यह, सफलता मिलेगी।'' उन्होंने आशीर्वाद की मुद्रा में हाथ उठा दिये।

× × ×

''आपको पकड़ लूँ सर।'' अस्पताल के सामने गाड़ी रुक जाने पर भी जब एम. अलभ्यानन्द की तन्द्रा भंग नहीं हुई और वे पीछे सीट पर सिर टिकाए अधलेटे से बैठे रहे तो घबड़ाकर मधुसूदन ने उन्हें कन्धे से झिंझोड़ा। वे चौंककर वर्तमान में आ गये।

''ओह, हम आ गये हास्पीटल?'' वे चैतन्य होकर बैठ गये।

''जी, चलिए।'' मधुसूदन ने उनका हाथ पकड़ लिया और डॉक्टर के केबिन की ओर बढ़ चले। गौरी और के. सिरी सोभित भी उनके अगल-बगल चल रहे थे। पुलिस के अधिकारी उनसे बातें करने की कोशिश कर रहे थे—

''सर, हम लोग आपकी सेवा में हैं। उन लोगों के खिलाफ़ एफ. आई. आर. दर्ज हो गयी है। हमने कइयों को अरेस्ट भी कर लिया है। बस आपका फ़र्स्ट एड हो जाए तो बाकी फ़ार्मेलिटी...।''

''देखिए, यदि हम लोग अपने घृणा और द्वेष को नहीं जीतेंगे तो ऐसे अपराध बार-बार होते रहेंगे। अच्छा होगा यदि हम उन्हें क्षमा कर दें।'' एम. अलभ्यानन्द ने थोड़ा रुककर पुलिस-अधिकारी को जवाब दिया और अन्दर डॉक्टर के पास चले गये। गौरी और मधुसूदन साथ थे। के. सिरी सोभित को रोककर पुलिस वाले उस सम्बन्ध में कुछ और जानकारी लेने लगे थे। बाहर सूर्य की किरणें तीखी हो उठी थीं।

आठ

शाम को गेस्ट हाउस के अपने कक्ष के दरवाज़े पर दस्तक हुई तो गौरी ने ही पूछा था—

''कौन है?''

उस समय वह दाऊजी वाले कमरे में बैठी थी।

''मैं हूँ गौरी दीदी, फुलझड़ी। ये साहब आप लोगों से मिलने आये हैं।''

''आ जाओ, खुला है।''

दरवाज़े का पल्ला खुला था और फुलझड़ी के साथ मधुसूदन ने कक्ष में प्रवेश किया। गौरी ने अपनी प्रसन्नता व्यक्त की और स्वागत में उठकर खड़ी हो गयी। उसके ओठों पर एक मधुर मुस्कान नाच रही थी।

''आइए, आइए मधुसूदन जी, बैठिए। इधर ...।'' उसने दीवार के सहारे पड़े सोफे की ओर संकेत किया और स्वयं भी अपनी कुर्सी पर बैठ गयी। कुछ देर पहले से वह उबाऊपन दूर करने के लिए टी.वी स्क्रीन पर वीडियो गेम खेल रही थी। छोटे-छोटे कार्टून-चित्र तेजी से खाई और पहाड़ लाँघ रहे थे। किसी के खाईं में गिर पड़ने या पहाड़ से टकरा जाने पर वह जोर से चीख पड़ती थी। एम. अलभ्यानन्द अपने बिस्तर पर लेटे-लेटे उसका यह खेल देख रहे थे और मन्द-मन्द मुस्करा रहे थे। उनके माथे पर सफेद पट्टी बँधी थी।

''ओह सेरेना, नाउ स्टॉप इट।'' उनके कहने के साथ ही उसने रिमोट से खेल बन्द कर दिया और मधुसूदन की ओर उन्मुख हुई—

''रियली इंटरेस्टिंग गेम।'' वह हँस रही थी।

''खाई में गिरना या पहाड़ लाँघना?'' एम. अलभ्यानन्द ने आनन्दित होते हुए पूछा।

''दोनों। दोनों जरूरी तत्त्व हैं दाऊ जी। कुछ लोग गिरते हैं, कुछ लोग ऊँचाइयाँ नापते हैं, दूसरों के लिए प्रेरणा बनते हैं।''

कहते हुए उसने पानी की बोतल मेज से उठा ली और एक गिलास में पानी ढालते हुए मधुसूदन की ओर बढ़ाया।

"लीजिए मधुसूदन जी। पानी पीजिए।"

"मैं जाऊँ गौरी दीदी, या चाय के लिए... ?"

कोने में खड़ी फुलझड़ी ने पूछा तो उन लोगों का ध्यान उसकी ओर गया।

"कुछ नहीं, तुम आओ बैठो हमारे पास। हमेशा ये फुलझड़ी हम लोगों को कुछ-कुछ खिलाती-पिलाती रहती है। लो, इस समय तुम चॉकलेट खाओ।" गौरी ने फुलझड़ी का हाथ पकड़कर अपनी ओर खींचा तथा दूसरे हाथ से मेज पर रखे चॉकलेट के डिब्बे में से चॉकलेट निकालते हुए उसे दिया। पानी का गिलास हाथ में पकड़े, पकड़े मधुसूदन ने मुस्कराते हुए ध्यान से गौरी को देखा।

"बिलकुल रम गयी है ये भारत आकर।" एम. अलभ्यानन्द ने मधुसूदन से बात शुरू की।

"जी, वो तो दिखाई दे रहा है।" मधुसूदन की आँखों में स्नेह लहरा रहा था। फुलझड़ी सकुचाई सी हाथ में चॉकलेट थामे गौरी के बगल में बैठी थी। गौरी ने दिन वाला ड्रेस बदल लिया था और अब स्लीवलेस कत्थई गाऊन में उसकी दूधिया बाँहें ट्यूबलाइट के प्रकाश से सफेद संगमरमर की तरह चमक रही थीं। बालों को लापरवाही से लपेटकर सिर के बीचोबीच एक हेयर-पिन के सहारे बाँध लिया था। लम्बी सुडौल गर्दन में पतली सी सोने की चेन रह-रहकर चमक उठ रही थी। मधुसूदन ने गहरी दृष्टि से गौरी के सौन्दर्य को देखा था और शिष्टतावश नज़र फेर एम. अलभ्यानन्द से पुनः बात करने लगे—

"मैं आया था आपका हाल चाल लेने सर। अब कोई परेशानी तो नहीं?"

"नहीं, मैं बिलकुल ठीक हूँ। आपने व्यर्थ कष्ट किया।"

"कष्ट क्या सर, हम तो लज्जित हैं। आप हमारे मेहमान और आपके साथ यह दुर्घटना। सचमुच खेदजनक है यह, लेकिन क्या किया जाए? अनेक विचारधाराओं के एक जगह रहने का यह एक दुष्परिणाम है।"

मधुसूदन की काली गहरी आँखों में जैसे कई विचार मँडरा रहे थे। पलकें मोटी-मोटी सी मानो अभी-अभी नींद से जागी हों। चौड़े माथे पर बार-बार झूल आती एक लट ललाट के चौड़ेपन को कम कर रही थी। हल्की बढ़ी दाढ़ी के बीच से झाँकते गुलाबी ओंठ हर क्षण संतृप्त से लगते। काली पैंट और भूरे रंग की ढीली-ढाली शर्ट में मधुसूदन का गौरवर्ण शान्त लग रहा था।

"ऐसे लोगों का समूल नाश कर देना चाहिए। मारक या उच्चाटन मन्त्र से। क्यों गौरी जी?" प्रतापसिंह रघुवंशी भी आकर उन लोगों के पास बैठ गये। घर लौटने पर उन्हें पता चला था कि एम. अलभ्यानन्द घायल हो गये हैं तो वे सीधे उन्हीं के कक्ष की ओर चले आए। दरवाज़े से ही उन्होंने मधुसूदन की बात सुन ली थी।

"लेकिन उन्हें मारने का भी तो अर्थ यही हुआ कि हम स्वयं को मार रहे हैं।

शास्त्र तो यही कहते हैं कि हम सब एक ही हैं, बस चैतन्य या ज्ञान का स्तर भिन्न-भिन्न है, जिसके कारण भेद समझ में आता है। उन्हें शत्रु कैसे मान लिया जाय अपना?'' गौरी ने प्रतापसिंह की बातों का खण्डन किया।

''शत्रु नहीं प्रकृति के लय से कटे हुए लोग हैं ये। प्रकृति की मुख्य धारा से जोड़ने के लिए आवश्यक है उन्हें नियन्त्रित करना। जो उनका मूल स्वभाव है उस स्व के भाव के साथ जोड़ने के लिए जरूरी है कि वे प्रकृति को समझें। वह स्व भाव है मानुष भाव, जो स्वाभाविक रूप से शान्त है, सुन्दर है। उसी सत्य की खोज की ओर उन्मुख करने के लिए धर्म सारे कर्म और कर्मफल की बातें करता है।'' मधुसूदन ने गौरी की बात का उत्तर देते हुए एम. अलभ्यानन्द की ओर देखा। वे ध्यान से उनकी बातें सुन रहे थे।

''बड़ा विवादित-सा हो उठा है धर्म का मुद्दा। किसे धर्म मानें? उनका धर्म हिन्दू, उनका धर्म मंकारडीह, उनका धर्म काशीदास बाबा, उनके बुद्ध, उनके ईसा। किसको सत्य कहें, किसको असत्य?'' प्रतापसिंह रघुवंशी ने वार्तालाप में अपना पक्ष रखा।

''सभी सत्य हैं। शीर्ष पर पहुँचना उद्देश्य है, चाहे पूरब से चढ़िए या उत्तर से, पश्चिम से चढ़िए या दक्षिण से। हाँ, जब उद्देश्य शीर्ष न रहकर दूसरे के मार्ग का अतिक्रमण बन जाए, तब दूसरे ढंग से विचार करना अनिवार्य हो उठता है। अतिक्रमण करने वाला न तो स्वयं लक्ष्य की ओर जा पाता है और न ही दूसरे को जाने देता है। मार्ग भटक जाता है। इसी भटकाव को रोकने के लिए आवश्यक कदम उठाए जाने चाहिए।'' मधुसूदन ने स्पष्ट किया।

''बिलकुल ठीक कहा आपने मधुसूदन जी। स्वामी विवेकानन्द ने भी एक स्थान पर कहा था कि केवल भारत ही एक ऐसा देश है जिसने अपने मार्ग को श्रेष्ठ साबित करने के लिए कभी यह नहीं कहा कि हमारे देवता बड़े हैं या तुम्हारे? आओ इस बात का फैसला हम लड़कर कर लें।'' गौरी बोल पड़ी।

''लेकिन श्रेष्ठता की सर्वाधिक लड़ाई अब इसी देश में चल रही है।'' प्रतापसिंह रघुवंशी ने पुनः हस्तक्षेप किया।

''ये लड़ाइयाँ प्रायोजित और सुनियोजित हैं, अथवा क्षेपकों के द्वारा की जा रही हैं। मूल भावना अभी भी वही है।'' मधुसूदन ने बात को समाप्त करने के उद्देश्य से कहा।

''आप यहीं रहते हैं, मधुसूदन जी?'' गौरी ने मधुसूदन का आशय भाँप लिया और विषय परिवर्तित कर दिया।

''जी, हाँ। यहीं नौकरी है, इसीलिए यहीं रहता भी हूँ। वैसे मेरा गाँव यहाँ से बहुत दूर अयोध्या के पास है।''

"फेमिली?" गौरी ने संक्षिप्त प्रश्न किया।

"फेमिली में माँ है, दो भाई हैं, एक बहन। विवाह हो चुका है सभी का।"

"आपकी फेमिली?"

"यही है मेरी फेमिली।" आशय समझते हुए भी मधुसूदन ने मुस्कराकर फेमिली शब्द पर दबाव दिया।

"मेरा मतलब आपकी पत्नी, आपके बच्चे?" गौरी ने पुनः स्पष्ट किया। उसे मधुसूदन के व्यक्तित्व में रुचि जागृत हो रही थी।

"पत्नी थीं, अब नहीं हैं।" मधुसूदन के चेहरे पर एक उदासी घिर आयी।

"ओह, कैसे? क्या हुआ था?"

"बस यूँ ही, फर्स्ट डेलिवरी के समय ...।"

"ओह, सॉरी।"

"कोई बात नहीं गौरी जी।" मधुसूदन ने गौरी को अपराध बोध से मुक्त करते हुए कहा।

"कभी-कभी माँ आ जाती हैं यहाँ रहने। तब अच्छा लगने लगता है।"

"किस विषय के अध्यापक हैं आप?"

"दर्शन का विद्यार्थी हूँ।"

"तब तो आप मेरे काम के हैं। आपसे बहसें करूँगी मैं। कुछ नया निकलेगा।" गौरी के मुख पर चमक आ गयी।

"फुलझड़ी, भाभी जी से चाय बनवाकर ले आओ सबके लिए।" प्रतापसिंह ने गौरी के बगल में बैठी फुलझड़ी से कहा और स्वयं उठकर एम. अलभ्यानन्द के ठीक बगल में बिस्तर पर बैठ गए। एम. अलभ्यानन्द ने थोड़ा सा खिसकते हुए उनके लिए जगह बना दी।

"अधिक गहरी चोट है सर?" प्रतापसिंह ने आत्मीयता जताते हुए पूछा।

"नहीं, बहुत गहरी नहीं, पर आस्था पर गहरी चोट लगी है।" उनके स्थान पर मधुसूदन ने उत्तर दिया तो एम. अलभ्यानन्द मुस्कराकर मौन हो गये।

"कौन लोग थे? कुछ पता चला?" प्रतापसिंह का अगला प्रश्न उभरा था।

"हाँ, कुछेक लोगों को पुलिस ने पकड़ा है। कुछ उसमें से पत्रकार भी हैं।" मधुसूदन ने उत्तर दिया।

"नहीं, नहीं, मधुसूदन जी, उन पत्रकारों ने तो बस उन सज्जन की बातों का विरोध किया था। मैं तो बराबर उन्हीं की ओर देखते हुए वार्तालाप सुन रहा था। पत्थर उन लोगों ने नहीं चलाया था।" एम. अलभ्यानन्द बेचैन हो उठे। उन्हें चोट लगने के कारण निर्दोष पत्रकार भी फँस गये, इस तथ्य की जानकारी मिलते ही वे उद्विग्न हो उठे।

"क्या आपने देखा मधुसूदन जी, कि पत्रकारों को पुलिस ने पकड़ा?" अबकी

गौरी का प्रश्न कौतूहल बन उभरा था।

"जी, हाँ।"

"तब तो हमें कुछ करना चाहिए। गलत हुआ है यह।" एम. अलभ्यानन्द उठने को उद्यत हुए।

"अरे रे, आप कहाँ जा रहे हैं सर। पुलिस को अपने अधिकारियों को कुछ जवाब देने के लिए चाहिए न? सो उन्होंने आनन-फानन में उन्हें ही पकड़ लिया होगा। पत्रकार हैं सब, उनसे कुछ तो मिलेगा नहीं उन्हें। पूछताछ करके छोड़ दिया होगा।" प्रतापसिंह ने उन्हें आश्वस्त किया।

"रियल्ली?" गौरी विस्फारित आँखों से उन सबको देख रही थी।

"जी, हाँ।"

"क्या किसी एक विभाग के ऊपर आम जनता खुलेआम इस तरह आरोप लगा लेती है यहाँ? और कानून या किसी को आपत्ति ...?" गौरी आश्चर्यचकित थी।

"नहीं, यहाँ इन सब बातों की खुली छूट है। वे खुलेआम चौराहों और गलियों में ट्रैक्टर ट्राली या जेबकतरों उचक्कों से वसूली करते हैं और जनता उन्हें सरेआम इस तरह के आरोपों से नवाज़ती रहती है। किसी पर कोई फ़र्क नहीं पड़ता। उनका काम वो करते रहें, हमारा काम हम भाषण देते रहें। हिन्दी फ़िल्मों में तो अकसर इस विभाग को मजाकिया रूप में ही दिखाया जाता है। क्या फ़र्क पड़ता है? एक कोई उसमें ईमानदार अधिकारी हीरो बन जाएगा बाकी सभी हीं हीं करते, तोंद पर पैंट सरकाते या लार टपकाते दिखाए जाते हैं। यह तो पिक्चर है इस विभाग की। आज तक कभी किसी पुलिस अधिकारी ने एक बार भी विरोध दर्ज किया कि फ़िल्मों के माध्यम से हमारी छवि खराब क्यों की जाती है?" प्रतापसिंह रघुवंशी बता रहे थे और गौरी ध्यान से सुन रही थी।

"हूँ ... हूँ।" वह गम्भीरता से गर्दन हिलाते हुए दरवाज़े की ओर देखने लगी। फुलझड़ी हाथ में ट्रे लिए हुए आ रही थी। मधुसूदन को अपने देश की बुराई अच्छी नहीं लग रही थी। उन्होंने हस्तक्षेप किया—"अब फ़िल्मों में मनोरंजन या कभी-कभी सत्य घटना को आधार बनाते हुए भी कुछ-कुछ दिखाया जाता है। अधिकतर तो फैंटेसी ही होती है। उससे किसी देश की असली छवि की पहचान कैसे हो सकती है?"

"जी, लीजिए चाय पीजिए।" गौरी ने पहला प्याला मधुसूदन को पकड़ाया तो उन्होंने उसे एम. अलभ्यानन्द को थमा दिया।

"मैंने तो हास्पीटल में ही कह दिया था कि मेरी ओर से क्षमा कर दें उन्हें। दंड देने से कभी-कभी अपराधी नहीं भी सुधरते हैं।" चाय की चुस्कियाँ लेते हुए एम.

अलभ्यानन्द अभी तक पकड़े गये लड़कों के लिए चिन्तित थे।

"तब तो पुलिस वाले अपनी फाइनल रिपोर्ट लगा ही चुके होंगे।" प्रतापसिंह ने हँसते हुए चाय की एक जोरदार चुस्की ली।

"नहीं, जब तक लिखित बयान नहीं ले लेंगे तब तक ऐसा नहीं करेंगे।" मधुसूदन शान्त भाव से बोले।

"दाऊ जी, आप उद्विग्न लग रहे हैं। टी.वी. खोलूँ? कुछ देखना चाहेंगे?" गौरी ने प्रस्ताव रखा तो एम. अलभ्यानन्द मुस्करा उठे।

"नहीं, हमारे अष्टशील में कहा गया है—नच्च-गीत-वादित-विसूक-दस्सना वेरमणिसिक्खापदं समादियामि।"

बाएँ हाथ में प्याला पकड़े उन्होंने अपने दाहिने हाथ की तर्जनी आसमान की ओर सीधी रखते हुए कहा।

"जीवन को संयमित रखने के लिए आचरण के ये सारे नियम बने हैं।" मधुसूदन ने उनकी बात का समर्थन करते, हुए कहा।

"आपका कार्य सफल हो गया प्रताप जी?" एम. अलभ्यानन्द ने बात का रुख दूसरी ओर मोड़ा।

"जी, उन लोगों ने आश्वासन दे दिया है कि मंकारडीह वाला स्थान ऐसे ही छोड़ते हुए पाथ-वे दूसरी ओर बना दिया जाएगा। सड़क से मंकारडीह तक जाने के लिए ईंट का पक्का रास्ता दे दिया जाएगा।"

"बधाई, कार्य सफलता के लिए।"

"धन्यवाद सर। आपका आशीर्वाद था। सेरेना जी भी पहुँच गयी थीं। हम लोगों को सफल होना ही था।" प्रतापसिंह उत्साहित थे।

"और आप मधुसूदन जी?" एम. अलभ्यानन्द ने एक औपचारिक प्रश्न किया।

"जी, बस अध्ययन और अध्यापन के साथ जुड़ा हूँ। यहीं सारनाथ में ही है मेरा इन्स्टीट्यूट।"

"भन्ते जी के कार्यक्रम का संचालन आप कर रहे थे तो मैंने सोचा कि शायद आप भी सोसायटी से जुड़े हैं।"

"नहीं सर, सोसायटी से नहीं, भन्ते जी से जुड़ा हूँ। उनका स्नेह है मुझ पर। बुलवा लेते हैं फंक्शन में। वैसे तो कोई भी कर सकता है यह काम।" मधुसुदन के होठों पर हँसी की मीठी सी धूप खिली थी।

"आप आते रहिएगा मधुसूदन जी। हम लोगों को अच्छा महसूस होगा। वैसे आज का दिन तो तनावों को समर्पित रहा।" गौरी खिलखिलाकर हँस पड़ी।

"इन्हें भी अपने अनुभवों की डायरी में टाँक लीजिए गौरी जी।" मधुसूदन ने उठते हुए कहा। सभी की चाय खत्म हो चुकी थी। प्रतापसिंह भी उठ खड़े हुए।

''कुछ जरूरत होगी तो फुलझड़ी से कहलवा दीजिएगा सेरेना जी।'' प्रतापसिंह ने बाहर निकलते हुए कहा।

गौरी उन दोनों को छोड़ने दरवाज़े के बाहर तक आयी। बगल में चल रही फुलझड़ी को अपने दोनों हाथों से स्नेह से झिंझोड़ते हुए कहा—

''कल तुम्हारे साथ घूमने चलेंगे। जल्दी आना, ओ.के.।''

और उन दोनों से अभिवादन के पश्चात् गौरी अपने कक्ष की ओर मुड़ गयी।

नौ

''बीस जून से आचार संहिता लागू हो जाएगी भइया। इसलिए जो कुछ भी करना होगा उसके पहले ही।''

नान्हू लाल ने नेता जी को मानो स्मरण दिलाया।

''हूँ।'' गावतकिये के सहारे बिस्तर पर अधलेटे से नेता जी की मोटी सी गर्दन कुछ हिली थी। उसके हिलने के साथ ही उनकी भारी-भरकम सी तोंद भी थरथरा उठी। सफेद झक्क धोती कुर्ते में गहरा श्यामवर्ण विचारमग्न होने पर और सँवरा उठा था। सिर के सफेद बालों में मेंहदी का लाल रंग चढ़ा हुआ था। सफाचट मूँछों और दाढ़ी के कारण गालों की झुर्रियाँ पतले ओठों के दोनों किनारों को अर्धवृत्ताकार में घेरे थीं मानो कोई दो समानान्तर रेखाएँ कोष्ठक में बन्द हों।

''मेरी मानिए भइया तो यह काम जितनी जल्दी हो सके, कर डालिए। वैसे भी अभी लोहा गर्म है। बस्ती में सभी के भीतर राजा सुहेलदेव का जोश हम लोगों ने भर दिया है। क्यों प्रताप भइया?'' नान्हू ने चेहरा बगल की ओर करते हुए अपनी एक आँख दबाई।

''हाँ, हाँ। इस समय बस्ती वालों की एक ही माँग है। आकाशवाणी वाले तिराहे पर राजा सुहेलदेव की आदमकद प्रतिमा का लग जाना। उन सबों को भी अपनी पहचान और इतिहास का गर्व होता रहे।'' वहीं बैठे प्रतापसिंह रघुवंशी ने भी हामी भरी।

''लेकिन सुहेलदेव का इतिहास क्या रहा है यार? एक गाजी मियाँ की ... कहीं वह भी मेरे लिए काँटा न बन जाए।'' नेता जी कुछ असमंजस के भाव के साथ बोले थे।

''अरे भइया, इतनी दूर तक आप सोच रहे हैं? किसको फुरसत है उनका यह वाला इतिहास जानने की। उन्हें तो बस अपना एक पुराना हीरो चाहिए जिसे अपना पूर्वज बताने में गर्व हो।'' प्रतापसिंह ने उनके असमंजस को भाँपते हुए कहा।

''लेकिन कहीं एक वोट बनाने में दूसरे वोट कट न जाएँ।'' नेता जी उठकर बैठ गये थे। गावतकिये को उन्होंने अपनी गोद में रख लिया।

''कुछ नहीं होगा भइया। आप भरोसा रखिए। राजभरों का यदि पूरा वोट आपको उस क्षेत्र से मिल गया तो अकेले उन्हीं के दम पर आप सीट निकाल ले जाएँगे। अपने दूसरे दल की तरफ छटकें न, इसलिए जल्दी से जल्दी उनको चारा डाल दीजिए। आप समर्थ हैं। बाकी लोग तो सुहेलदेव का नाम ही नहीं सुने होंगे, प्रतिमा लगवाना तो दूर।'' नान्हू लाल हें हें करके हँसा था।

''अरे भाई, सारनाथ बुद्ध जी के लिए प्रसिद्ध है। कहीं कोई आपत्ति...।'' नेता जी के भीतर का द्वन्द्व मुखरित हुआ था।

''अरे, भइया की बात। कौन विरोध करेगा? इतनी बिरादरी के लोग हैं वहाँ कि कोई एकमत होगा ही नहीं। चूँकि राजभर ज्यादा हैं इसलिए हाथी के पाँव में सबका पाँव।'' नान्हू लाल ने पुनः दबाव बनाया।

''ऐसी बात मत कहो नान्हू। विरोध कोई भी कर सकता है। अम्बेडकर जी की मूर्ति टूटी थी तो कितना हंगामा हुआ था। कहने को कितनी कम संख्या थी उन सब की।'' प्रतापसिंह रघुवंशी ने प्रतिवाद किया। नान्हू द्वारा अन्य जातियों में एकता का अभाव बताया जाना उन्हें थोड़ा अपमानित कर गया।

''नहीं, मेरा मतलब वह नहीं है प्रताप भइया। नेता जी की उस क्षेत्र से जीत के लिए इस समय क्या जरूरी है, मैं तो बस वही बात कर रहा था।'' नान्हू लाल ने सफाई दी।

''नेता जी ऐसे ही नहीं तीन बार मन्त्री बन चुके हैं। बड़े-बड़े तीसमार खाँ लोगों को पटकनी दे चुके हैं। हाँ, इस बार का समीकरण जरा उलझा है, इसलिए ये सब जरूरी है।'' प्रतापसिंह रघुवंशी पुनः नेता जी की ओर देखने लगे थे।

नेता जी ने अपने सामने पड़ी मेज पर रखे ताज़ा फूलों के गुलदस्ते से एक पीला गुलाब खींचकर निकाल लिया और अपनी उँगलियों के बीच फँसाकर उसे नचाने लगे। आँखें गुलाब पर टिकी थीं लेकिन मन कहीं और भटक रहा था। देखते हुए भी वे गुलाब को नहीं देख रहे थे। तीन बार मन्त्री पद का सुख भोग लेने के बाद पिछली बार की हार से उन्होंने सबक लिया था और इस बार कोई कसर नहीं छोड़ना चाह रहे थे। नेता न होते हुए भी लोगों द्वारा यह सम्बोधन उनके भीतर एक कचोट भर देता और वे दुगुने वेग से चुनाव जीतने की रणनीति बनाने में जुट जाते।

''अच्छा, लगभग कितना खर्च आयेगा मूर्ति बनवाने में?'' एकाएक उन्होंने पूछा। वे नान्हू लाल और प्रतापसिंह की बात सुनकर भी नहीं सुन सके थे। उनके अपने भीतर का ही मन्थन इतना शोरयुक्त था कि वे बाहरी बातें सुन नहीं पाये थे।

''बस, यही लगभग लाख डेढ़ लाख के भीतर।'' नान्हू जैसे तैयार बैठा था।

''धत् यार नान्हू, चार ही महीने में कलई खुल जाएगी कि यह अष्टधातु की नहीं है। बनवाना होगा तो थोड़ा सा सॉलिड ताकि चार-छः वर्ष तक ठीक-ठाक

दिखाई दे।'' प्रतापसिंह ने नान्हू को टोका।

''क्यों? फिर वहाँ से चुनाव नहीं लड़ना है क्या? अरे, दाम-काम पता कर लो। अच्छी मूर्ति लगनी चाहिए, भले ही रुपये थोड़े ज्यादा लग जाएँ। लेकिन वोट पक्का करना तुम लोगों की जिम्मेदारी। मैं कुछ नहीं जानता।'' नेता जी ने दोनों हाथ ऊपर उठा दिये। कुर्ते की ढीली बाँह कलाई से नीचे कुहनी की ओर सरक आयी थी। कलाई में बँधी सोने की घड़ी चमक उठी।

''आप चिन्ता न करिए भइया। बस आशीर्वाद दीजिए। हनुमान जी चाहेंगे तो सब ठीक होगा।'' प्रतापसिंह ने उन्हें आश्वस्त किया।

''मंकारडीह की बड़ी मान्यता है भइया। सुनते हैं जो मान दिया जाय वह पूरा होता है।'' नान्हू लाल पीछे नहीं रहना चाहता था। इसी जान पहचान के आधार पर वह अपने गाँव का छोटा-मोटा नेता बन चुका था।

''ठीक है, जीत जाऊँगा तो वहाँ बड़ा सा घंटा टाँग दूँगा।'' नेता जी ने हाथ उठाकर मानो संकल्प लिया।

''जय हो मंकारडीह की।'' नान्हू ने अपना सिर झुका आँखें बन्द कर मन्नत मानने का अभिनय किया।

''अच्छा, मूर्ति बनाने के लिए फोटो कहाँ से मिलेगी?'' एक महत्त्वपूर्ण प्रश्न नेता जी ने उन दोनों की ओर उछाला।

कुछ देर के लिए दोनों सकपकाकर दूसरे को देखने लगे थे। अगले ही पल नान्हू लाल ने सुझाव दिया—

''प्रताप भइया, इतिहास की किसी किताब में से खोजकर निकालिए आप।''

''मैं कैसे निकालूँ? मैंने इतिहास कक्षा आठ तक ही पढ़ा है। उसमें कहीं सुहेलदेव की फोटो मुझे तो नहीं दिखाई दी। तुम कहीं से पता करो। तुम्हारे पुरखे रहे हैं वे।'' प्रतापसिंह ने पल्ला झाड़ लिया।

''अरे जबके पुरखे हैं कि उस समय फोटो-वोटो कहाँ खिंचती रही होगी। बस अन्दाज से ही काम चल रहा है आज तक।'' नान्हू लाल ने अपना पक्ष रखा।

''अरे तो क्या हमारे राणा प्रताप ने फोटो खिंचवाई थी अपनी? लेकिन उनके बारे में पीढ़ी दर पीढ़ी जानती आ रही है कि बड़ी-बड़ी कटीली मूँछें, पतले ओंठ सामने ढाल, हाथ में तलवार और वीरों की वेशभूषा में चेतक पर सवार छवि महाराजा राणा प्रताप की है।'' प्रतापसिंह ने चुटकी ली।

''अरे तो ऐसे ही रहे होंगे महाराजा सुहेलदेव भी। वीर थे ही, राजा थे ही। ढाल, तलवार, भाला उनके पास भी रहा होगा। कपड़े राजाओं वाले रहे ही होंगे। मूँछें भी रही होंगी। आज के फिल्मी हीरो की तरह दाढ़ी मूँछ सफाचट, सींकिया पहलवान तो नहीं ही रहे होंगे सुहेलदेव।'' नान्हू ने भी हँसते हुए पैंतरा बदला।

‘‘यह कोई समस्या नहीं है। व्यवस्था हो जाएगी। बस तुम लोग आज से ही जुट जाओ। बाकी मैं व्यवस्था करवा दूँगा।’’ नेता जी उठकर खड़े हो गये।

‘‘वो भइया, मूर्ति वाले को एडवान्स देना होगा न? तब न वह समय पर बनाकर दे पायेगा। बस डेढ़ महीने के भीतर सब कुछ तैयार करना होगा।’’ नान्हू लाल ने विनम्रतापूर्वक प्रस्ताव रखा। नेता जी के उठते ही प्रतापसिंह ने नान्हू को धीरे से चिकोटी काटकर एडवान्स के लिए याद दिलाया था।

‘‘अच्छा, अच्छा। कहाँ से बनवाओगे?’’ नेता जी थोड़ा ठिठके थे।

‘‘अरे भइया, आपकी ऊँचाई की मूर्ति बनेगी तो कारीगर भी अच्छा होना चाहिए। हम सोचते हैं कि एक बार नान्हू के साथ मार्केट सर्वे कर लें। आप भी यदि ...।’’ प्रतापसिंह ने अपना सुझाव संकोच के साथ रखा।

‘‘नहीं, नहीं, मुझे इस लफड़े में मत खींचो। मैं नहीं चल पाऊँगा इस काम के लिए। मुझे तुम लोगों की ईमानदारी पर पूरा भरोसा है। जान ही रहे हो कि इस बार गाँव वाले खेत पर लोन लेकर चुनाव लड़ूँगा, इसलिए समझते तो हो ही।’’ नेता जी ने सिरहाने पड़ा अपना चश्मा उठाया और आलमारी की ओर बढ़ते हुए बोले।

प्रतापसिंह और नान्हू के चेहरे पर आश्वस्ति का भाव पसर गया था। अपनी आवाज़ में विनम्रता का और रस घोलते हुए प्रतापसिंह ने पुनः कहा—‘‘फिर भी भइया, आप रहते तो हम निश्चिन्त रहते। ऐसे तो कुछ गड़बड़ होने पर दस तरह की बातें लोग करने लगेंगे।’’

‘‘मैं पेपर में खबर देने जा रहा हूँ क्या कि तुम दोनों मूर्ति बनवाने जा रहे हो? बोलो, चेक काट दूँ या कैश?’’ उन्होंने मीठी झिड़की देते हुए पूछा।

‘‘कैश ही दे दीजिए भइया। बहुत से दुकानदार चेक लेने में कतराते हैं। इनकम टैक्स का झंझट, रसीद का झमेला। ऐसे तो बातचीत पट जाए तो कम की रसीद बना देंगे। हम भी खुश, वे भी खुश। आपको भी तो दिखाना पड़ेगा इस पैसे का हिसाब।’’ नान्हू ने उनकी बात को लपक लिया।

‘‘ठीक है, ठीक है। जरा सोच समझकर खर्च करना।’’ उन्होंने आलमारी के लॉकर से सौ-सौ रुपये की दो गड्डी और पचास रुपये वाली एक गड्डी निकाल पर प्रतापसिंह के हाथ पर रख दी। नान्हू ने अपना हाथ बढ़ाते-बढ़ाते रोक लिया। प्रतापसिंह पर नेता जी का विशेष विश्वास था। दोनों ने झुककर उनके पाँव छुए और कक्ष से बाहर निकल गये। नेता जी भी अपनी पत्नी के पास जाने के लिए गैलरी से बाएँ मुड़ गए थे। साँझ का धुँधलका बढ़ रहा था। लाइट न होने से जनरेटर की आवाज़ और धुएँ से आँखें कड़ुआ रही थीं। वातावरण में उमस बढ़ गयी थी। सामने नीम के पेड़ पर चिड़ियाँ अपने समूह में चहचहा रही थीं।

दस

भोला अपने शरीर पर मिट्टी का तेल छिड़के, हाथ में माचिस लिए बावला सा उसी मिट्टी के ढूह पर बैठा था जो विश्व शान्ति स्तूप बनाने के लिए खोदी जा रही नींव से निकली थी। मजदूरों ने अपने हाथ रोक लिए थे। आगे खुदाई का काम ठप्प होता देख जापानी बुद्ध मन्दिर के विहाराधिपति भन्ते उपातिस्सा अपने सहयोगियों के साथ बाहर निकल कर आ रहे थे। राख के रंग का ढीला-ढाला चोंगा और कमर से बँधी रेशम डोर उनके दुबले-पतले गोरे रंग को एक उदास भव्यता प्रदान करने की कोशिश कर रही थी। उनके हाथ में मोरपंख से बना छोटा सा पंखा था जिसे वे बीच-बीच में अपने चेहरे की ओर हिला ले रहे थे। चिपटी नाक और गोरे गाल पर गुलाबी आभा उनके वैराग्य की अपेक्षा सम्पन्नता को झलका रही थी।

उन्हें अपनी ओर आता देख भोला अपनी जगह पर उठकर खड़ा हो गया और जोर से चिल्लाना शुरू कर दिया—

"मेरी लाश पर ही नींव खोदाएगी पुजारी साहब। हम अपनी जमीन इतनी आसानी से नहीं सौंपेंगे। हमारे बाल-बच्चों का कौर छीनकर तुम लोग शान्ति स्तूप बनाने चल रहे हो? नहीं हो सकता साहब, नहीं, कभी नहीं।"

भवें तनी थीं भन्ते उपातिस्सा की। शान्त मुख मुद्रा विचलित हुई थी। पिछली बार भी इसी भोला के कारण भूमि अधिग्रहण की कार्यवाई सम्पन्न न हो सकी थी। स्थानीय लोगों की भीड़ और उनके विरोध के कारण पुलिस प्रशासन पीछे हट गया था। परन्तु इस बार भन्ते उपातिस्सा ने पक्की व्यवस्था की थी। ऊपर ही ऊपर जापान की इस संस्था ने दूतावास से सम्पर्क किया था और सारनाथ में स्थित छोटे से जापानी मन्दिर के आस-पास की कई एकड़ भूमि सरकार ने जापानी मन्दिर के नाम कर दी थी और अधिग्रहण की त्वरित कार्यवाई हेतु जिला-प्रशासन को आदेश दे दिया। भूमिधारकों ने न्यायालय का भी दरवाज़ा खटखटाया लेकिन स्थगन आदेश न मिल सका। लोग छटपटाकर रह गये थे। अपनी आँखों के सामने ही भूमि अधिग्रहण की कार्रवाई देखने को विवश कर दिए गये थे।

लेखपाल और उसके सहयोगी फीता लेकर नाप जोख में जुटे थे। जिले के बड़े अधिकारी मौके पर स्वयं उपस्थित थे ताकि पिछली बार की तरह स्थिति उत्तेजक न होने पाए। इसके लिए ठोस व्यवस्था कर ली गयी थी। कई थानों के जाँबाज सिपाही और पी.ए.सी. के जवान साक्षात् काल की तरह स्थानीय लोगों को घूर रहे थे। दंगा नियन्त्रण वाहन भी पास ही खड़ा था। खड़ी सब्जी की फसलों को रौंदते हुए नपी हुई सीमा पर पत्थर गाड़े जा रहे थे। बीच में पड़ने वाले दो-चार घरों को एक महीने पहले ही नोटिस भेज दी गयी थी।

''भइया, घर खाली करने की नोटिस आयी है। क्या करूँ? मैं तो कहीं का नहीं रहा।'' दामोदर पांडे के बरामदे में बैठा भोला कलप उठा था। उसकी उँगलियों में फँसा नोटिस वाला पन्ना धीरे-धीरे हिल रहा था मानो उसके घर की नींव हिल रही हो। दामोदर पांडे को अच्छा मौका मिला था उसे पुरानी बात स्मरण कराने का।

''तब तो मैं तुमसे कहता था कि भन्ते उपातिस्सा अस्पताल और शान्ति स्तूप बनाने के लिए माँग रहे हैं तुम्हारी जमीन तो नहीं माने मेरी बात। अच्छा दाम भी दे रहे थे। पर तुम दूसरे लोगों के बहकावे में आ गये। अब लो, कौड़ियों के दाम जमीन जा रही है। जितना सरकारी मुआवज़ा मिलेगा उतनी तो रजिस्ट्री कराई ही हो जाती है।''

''भइया, किसी तरह उबारो, नहीं तो बाल बच्चे भूखों मर जाएँगे। पुरखों की जमीन है। तरकारी-सरकारी बोकर किसी तरह गाड़ी चल जाती थी। अब अगर यह भी निकल जाएगी तो कहीं के न रहेंगे हम।''

भोला की आँखें उम्मीद से दामोदर पांडे पर टिक गयी थीं। पांडे इस क्षेत्र के भूमिधरों में एक हैसियत वाले व्यक्ति थे। सारनाथ में कई जगह उनकी पैतृक जमीनें थीं, जिसे उचित हाथों में अच्छे दामों वे बेचते रहते थे। चार लड़कियों का विवाह और तीन आवारा लड़कों के परिवारों का भरण-पोषण वे इसी धन के ब्याज से कर रहे थे। अपनी जमीन के अलावा दूसरों की जमीन बिकवाने में भी दलाली के रूप में एक मोटी रकम हाथ लग ही जाती थी। वैसे सारनाथ में दलाली का धन्धा बुरा धन्धा नहीं माना जाता था। यह एक व्यवसाय बन चुका था। साड़ियों और हस्तशिल्प की दुकानों के लिए दलाली का धन्धा निर्बाध रूप से फल-फूल ही रहा था। कभी- कभी होटलों और धर्मशालाओं में विदेशी पार्टियों को वातानुकूलित बसों के साथ फुसलाकर पहुँचाने वाले दलालों को भी होटलों की ओर से मोटी रकम इनाम स्वरूप दे दी जाती थी ताकि भविष्य में भी विदेशियों का जत्था उनके होटल या धर्मशाला में आता रहे। दामोदर पाँडे इन सब से पृथक् जमीन की दलाली के साथ जुड़े थे।

भोला ने जापानी मन्दिर के भन्ते को अपनी जमीन बेचने से इनकार कर दिया था तबसे दामोदर पांडे खार खाए बैठे थे। एक मोटी रकम हाथ से निकल गयी थी। बिचौलिए के रूप में उन्होंने भोला की जमीन और दो कमरों वाले खपड़ैल के घर की कीमत सरकारी रेट से चार गुना अधिक लगाई थी और उसका दो प्रतिशत अपने कमीशन के रूप में माँगा था। भन्ते उपातिस्सा तैयार हो गये थे। यह राशि कुछ भी नहीं थी। उन्हें विश्व शान्ति स्तूप बनाने के लिए अपनी सरकार से तथा कुछ बड़ी संस्थाओं से अकूत धन मिल रहा था। दामोदर पांडे के माध्यम से कुछ भूमि उन्हें मिल चुकी थी। पर भोला के साफ इनकार कर देने से भन्ते उपातिस्सा को इस मार्ग के द्वारा अपने उद्देश्य की ऊँचाइयाँ छूना एक लम्बी यात्रा जैसा लगा था। इसीलिए उन्होंने शान्ति स्तूप के लिए दोनों देशों की सरकारों की मदद लेने की सोची।

आज जब सब कुछ ठीक–ठाक ढंग से हो रहा था, नींव भी खोदी जा रही थी तब अचानक भोला को न जाने क्या सूझी कि उसने अपने शरीर पर एक गैलेन मिट्टी का तेल गिरा लिया और माचिस लेकर मिट्टी के ढूह पर बैठ गया। उसकी तेज़–तेज़ आवाज़ ने लोगों को सकते में डाल दिया था—

"अब एक कदम भी कोई आगे बढ़ाया तो मैं माचिस लगा लूँगा अपने बदन पर। हाँ, सुन लो।" वह जैसे विक्षिप्त सा हो गया था। उसकी पत्नी अपनी गोद में ढाई–तीन वर्ष की एक बच्ची को उठाए हाय–हाय करते हुए छाती पीट रही थी। पुलिस वाले किंकर्त्तव्यविमूढ़ से इस बदली हुई परिस्थिति को सुलझाने का विचार कर रहे थे। हो हल्ला मचा हुआ था। भोला किसी को अपने पास नहीं फटकने दे रहा था।

सारंगनाथ मन्दिर की ओर जा रहे गौरी और मधुसूदन भी भीड़ देखकर ठिठक गये। उनके बगल में चल रहे एम. अलभ्यानन्द को भी कौतूहल हुआ था। उन्होंने पास खड़े एक आदमी से संकेत में 'क्या हुआ' पूछा।

"अरे, अनेत है अनेत, स्वामी जी। आप लोग विदेश से आकर हमारी जड़ें उखाड़ दो, हम लोग अपनी जमीन पर खड़े होने लायक भी न रहें। बेचारे गरीब किसान की जमीन हड़पकर शान्ति स्तूप बन रहा है। हुँ: अपने देश में शान्ति नहीं पा रहे हैं, यहाँ स्तूप बनाकर शान्ति खोज रहे हैं। वाह रे जमाना। हुँ:।" उस आदमी ने अपने भीतर की सम्पूर्ण घृणा एम. अलभ्यानन्द के सामने उलट दी थी। उसके ओठों के दोनों किनारों से सफेद झाग निकल रहा था। क्रोध के कारण दोनों भवें तनी हुई थीं। एम. अलभ्यानन्द को चेहरे से विदेशी समझकर ही उसने अपने मन की भड़ास निकाली थी।

"हूँऽऽऽ।" एक गहरी नि:श्वास छोड़ी एम. अलभ्यानन्द ने और सामने का दृश्य देखने लगे।

खाकी वर्दी में सिपाही, दरोगा इधर-उधर खड़े पूरी स्थिति पर दृष्टि गड़ाए थे। सी.ओ. महोदय वायरलेस सेट पर किसी उच्चाधिकारी को वर्तमान स्थिति की सूचना देने में व्यस्त थे। उनके चेहरे की बौखलाहट साफ़ पढ़ी जा सकती थी। एक बार वे 'यस सर' बोलते और अगले ही पल आँखें झपकाकर भोला को भी देख लेते। आस- पास महिलाओं और पुरुषों की भीड़ जुटती जा रही थी। जो भी सुन रहा था वही दौड़ा चला आ रहा था। अधिकांश खेतों और घरों में काम करने वाली महिलाएँ और बच्चे थे। कुछ के हाथों में झउआ में थोड़ी घास भी थी और दूसरे हाथ में खुरपी। घास करते-करते सूचना सुनकर वे अपनी सखियों के साथ आकर खड़ी हो गयीं थीं।

"बाऊ ऽ ऽ ऽ ...।" भोला की पत्नी की गोद से उसकी छोटी बच्ची मचलकर रो पड़ी। एकाएक एक दरोगा की दृष्टि उस पर पड़ी थी। वह लपककर उसके पास पहुँचा और भोला की पत्नी से बोला—

"अपनी बेटी को उतार दो। वह अपने बाप के पास पहुँच जाएगी तो शायद उसके सिर से यह भूत उतर जाए।"

"अरे का बात करत हौ दरोगा साहेब? ऊ इतना जढ़ी मनई हैं कि हमारी बिटियवो के भी भून डलिहैं।" उसने अपनी बेटी को कसकर चिपका लिया। बच्ची अपने पिता के पास जाने के लिए रो रही थी और बार-बार माँ की गोद से फिसलकर नीचे उतरने का प्रयास कर रही थी।

"अरे उतारो तो बच्ची को। कैसे भून देगा? हम लोग हैं न यहाँ?" दरोगा ने एक डाँट लगाते हुए कहा।

"अरे चुप्प रहो दरोगा जी। खड़े होकर हम लोगों का जमीन बिकवाय दीहो और अब खड़े होकर हमारा पलिवार भूँज देव। हुँः, रंगरेजन के जमाना में सुना रहा अइसा अनेत, की तो अब देख रहेन हैं आँखिन से। थू, अइसन राज में।" उसने दरोगा को देखते हुए घृणा से जमीन पर थूक दिया। खिसियाया सा दरोगा एक ओर जाने लगा तो मधुसूदन ने रोक लिया—

"सुनिए सर, क्यों नहीं इस समय भोला को आश्वासन दे देते कि ऐसा कुछ नहीं होगा। कम से कम अभी उसके सिर से यह भूत उतर जाए अन्यथा बहुत बदनामी होगी और उसकी जान ...।"

"हम क्या कर सकते हैं? ऊपर से कोई आदेश हो तब न? हमें तो इस काम को सम्पन्न कराने के लिए भेजा गया है। जब तक आदेश को वापस नहीं लिया जाता तब तक हम कैसे कुछ निर्णय ले सकते हैं? हमारी तो नौकरी चली जाएगी।" अपनी लाचारी व्यक्त की दरोगा ने।

"लेकिन क्या उस आदमी ने यदि अपनी जान दे दी तो आप लोगों की नौकरी

सुरक्षित रहेगी?'' इस बार गौरी ने अपना प्रश्न दागा।

''इतने लोग हैं हम लोग? अब जो भी होगा, देखा जाएगा। मैं क्या कह सकता हूँ। हम तो चाह रहे थे कि यहाँ के लोकल लोग विरोध करें लेकिन पुलिस वालों को देखकर ये लोग भी पीछे हट गये। कोई कुछ बोला ही नहीं डर के मारेञ दो तीन लोग प्रभावित हुए हैं, बाकी लोग तमाशा देखने आये हैं। बोलिए हम क्या कर सकते हैं? अगर विरोध किये होते लोग तो हो सकता है, इस बार भी हम वापस चले जाते।''

''अजीब बात है? कैसे हैं यहाँ के लोग? बोलते क्यों नहीं?'' गौरी हतप्रभ थी।

''इसमें सबका स्वार्थ नहीं है इसलिए नहीं बोलेंगे लोग। बस दो-तीन लोगों की ज़मीनें अधिगृहीत हुई हैं। उसमें भी दो सम्पन्न लोग हैं, इसलिए चुप हो गये हैं। यह बेचारा गरीब है। इतनी ही जमीन थी और इसी में वह खपड़ैल वाला मकान। वह भी चला गया।'' मधुसूदन ने भोला के कच्चे घर की ओर उँगली से संकेत किया। उनका सुनहरे रंग का सिल्क का कुर्त्ता पसीने से चिपक गया था और भीतर पहनी बनियान तथा पुष्ट कन्धे बिलकुल पारदर्शी हो उठे थे। उन्होंने जेब से रूमाल निकाली थी और आँखों से चश्मा उतारकर माथे का पसीना सुखाने लगे। आज गौरी ने ही विशेष आग्रह करके मधुसूदन को बुलाया था। दाऊ जी को भी साथ घूमने के लिए तैयार कर लिया था। संग्रहालय और वज्र विद्या संस्थान घूमने के बाद वे दिन में शक्तिपीठ आश्रम की ओर जाना चाह रहे थे लेकिन बीच में भोला वाला दृश्य पड़ गया और वे वहीं थथम गये।

भन्ते उपातिस्सा परेशान से अपने चेहरे पर पंखा झलते हुए सी.ओ. के पास आये थे जो अभी-अभी वायरलेस सेट से बात करके खाली हुए थे। एम. अलभ्यानन्द भी उनकी ओर दो कदम बढ़े।

''किसी तरह उस आदमी को अरेस्ट करके, उस पर आत्महत्या करने के प्रयास का मुकदमा चलाने का आदेश हुआ है।'' बिना पूछे ही सी.ओ. ने भन्ते उपातिस्सा को सूचना दी, मानो वे वही पूछने आ रहे थे। खाकी वर्दी भी पसीने से भींग चुकी थी। उसके माथे पर परेशानी की लकीरें खिंची हुई थीं।

''क्या? उलटे उसी पर मुकदमा?'' एम. अलभ्यानन्द के कंठ से आश्चर्य फूटा।

''तो क्या आरती करें उसकी फूल माला लेकर? कानून हाथ में लेता है स्सा...।'' आधा शब्द गले में रोकते हुए झल्ला पड़ा सी.ओ.।

''लेकिन यदि वह इस निर्णय से दुखी है तो उसके साथ न्याय करने का प्रयास होना चाहिए। इससे तो वह और दुखी हो जाएगा।'' एम. अलभ्यानन्द ने पुनः

समझाने का प्रयास किया।

''अब हर आदमी के दुख से निर्णय बदलता रहे तो इस देश में कोई और काम ही न हो सके।''

सी.ओ को एम. अलभ्यानन्द का उपदेश इस समय ज़हर के समान लग रहा था। उसके मस्तिष्क में भोला को किसी तरह सुरक्षित पकड़ पाने का मन्थन चल रहा था।

''लेकिन जब तक उसके पास अपनी यह थोड़ी सी जमीन और घर सुरक्षित था तब तक उसने अपना किसी प्रकार का असन्तोष या दुख प्रशासन के सामने प्रकट किया क्या?'' एम. अलभ्यानन्द का यह प्रश्न कटाक्ष की तरह लगा सी.ओ. को। वह भन्ना उठा।

''व्यर्थ का उपदेश मत दीजिए, स्वामी जी। जाइए अपना काम करिए। यह तो आप लोगों को भी सोचना चाहिए न? बेकार में मेरे मुँह से कुछ निकल जाएगा तो तूल पकड़ लेगी बात।'' सी.ओ. ने बड़ी उपेक्षा के साथ कहा। एम. अलभ्यानन्द को उसकी बातें समझ में आ गयीं थीं इसलिए बुरा न मानते हुए वे भन्ते उपातिस्सा से उन्मुख हुए—

''मैं एम. अलभ्यानन्द हूँ। इस प्रकरण में यही निवेदन करना चाह रहा हूँ कि आप अपना प्रस्ताव वापस ले लें। वह बेचारा गरीब व्यक्ति है। अपनी भूमि से उसका लगाव है। हम लोगों की तरह वैराग्य भाव उसमें नहीं है। आप कहीं और जमीन ढूँढ़ लीजिए। शान्ति के लिए शान्ति-स्तूप है, अशान्ति के लिए तो नहीं न? किसी को दुखी और अशान्त करने वाला यह धर्म नहीं है। इसीलिए आपको अपना यह प्रस्ताव वापस ले लेना चाहिए।'' एम. अलभ्यानन्द भन्ते उपातिस्सा को समझा रहे थे। कुछ देर चुपचाप सुनने के पश्चात् वे उधर ही चले गये जिधर सी.ओ. जा रहे थे।

एकाएक सी.ओ. को अपनी ओर बढ़ता देख भोला अपने हाथ में माचिस लेकर खड़ा हो गया। क्रोध और विक्षिप्तता के कारण उसका चेहरा विकृत हो गया था।

''आगे मत बढ़ना साहब जी, नहीं तो माचिस जला दूँगा। आज वारा-न्यारा हो ही जाएगा। चाहे मैं रहूँगा, चाहे शान्ति स्तूप बनेगा।'' उसका नंगा बदन मिट्टी के तेल से नहाया हुआ था। कमर से बँधी सफेद धोती तेल और मिट्टी से लिथड़ गयी थी। चेहरे पर बिखरे बाल उसके काले रंग को और वीभत्स बना रहे थे। पास ही मिट्टी के तेल का खाली गैलेन लुढ़का पड़ा था। उसके खड़े होते ही सी.ओ. अपनी जगह पर रुक गये और समझाने वाले अन्दाज़ में बोले—

''पहले बात तो सुनो भोला। जब सुनोगे ही नहीं तो कैसे काम चलेगा। मैंने बड़े अधिकारी से बात कर ली है। वे तुम्हारी बात सुनने को तैयार हैं।''

''अरे जाइए साहब, बेवकूफ मत बनाइए। वो क्या सुनेंगे हमारी बात? इतने

दिन से अर्जी ले लेकर मैं उनके बँगले पर दौड़ता रहा, नीचे के बाबुओं को खर्चा-पानी भी दिया, लेकिन कभी बात नहीं किये। आज क्या करेंगे?'' भोला ने रुखाई से जवाब दिया।

''नहीं, बात मानो भोला। वे बात करने का तैयार हैं। लेकिन पहले तुम शान्त हो जाओ। यह माचिस फेंक दो। कपड़े पहन लो। चलो, मैं अपने साथ बड़े साहब से बात करवाता हूँ।'' सी.ओ. दो कदम और आगे बढ़े तो भोला चिल्ला उठा—

''खबरदार साहब, पुलिसिया चाल मत चलिए नहीं तो अभी मैं माचिस लगाने जा रहा हूँ। आप हमको बड़े साहब के पास ले चलेंगे? बड़े साहब को फुरसत नहीं है कि यहाँ आएँ। अरे, किसी भोला जैसे ही आदमी के यहाँ पैदा हुए होंगे। आज कुर्सी मिल गयी है तो वे राजा बाबू हो गये और हम परजा? अंग्रेज की औलाद नहीं हैं न? कह दीजिए आकर यहाँ स्टाम्प पेपर पर लिखकर दें कि यह जमीन भोला की है और भोला की ही रहेगी।''

भोला को बातों में उलझाकर सी.ओ. ने उसके पीछे कुछ दूर खड़े सिपाही और दरोगा को हलके से इशारा किया था और पलक झपकते ही उन दोनों ने शेर की तरह झपटकर पीछे से भोला को अपनी गिरफ्त में ले लिया था। एक हाथ में माचिस और दूसरे हाथ में तीली पकड़े भोला इस अप्रत्याशित हमले से बौखला गया। कसमसाते हुए उसने अपना तीली वाला हाथ माचिस की ओर ले जाने का प्रयास किया लेकिन सफल न हो सका। दौड़कर कई सिपाहियों ने उसे दबोच लिया और हाथ से तीली तथा माचिस लेकर दूर झटक दिया।

''मारो स्साले को पहले। नाक में दम कर दिया था।'' सी.ओ. का आदेश मिलते ही दरोगा और सिपाही अपनी वीरता का परिचय देने में जुट गये थे।

मिट्टी के उसी ढूह पर भोला को पटक-पटककर कई घूँसे मुँह और पीठ पर जड़ दिये। उसकी पत्नी बच्ची को छोड़ दौड़ पड़ी थी।

''अरे, कोई आओ रे ... बचाव रे ...।''

वह चिल्ला रही थी। लोग चुपचाप खड़े भोला को पिटते देख रहे थे।

मधुसूदन और गौरी एक साथ भोला की ओर दौड़े थे। एम. अलभ्यानन्द भी तेज कदमों से उसी ओर बढ़े। उनका चीवर कन्धे से उतरकर नीचे जमीन का स्पर्श कर रहा था और भीतर एक हाहाकार मचा हुआ था।

''अरे भाई, इस तरह क्यों मार रहे हो?'' वे हैरान से पूछ रहे थे।

''ले चलो थाने।'' उनकी बात को अनसुना करते हुए सी.ओ. ने क्रोध में आदेश दिया।

भोला भी छूटने के लिए हाथ पैर चला रहा था। उसकी पत्नी पीछे-पीछे चिल्लाती रोती चली आ रही थी।

''सुनते क्यों नहीं भाई? उस पर दया करनी चाहिए।'' एम. अलभ्यानन्द का स्वर करुणा से कातर हो उठा।

''हाँ, जैसे धर्म के नाम पर आप लोग दया करते हैं। पा जाएँ तो बकरी, मुर्गा क्या, आदमी का माँस भी खा जाएँ।'' भीड़ में से एक आवाज़ आयी थी और तुरन्त खो गयी। एक हल्की सी हँसी की धार भी फूटकर लुप्त हो गयी। लोगों के चेहरे का तनाव गायब हो गया था। कुछ क्षण पहले जो लोग साँसें रोके अगले दृश्य की उत्सुकता से प्रतीक्षा कर रहे थे, वे भोला की पिटाई और गिरफ्तारी के बाद समझ चुके थे कि आगे क्या होना है? दृश्य का पटाक्षेप हो गया था। धीरे-धीरे भीड़ छँटने लगी थी। कुछ लोग अपने घरों की ओर तो कुछ पुलिसवालों के पीछे-पीछे थाने की ओर जाने लगे थे। मजदूरों ने अपने-अपने फावड़े उठा लिए और काम में जुटने की तैयारी करने लगे। मधुसूदन के चेहरे पर गहरे तनाव की रेखाएँ विद्यमान थीं। पतले ओंठ और मुट्ठियाँ सख़्ती से भिंची थीं। गौरी चुपचाप उधर की ओर देख रही थी जिधर भोला को घसीटते हुए ले जाया जा रहा था।

एम. अलभ्यानन्द कातर दृष्टि से शून्य में निहार रहे थे। उनके मन में विक्षोभ उठ रहा था।

''चलिए दाऊ जी, चलिए मधुसूदन जी, वापस चलते हैं गेस्ट हाउस। मन खराब हो गया। अब किसी और दिन चलेंगे घूमने शक्ति-पीठ।''

गौरी ने बारी-बारी से एम. अलभ्यानन्द और मधुसूदन की पीठ पर अपनी नर्म हथेली से हल्का धक्का देते हुए चलने का आग्रह किया। सभी के चेहरे पर पीड़ा का घनत्व गहरा उठा था। सूर्य की किरणें तीखी हो उठी थीं। भारी कदमों से वे वापस चल दिए। कोई कुछ न बोलते हुए भी अन्दर ही अन्दर चीख रहा था, आर्तनाद कर रहा था। मन्थन चल रहा था पर हालाहल के सिवा कुछ दिखाई नहीं पड़ रहा था। जिस अमृत की तलाश थी, वह दूर-दूर तक दृष्टिगोचर न था। विचारों में मग्न तीनों चले जा रहे थे। पीछे से ठक् ठक् की आवाजें आना शुरू हो गयीं थीं। शायद श्रमिकों ने खुदाई का काम पुनः आरम्भ कर दिया था। आते-जाते वाहनों के शोर में चिड़ियों का कलरव बन्द हो गया था। पेड़ों की परछाइयाँ भी सिमट कर छोटी हो गयी थीं।

ग्यारह

मधुसूदन के फ्लैट के बाहर लगी कालबेल दबाते हुए गौरी के होंठों पर एक मन्द स्मित फैली हुई थी। आँखों में हल्की शरारत मचल रही थी। क्या सोचेंगे मधुसूदन जी, जब उसे अकस्मात् अपने दरवाज़े पर खड़ा पायेंगे? प्रसन्न होंगे, या हड़बड़ा उठेंगे? दोनों ही स्थितियाँ देखने लायक होंगी। सोच-सोचकर गौरी मुस्करा रही थी। दो-तीन दिनों से मधुसूदन जी उससे नहीं मिले थे। वह प्रतीक्षा कर रही थी उनकी। गुरुजी के यहाँ जाने का विचार बनाया तो दाऊजी ने स्वयं चलने से इनकार करते हुए कहा—"आज मैं बहुत अच्छा नहीं महसूस कर रहा हूँ, गौरी। पूरे तन मन को एक शिथिलता ने घेर रखा है। शायद ज्वर हो। तुम अपने साथ मधुसूदन जी को या प्रताप जी को ले जा सकती हो। लेकिन उनकी सुविधा-असुविधा देख लेना।" उन्होंने हिदायत दी।

उसे दाऊ जी का प्रस्ताव अच्छा लगा था और उसने प्रतापसिंह रघुवंशी से मधुसूदन के फ्लैट तक पहुँचा देने का निवेदन किया।

"आप क्यों जायेंगी वहाँ तक? मैं रास्ते में उन्हें बोलता हुआ निकल जाऊँगा। एक मार्केट-सर्वे में जाना है अन्यथा मैं ही आपके साथ चला चलता। एक सन्त व्यक्ति के दर्शन भी हो जाते।" प्रतापसिंह ने आत्मीयता का प्रदर्शन किया।

"नो मि. प्रताप, बार-बार मधुसूदन जी को ही बुलवाना उचित नहीं लगता। इसी बहाने मैं उनका फ़्लैट भी देख लूँगी और उधर से ही उनके साथ अपने गुरुजी के यहाँ भी चली जाऊँगी।" उसने बिना किसी संकोच के अपना प्रस्ताव रखा।

"चलिए।" अनमने भाव से प्रतापसिंह ने कहा और गेस्ट हाउस से निकलकर रिक्शे वाले को रोकने लगे थे।

"खाना आप आकर खायेंगी?" पीछे से मंजुलारानी ने पूछा तो उसने बता दिया था—

"नो रानी जी, आप दाऊ जी को खिला दीजिएगा। उनकी तबियत थोड़ी गड़बड़ है। मैं मधुसूदन जी के साथ बाहर ही खा लूँगी। ओ.के.।" उसने

मुस्कराकर अपना एक हाथ मंजुलारानी को देखते हुए हिलाया और उछलकर रिक्शे पर प्रतापसिंह रघुवंशी के बगल में बैठ गयी। मंजुलारानी की आँखों में एक विचित्र प्रकार की कसक उसने साफ-साफ पढ़ी थी।

''मैं चलूँ?'' मधुसूदन के फ्लैट के सामने उसे छोड़कर प्रतापसिंह ने जाने की अनुमति ली थी।

''थोड़ा रुकिये प्रताप जी। पता नहीं मधुसूदन जी हों कि न हों, तो मैं आपके साथ ही आटो स्टैन्ड तक चली चलूँगी।'' उसने एक बार पुनः कालबेल पर अपनी उँगली जोर से दबाई।

''आ रहा हूँ।'' भीतर से मधुसूदन की आवाज़ आयी तो गौरी ने प्रतापसिंह को जाने का संकेत कर दिया और स्वयं बिना प्रत्युत्तर किये दरवाज़े के सामने खड़ी हो गयी। सामने कालोनी की सड़क पर प्रतापसिंह रघुवंशी का रिक्शा खड़-भड़-खड़-भड़ चला जा रहा था।

''कौन है?'' दरवाज़ा खुलते हुए आवाज़ आयी। मधुसूदन सफेद रंग की खादी की लुंगी पहने नंगे बदन दरवाज़े के बीचोबीच खड़े थे। कन्धे पर गुलाबी रंग की मोटी सी तौलिया लटक रही थी। शायद नहाने की तैयारी में थे। कृष्ण वर्ण रोमावलियाँ सीने और कुछ अंश तक कन्धों को भी आच्छादित किये हुए थीं। हलके से उभरे पेट पर एक ललछौंहा तिल सूरज के प्रकाश में चमक रहा था।

''अरे, आपऽऽ गौरी जी... ओह.. कैसे... आइए, आइए ... दाऊजी भी हैं?'' हड़बड़ाहट में कन्धे पर पड़ी तौलिया को दोनों ओर से ओढ़ते हुए मधुसूदन के मुख से एक साथ कई शब्द प्रश्न और उत्तर बन-बन कर बिखर गये। एकाएक गौरी के इस तरह सामने आ जाने की कल्पना भी उन्होंने नहीं की थी। सुबह से पढ़ने में व्यस्त रहने के कारण आज अभी तक स्नान ध्यान भी नहीं कर सके थे। दाई आकर सफाई कर गयी थी तो उठकर उन्होंने अपने लिए चाय बनाई और अब पीकर नहाने की तैयारी कर रहे थे।

''यू आर लुकिंग सो हैंडसम, मधुसूदन जी। इस ड्रेस में तो आप बिलकुल बदले-बदले से लग रहे हैं, जस्ट लाइक आज़ाद। मैंने उनकी तस्वीर मंजुलारानी के डाइनिंग हाल में देखी है। कैमरा होता तो आपका एक स्नैप जरूर ले लेती इस समय।'' एक हँसी छल-छल ...।

गौरी के इस बेबाक वर्णन पर मधुसूदन झेंप उठे थे। बात को ध्यान-ओझल करते हुए वे पीछे की ओर पलटे—

''आइए, आइए गौरी जी। बिलकुल अप्रत्याशित है आना आपका। कोई विशेष बात? कैसे मेरे फ्लैट का पता चला?'' वे कमरे में आकर सोफे के पास खड़े हो गये। पास में पड़े दीवान पर हलके क्रीम रंग की चादर फैली थी जिस पर दो-तीन

पुस्तकें खुली रखी थीं। बीचोबीच एक कलात्मक मोटी लकड़ी के स्टैण्ड पर गोल आकार में शीशे की मेज थी जिस पर चाय का खाली प्याला रखा था। मधुसूदन ने गौरी को बैठने का संकेत किया और स्वयं कप उठाकर रसोई की ओर मुड़ गये।

''अगर आपको आपत्ति न हो तो मैं आपका घर देख लूँ? जस्ट आपके पीछे पीछे, बिना आपको डिस्टर्ब किये।'' वह शरारत से हँसी।

''ओह, क्यों नहीं? लेकिन सब कुछ अस्त-व्यस्त मिलेगा।'' उन्होंने अपनी सफाई पहले ही प्रस्तुत कर दी।

''कोई बात नहीं। मैं आपकी अस्त-व्यस्तता की जाँच नहीं करूँगी। मुझे इस तरह का छोटा-सा घर अच्छा लगता है, जिसमें सब कुछ आस-पास ही सिमटा हो। बिलकुल बचपन की दुनिया की तरह।'' उसके स्वर में बच्चों का उल्लास था।

''आश्चर्य है कि आज जब लोगों की चाहतें विस्तार की सीमा नाप लेना चाहती हैं, तब आप बचपन के घरौंदे को पसन्द कर रही हैं?'' मधुसूदन ने रसोई की सिंक में अपना खाली कप रख दिया। गौरी उनके पीछे-पीछे आ रही थी।

''हाँ मधुसूदन जी, मैं सचमुच उसी तरह का घरौंदा पसन्द करती हूँ। यह क्या कि पापा का बेडरूम ऊपर तो मम्मा का कम्प्यूटर रूम नीचे के फ्लोर पर बिलकुल किनारे। डाइनिंग हाल से ड्राइंग रूम की दूरी इतनी कि चलने में पैर थक जायें। लॉबी में खड़ा भाई यदि माँ को पुकारे तो जल्दी आवाज़ भी न पहुँचे वहाँ तक। आई डिस्लाइक।'' गौरी के स्वर में एक वितृष्णा थी।

''आप किसी के मनोविज्ञान की रक्षा बहुत अच्छे ढंग से करती हैं, गौरी जी।''

मधुसूदन ने रसोई के प्लेटफार्म पर पड़े चाय के भगोने को नल के नीचे धोने के लिए उठाया।

''क्या करने जा रहे हैं आप?'' गौरी ने पूछा।

''आपके लिए चाय बनाऊँ?'' वे मुड़कर उसी की ओर खड़े हो गये।

''नहीं, अभी कोई आवश्यकता नहीं। आप शायद नहाने जा रहे थे?'' गौरी उनकी आँखों में देख रही थी।

''हाँ।'' एकाएक मधुसूदन को ध्यान आया तो उन्होंने पुनः अपने कन्धे पर पड़ी तौलिया को ठीक करते हुए कहा—

''आप पाँच मिनट ड्राइंग रूम में बैठिए। मैं तुरन्त आता हूँ।''

''कोई बात नहीं। तब तक मैं आपका बगल वाला कमरा देखती हूँ। आपको कोई आपत्ति तो नहीं।'' वह हँसी थी।

''नहीं, आपत्ति तो है।'' आशा के विपरीत मधुसूदन ने भी हँसकर कहा।

''क्यों?''

"इसलिए कि एकमात्र अब वही कमरा है जो मेरा बेडरूप, स्टडी, सब कुछ है। इसीलिए उसको देखने के बाद मेरा सारा भेद खुल जाएगा।"

"ओह, तब तो आपके आने के बाद ही उसे देखूँगी ताकि आपको अपनी सफाई में कुछ कहने का अवसर भी दे सकूँ। फिलहाल अब आप जाइए नहाने मि. मधुसूदन जी।" उसने अपना दाहिना हाथ धीरे से मधुसूदन के कन्धे पर रखकर दबाया था और स्वयं ड्राइंगरूम की ओर मुड़ गयी।

कुछ देर के लिए मधुसूदन के दोनों कान गर्म होकर लाल हो उठे। अगले ही पल उन्होंने अपने मन को संयत कर लिया। हुंः, हम लोगों के लिए हर स्पर्श का मतलब बस कुछ न कुछ होता ही है। वह विदेशी लड़की है। उसके यहाँ इस तरह के स्पर्श का अर्थ कुछ भी नहीं होता। मधुसूदन स्वयं को धिक्कारते हुए बाथरूम में घुस गये। तौलिया को कन्धे से उतार का स्टैंण्ड पर टाँगा था और ऊपर लगे शॉवर को घुमा दिया। पानी की फुहारें सिर से होती हुई पूरे तन से फिसल रही थीं। श्यामल रोमावलियाँ एक दूसरे से चिपक गयीं थीं। सामने लगे बड़े से शीशे में उन्होंने आज स्वयं को ध्यान से देखा। अपने सुडौल पुष्ट बाँहों और कन्धों को निहारकर उन्हें अच्छा लगा। मन एक ठण्डी ताज़गी से भर उठा था। तौलिया से बदन सुखाते हुए एक मीठी सी बेचैनी ने अँगड़ाई ली। कल्पना में विचार कौंधा— गौरी इस समय यदि रसोई में चाय बना रही हो और उनके निकलते ही ...। उफ् ... ये क्या हो रहा है? खिसियाकर मधुसूदन ने धीरे से अपने गाल पर एक चपत लगाई थी और तौलिया लपेट बाथरूम से निकल आए। कनखी से ड्राइंग रूम की ओर देखते हुए अन्दर वाले कमरे की ओर लपके थे। कपड़े बदलकर बाहर आये तो देखा गौरी पढ़ने में तल्लीन थी।

"आइए, आइए, मधुसूदन जी। मैंने सोचा, जब तक आप नहा रहे हैं, तब तक मैं दो-चार पेज पढ़ ही लूँ।" गौरी ने दीवान पर पड़ी पुस्तक को एक ओर रखते हुए कहा।

"तब कुछ देर और पढ़ लीजिए। मैं पाँच मिनट में आता हूँ।" मधुसूदन ने आग्रह किया।

"कहीं जा रहे हैं?"

"नहीं, बस यहीं।" कहते हुए मधुसूदन बिना कुछ बताए रसोई की ओर चले गये। गौरी पुनः पढ़ने में तल्लीन हो गयी। मधुसूदन जल्दी से जल्दी गौरी को विदा करना चाह रहे थे। उनके मन में एक संकोच बना हुआ था कि कालोनी के जिन लोगों ने गौरी को उनके यहाँ आते देखा होगा वे न जाने क्या सोच रहे होंगे? अपने दाऊजी के साथ आती गौरी तो उन्हें यह सब न सोचना पड़ता लेकिन गौरी का

अकेले आना उन्हें संकोच में डाले हुए था।

चाय के दो प्याले लिए हुए मधुसूदन ड्राइंग रूम में आये थे। उनके भीतर उठ रहे विचारों से बिलकुल बेपरवाह गौरी दीवान पर पेट के बल लेटी पुस्तक पढ़ रही थी। तकिया को उसने पेट के नीचे लगा रखा था।

पीले रंग की ताँत की साड़ी घुटनों के पास तक खिसक आयी थी। मधुसूदन ने दोनों प्यालों को बीच की मेज पर रखा और बाहरी दरवाज़े को पूरी तरह खोल दिया ताकि आने-जाने वाले पड़ोसियों के लिए कोई गोपन न रहे।

"बहुत अच्छी पुस्तक है ये।" वह उठकर बैठ गयी। उसके चेहरे पर कोई तनाव या संकोच की रेखा न थी।

"हूँ।" मधुसूदन उसकी ओर देख रहे थे। आज पीले रंग की साड़ी में वह साक्षात् सरस्वती की प्रतिमा लग रही थी। लेटने के कारण बाल बेतरतीब हो गये थे। उँगलियों से उन्हें ठीक करती हुई वह आकर सोफे पर बैठ गयी। कुछ देर के लिए दोनों के बीच एक सन्नाटा खिंच गया। मधुसूदन ने उसे भंग किया—

"किसी विशेष कार्य से ... ?" पूछते-पूछते वे रुक गये। कहीं अनुचित न लगे गौरी को।

"हूँ, चाय अच्छी है।" उसने चुस्की लेते हुए भौंहों को नचाया था। बच्चों सी चपलता चेहरे पर दिपदिपा उठी। मुस्कान से गालों का रंग थोड़ा और लाल हो उठा।

"खाना भी ऐसे ही पका लेता हूँ। आज आपको खिलाऊँगा।" मधुसूदन ने भी परिहास के भाव में उत्तर दिया।

"ओह, नहीं। उसके चक्कर में न पड़िए, मधुसूदन जी। आज आपके साथ अपने गुरुजी के यहाँ चलूँगी और फिर वहीं कहीं बाहर खाना भी खा लेंगे हम।"

"अच्छा, तभी आपने पीली साड़ी पहनी है। तपस्विनी वेश में गुरु के सम्मुख जाना है।" मधुसूदन ने हल्की चुटकी ली। उनके ओठों पर हँसी की लहर रेंगकर लौट आयी।

"यस मि. मधुसूदन, रंगों का जीवन पर और सामने वाले पर भी बहुत प्रभाव पड़ता है। यह केवल मनोवैज्ञानिक ही नहीं, परामनोवैज्ञानिक भी है।" वह हँसी थी।

"हाँ, हमारे यहाँ तो इसकी बहुत मान्यता है। इसीलिए विभिन्न अवसरों के लिए भिन्न भिन्न रंगों की प्रमुखता है, लेकिन अन्य ...।" कहते कहते वे चुप हो गये। न जाने गौरी को कैसा लगे। उन्होंने चाय की लम्बी चुस्की ली और प्याला मेज पर रख दिया।

''मैंने मंजुलारानी के साथ जाकर कई साड़ियाँ खरीदीं। मुझे अच्छा लगता है पहनना। बस पहनने में किसी की मदद चाहिए होती है। धीरे धीरे वो भी आ जाएगा।'' वह भी अपना प्याला मेज पर रख खड़ी होकर अपनी साड़ी की सिकुड़न ठीक करने लगी। मधुसूदन ने संकोच में दृष्टि बाहर की ओर गड़ा ली। गौरी को शायद यहाँ की यह छोटी सी ही सही, संस्कृति नहीं पता है कि लड़कियाँ पुरुषों के सामने अपने वस्त्र-विन्यास नहीं सँवारतीं।

''आइए चला जाए मधुसूदन जी।'' वह चलने को उद्यत हुई।

''चलिए।'' मधुसूदन ताला-चाबी ढूँढ़ रहे थे।

''आप जो ढूँढ़ रहे हैं, वह यहाँ है।'' उसने दीवान पर सिरहाने पड़े ताला-चाबी की ओर संकेत किया।

''ओह, दाई ने रख दिया होगा यहाँ। मैं तो हमेशा उस रैक पर रखता हूँ।'' ताला उठाते हुए वे खिसियाकर अपनी सफाई दे रहे थे।

''मुझे ऐसी लापरवाहियाँ अच्छी लगती हैं। बहुत अनुशासित घर और नियमों में बँधा जीवन घुटन और खोखलापन ही दे पाता है।''

''आप बातों को अच्छी तरह घुमा लेती हैं पक्ष में।'' हँसते हुए मधुसूदन ने दरवाज़े में ताला लगाया और कालोनी की सड़क पर आ गये। एक संकोच में घिरे घिरे वे जल्दी से जल्दी आटो स्टैण्ड तक पहुँच जाना चाह रहे थे।

''आपकी स्पीड तेज है मधुसूदन जी। मेरा भी ख्याल रखते हुए चलिए। मैं आपके साथ दौड़ नहीं सकती।'' वह खिलखिलाकर हँसी थी। उसके चेहरे पर थोड़ी ही दूर चलने में पसीना आ गया था। उसने अपना आँचल लापरवाही से अपने सिर पर डाल लिया।

''धूप तेज हो गयी है आज। इसलिए आपको भी मेरे साथ गति बढ़ानी ही होगी।'' मधुसूदन ने हाथ के इशारे से एक आटोरिक्शा को रुकने का संकेत किया और केदारघाट चलने की बात कहते हुए मुड़कर पीछे आती गौरी को देखने लगे।

''ओह, आखिर पहुँच ही गयी।'' गौरी ने उनके पास पहुँचते ही अपना एक हाथ उनके कन्धे पर रखा और धप्प से पिछली सीट पर बैठ गयी। मधुसूदन भी आकर बगल में बैठ गए थे।

''आज एकाएक गुरुजी के पास जाने का कार्यक्रम कैसे बन गया?'' मधुसूदन ने स्वयं को संयत करते हुए पूछा। आटोरिक्शा चल पड़ा था।

''बस ऐसे ही। मन में आ गया कि आज गुरुजी से मिलूँ, तो चल दिए। आपसे बिना पूर्व-समय लिए ही मैंने व्यवधान डाला न?'' उनकी आँखों में झाँकते हुए वह मुस्करायी। उसके चेहरे पर एक भोलापन नाच रहा था। मधुसूदन को उसका यह

सात्विक सौन्दर्य अभिभूत कर गया।

''नहीं, नहीं गौरी जी, आज वैसे भी मैं खाली था। हो सकता था कि आप न आतीं तो मैं ही उधर आता। कई दिनों से आपके दाऊ जी से भी भेंट नहीं हुई है। यहाँ रहते हुए एक आत्मीयता सी हो गयी है उनसे।''

''स्वयं दाऊजी भी यहाँ आकर बिलकुल बदल से गये हैं मधुसूदन जी। जब मैंने उन्हें अमेरिका से यहाँ आने के लिए प्रस्ताव दिया था, उन दिनों वे बहुत उद्विग्न चल रहे थे। काम का तनाव, अकेलापन और सबसे बड़ी बात भीतर फैला एक भयावह सन्नाटा। बस सुबह से रात तक किसी मशीन की तरह काम करते चलते रहते। यहाँ आने पर उन्हें अच्छा लग रहा है। सारनाथ को और यहाँ के लोगों को ध्यान से देखना उन्हें सुखद लगता है। बौद्ध धर्म की दीक्षा लेने से पहले उन्होंने उसका खूब अध्ययन किया। अब शायद उन्हें वह शान्ति मिल सके जिसके लिए उनका मन कब से भटक रहा है।'' गौरी गम्भीर थी।

''गौरी जी, क्या आपको नहीं लगता कि यह शान्ति भी ईहामृग की तरह है? हम उसके लिए भटकते फिरते हैं और वह मृग की भाँति दुष्प्राप्य। कभी लगता है जैसे बिलकुल सामने और अगले ही पल आँखों से ओझल।''

''बिलकुल, पूरा जीवन ही इसी मृगतृष्णा में बीत जाता है। लगता है अब बिलकुल पास हैं हम सत्य के और वहाँ पहुँचकर लगता है अभी कुछ और पाना शेष है, जिसके लिए आगे की यात्रा आवश्यक है।'' गौरी ने मधुसूदन की बातों को गम्भीरता से सुनते हुए उत्तर दिया था।

''धर्म इसी यात्रा का पाथेय है जो अन्तिम सत्य तक पहुँचने में हमारा साथ देता है। कुछ लोग इसे विकृत बनाते हैं तो कुछ लोग इस जीवन तक ही उसकी सीमा निर्धारित करते हैं। मैं दोनों से सहमत नहीं हूँ।'' मधुसूदन ने सामने सड़क की ओर देखते हुए कहा।

''सनातन तत्त्वों का उपदेश ही श्रुति या वेद का मूल है और वेदों में 'तत्त्वमसि' का प्रत्यय आध्यात्मिक ज्ञान की सम्पूर्णता है। मेरी समझ से इससे आगे कुछ भी आविष्कृत नहीं हो सकता। हाँ, समय-समय पर महापुरुषों के अभ्युदय ने इन तत्त्वों का अपने-अपने ढंग से विवेचन किया है।'' गौरी बराबर की भागीदार थी उनके गम्भीर चिन्तन में।

''यही एक विशेषता सनातन धर्म को अन्य धर्मों से हर युग में अलग खड़ा करती है कि इसकी प्रतिष्ठा किसी व्यक्ति विशेष के जीवन पर नहीं, बल्कि सनातन तत्त्वों के ऊपर आधारित है। इसके अलावा दुनिया के अधिकांश धर्म किसी विशेष धर्म-प्रवर्तक के जीवन के साथ सम्बद्ध हैं। यदि कभी किसी भी धर्म-प्रवर्त्तक के

अस्तित्व के सम्बन्ध में ऐतिहासिक प्रमाण कुछ कमजोर पड़ जाएँ तो उस धर्म की नींव हिल जाएगी, लेकिन सनातन धर्म के साथ ऐसा नहीं है। आप कृष्ण और राम को पुरातात्त्विक दृष्टि से या ऐतिहासिक दृष्टि से नकार कर एक क्षण को मान लीजिए कि उनका अस्तित्व समाप्त हो गया दुनिया की पुस्तकों से, लेकिन क्या यह कह सकते हैं कि उन्हीं के साथ सनातन धर्म का अस्तित्व भी समाप्त हो गया? नहीं, कदापि नहीं। क्योंकि यही एक धर्म है, जो किसी व्यक्ति विशेष के साथ नहीं जुड़ा है। आजकल हमारे देश में एक आँधी यह भी चली है कि राम और कृष्ण का पुरातात्त्विक साक्ष्य नहीं है, अतः ये कहानियाँ काल्पनिक हैं, इनका अस्तित्व नहीं है। अब कौन समझाए इन छद्म बुद्धिवादियों को कि पुरातत्त्व विज्ञान की अपनी एक सीमा और समय है। पाँच लाख वर्ष पहले धरती की स्थिति में न जाने कितने परिवर्तन हुए होंगे। उनके इसी मानक के आधार पर तो वर्तमान के सभी अन्य धर्म-प्रवर्त्तक भी कुछ काल के बाद अस्तित्वहीन सिद्ध हो जाएँगे।'' मधुसूदन के चेहरे पर वितृष्णा का भाव था।

''हमें तो लगता है मधुसूदन जी कि ये सब राजनीतिक दाँवपेंच है। वास्तविक धर्म से इनका कुछ लेना-देना नहीं।'' गौरी ने एक निष्कर्ष पर पहुँचते हुए कहा।

''लेकिन आम लोगों के भीतर एक उद्वेलन तो पैदा होता ही है। इस तरह की बातें सुनकर आक्रोश तो होता ही ...ऐ भाई साहब क्या बात है?'' एकाएक मधुसूदन की बातों का सिलसिला टूट गया था और वे ट्रैफिक पुलिस की ओर उन्मुख हो गये जो आटो-ड्राइवर को रोककर दूसरे रास्ते से जाने का संकेत कर रहा था।

''इधर से वन-वे है। उधर से जाइए।'' वह रुखाई से बोला। सामने एक बैलगाड़ी चली जा रही थी, जिस पर आठ-दस भरे हुए बोरे लदे थे। गौरी से बातें करने के मध्य ही मधुसूदन ने इसी ट्रैफिक पुलिस को गाड़ीवान के हाथ से कुछ लेते हुए देखा था।

''बैलगाड़ी कैसे जा रही है आगे?'' मधुसूदन के स्वर में शान्ति होते हुए भी कटाक्ष अधिक था। ट्रैफिक पुलिस को कुछ उत्तर न सूझा तो उसने झल्लाकर जवाब दिया—

''तो आपको भी जाना हो जाइए। हमारी ड्यूटी लगी है इसीलिए, आपको नहीं मानना है तो जाइए। यहाँ के लोगों के लिए लॉ एण्ड आर्डर का क्या मतलब है?''

''आप लोग ईमानदारी से लॉ एण्ड आर्डर मेंटेन करें तब न सिपाही जी? पाँच-दस रुपये के लिए तो आप स्वयं लॉ एण्ड आर्डर को पॉकेट में रख लेते हैं।''

मधुसूदन ने सम्मुख ही उसे लज्जित कर दिया था। वह दाएँ-बाएँ देखने लगा तो मधुसूदन ने आटो-ड्राइवर को आगे बढ़ने का आदेश दिया और स्वयं थोड़ा पीछे खिसक सीट से टेक लगा लिया। उनके माथे पर सिलवटें पड़ी हुई थीं।

गौरी खिलखिलाकर हँस रही थी।

"कमाल के लोग हैं यहाँ, मधुसूदन जी। आपने कह भी दिया, उसने सुन भी लिया, लेकिन एक्शन कुछ नहीं?"

"हुँः।" वे भी धीरे से हँसे थे।

"इतनी कृपणता क्या हँसने में? खुलकर क्यों नहीं हँसते?" गौरी ने मधुसूदन के पैर के घुटने पर अपनी हथेली से एक हल्का धौल जमाते हुए कहा तो मधुसूदन ने चौंककर गौरी की ओर देखा। उन्हें आज महसूस हुआ कि वह सचमुच छोटी-छोटी बातों पर भी बच्चों की तरह खिलखिला कर हँस पड़ती है। खुलकर हँसना और हमेशा उल्लास से भरे रहना ही गौरी की विशेषता है और यही विशेषता उसके सौन्दर्य को भी द्विगुणित करता है। चेहरे और आँखों में हमेशा एक चमक सी कौंधती रहती है। कुछ क्षण के लिए मधुसूदन एकटक उसके मुख की ओर निहारते रह गये थे। गौरी ने टोका—

"अरे, अरे, मधुसूदन जी, मैंने हँसने के लिए कहा था, मुझे देखने के लिए नहीं।" वह पुनः खिलखिला उठी। मधुसूदन एकाएक झेंप उठे।

"ओह सॉरी गौरी जी, लेकिन मैं देख रहा था कि जिस भारत में आकर, जहाँ की भारतीय संस्कृति और धर्म का अध्ययन करके आप अपने जीवन में इतनी प्रसन्न हैं, उसी भारत की संस्कृति और मिट्टी में पले बढ़े लोग इस तरह प्रसन्न क्यों नहीं हो पा रहे हैं? क्या कारण हो सकता है?"

"ओह, यू चीटर। आपने मेरी बात को किस सुन्दरता से घुमा दिया। मैं आपकी फैन हूँ।" वह मुस्करायी।

"सच?" मधुसूदन के स्वर में औपचारिकता भरी थी।

"इस समय आप मुझसे औपचारिक हो रहे हैं?" गौरी ने झट उनका मनोविज्ञान पकड़ लिया।

"ऐसी बात नहीं हैं। हमारी सीमाएँ हमें औपचारिक बनाती हैं। आप कुछ महीनों की मेहमान हैं यहाँ। फिर तमाम तरह के संकोच, दीवारें ...।" कहते-कहते वे चुप हो गये। गौरी चुपचाप उन्हें देखे जा रही थी। आटोरिक्शा तेज गति से अपनी मंजिल की ओर बढ़ रहा था।

"साहब, आ गये हम।" ड्राइवर मे अपना आटोरिक्शा सड़क के किनारे रोक दिया और उतरकर भाड़ा लेने के लिए खड़ा हो गया।

मधुसूदन ने अपने पॉकेट से सौ की एक नोट निकाली थी और उसे ड्राइवर की ओर बढ़ाने लगे कि तभी गौरी ने उनका हाथ नोट समेत पकड़ लिया।

"नो, नो, मधुसूदन जी, मैं दूँगी किराया। इट वाज़ माई प्रपोज़ल टू कम हीयर।"

"सो व्हाट?" मधुसूदन ने धीरे से गौरी का हाथ अपने हाथ से छुड़ाते हुए कहा। उनके स्वर में एक अधिकार भावना थी।

"नहीं, मेरी आत्मा अनुमति नहीं देती इसकी?" गौरी ने पुनः जिद की।

"तो क्या मेरी आत्मा इतनी कमजोर है कि वह मान जाएगी?" वे हँसे थे खिलखिलाकर।

"ओह, तब दीजिए। ...विचित्र सा लगता है यहाँ का यह रिलेशन। प्रतापसिंह के भी पूरे पैसों का हिसाब मंजुलारानी रखती हैं। उन्हें कहीं जाना होता है तो वे उनसे माँगते हैं। फुलझड़ी तक के घर में ऐसी ही व्यवस्था है। वह अपनी सैलेरी ले जाकर अपनी माँ को देती है। हमारे यहाँ ऐसा नहीं है। सबका अपना एकाउंट, सबकी अपनी-अपनी मर्जी। कोई किसी के मामले में हस्तक्षेप नहीं करता।"

"यही मुख्य अन्तर है हमारे और आपके यहाँ की संस्कृति में।" मधुसूदन ड्राइवर को रुपये पकड़ा चुके थे और दोनों बातें करते हुए मठ की ओर बढ़ रहे थे। धूप तेज हो गयी थी। सड़क के दोनों ओर की दुकानों में लोग बैठे हुए बातें कर रहे थे। लस्सी और पान की दुकानों पर इस समय भीड़ अधिक थी।

बारह

गौरी अपने कक्ष में विचार-मग्न बैठी थी। रह-रहकर अपनी डायरी में कुछ लिख लेती और पुनः कलम सहित अपनी हथेली को ठोढ़ी पर टिकाए खुली खिड़की से बाहर देखने लगती। सामने विशाल बरगद वृक्ष पर स्ट्रीट लाइट का धवल प्रकाश बिखरा हुआ था। पत्ते निस्तब्ध और जटाएँ जमीन का स्पर्श करते हुए मानो तपश्चर्या में निमग्न। घोसलों में दुबके पंछी कभी-कभी पंख फड़फड़ा देते तो यह निस्तब्धता क्षण भर के लिए भंग हो जाती।

गौरी ने घड़ी देखी। रात के ग्यारह बज रहे थे। चारों तरफ एक सन्नाटा सा फैल गया था। उसे रात के इस सन्नाटे को चुपचाप देखना बहुत अच्छा लगता था। लेकिन आज तो इतने विचार मस्तिष्क में एक के ऊपर एक इस तरह भहरा रहे थे कि उनको डायरी में उतारे बिना वह चैन ले ही नहीं सकती थी। बगल वाले कमरे में दाऊ जी के सो जाने पर वह उठकर अपने कक्ष में चली आयी थी। माँ की चिट्ठी पाकर आज वह उद्वेलित थी। दाऊजी ने लिफाफे को बिना खोले ही उसकी ओर बढ़ा दिया—

"शायद तुम्हारे लिए।" उन्होंने निस्पृह भाव से कहा।

उसने कौतूहल से जल्दी-जल्दी लिफाफा खोला। अन्दर माँ का पत्र था। सचमुच उसी के नाम। अपने भीतर अकेलेपन से भयाक्रान्त नारी की मनोव्यथा। मि. अल्फ्रेड से भी तलाक हो जाने और छोटे बेटे को अपने साथ ले जाने की चर्चा। ऐसे में याद आयी थी बिछुड़ी हुई बेटी और उसी के बहाने मि. मॉडवेल। पढ़ते-पढ़ते एक हूक सी उठी थी गौरी के सीने में। आँखें डबडबा आयीं। आगे के अक्षर धुँधलाने लगे थे। धीमे से सहलाया था उसने अक्षरों को। बिलकुल कोमल से शब्द। वह उन्हें टटोल सकती थी अँधेरे में भी। महसूस कर सकती थी माँ का स्पर्श-गन्ध।

"यहाँ का पता तुमने भेजा था?" दाऊ जी का गम्भीर स्वर गूँजा।

"जी।" वह निर्विकार खड़ी थी।

"हूँ।" उनके गले से एक हल्की हुंकार उभरी थी।

"आप भी पढ़ेंगे? बहुत अकेली हो गयी है ममा।" उसने पत्र वाला हाथ आगे

बढ़ाया।

"रख दो। बाद में पढ़ लूँगा।" उन्होंने निर्देश दिया और धम्म से अपने बिस्तर पर बैठ गये।

"खाना मँगाऊँ?" उसने घड़ी की ओर देखते हुए पूछा। दिन के बारह बजने वाले थे।

"आज मन उद्विग्न है। फल का रस ले लूँगा। तुम खा लो।" वे अधलेटे से हो गये।

"क्यों? आज सुबह की सारी परिस्थितियों से या फिर ममा का पत्र देखकर?" उसने कुरेदा।

"किसी भी परिस्थिति को अलग-अलग करके नहीं देखा जा सकता। एक ही समय के भीतर की उलझी हुई तमाम ग्रन्थियाँ हैं ये।" उनका स्वर संयत था।

रात में भी उन्होंने खाने में कुछ नहीं लिया। बस टमाटर का सूप पीकर लेट गये। कुछ देर तक वह उनके कक्ष में बैठी टी.वी. से खिलवाड़ करती रही थी। वे सोने का उपक्रम कर रहे थे। उसने उनके कक्ष की बत्ती बुझाई और नाइट लैम्प जलाकर अपने कमरे में आ गयी थी। ए.सी. चलने के कारण उसका कमरा पर्याप्त ठंडा हो गया था, इसलिए उसने उसका स्विच बन्द किया और सामने की खिड़की खोल ली। ऊपर पंखा धीमी गति से चल रहा था और वह आज की महत्त्वपूर्ण घटनाओं को अपनी डायरी में अंकित करने लगी—

"आज सुबह दाऊ जी के साथ घूमने निकली थी। सबसे पहले चाइना मन्दिर में हम गये। चीनी स्थापत्य कला का एक जीता जागता नमूना। हमारे साथ मधुसूदन जी भी थे। किसी से सुन रखा था कि मन्दिर के पीछे भारत माता की विशाल प्रतिमा है, जहाँ तक पहुँचना सबके लिए सम्भव नहीं। मैं अपना कौतूहल दबा नहीं पा रही थी। पूरे मन्दिर परिसर में एक रहस्यमय सी खामोशी लेकिन वैसी नहीं जैसी वज्र विद्या संस्थान में जाने पर महसूस हुआ था, या जैसा तिब्बती मन्दिर में जाने पर हुआ था। तन्त्र और मन्त्र का स्पष्ट प्रभाव इन दोनों मन्दिरों में दिखाई पड़ा। एक ऐसा रहस्यमय सन्नाटा जो झुरझुरी-सी भर दे बदन में। शायद पहली बार जाने पर ही ऐसा लगता हो। बार-बार जाते रहने पर अभ्यस्त सा हो जाता होगा मन। दोनों ही मन्दिरों में जाने पर उलझाव की दो गाँठें और बढ़ीं। दाऊ जी चुपचाप देखे जा रहे थे। अपनी पारम्परिक स्थापत्य कला के साथ निर्मित वज्र विद्या संस्थान में मुख्य मन्दिर के सामने इन्द्र और ब्रह्मा की आदमकद प्रतिमाएँ विनीत मुद्रा में बैठी दिखाई गयी हैं। महाभारत काल के कुछ पात्र बिलकुल गेट के पास द्वारपाल के रूप में स्थापित। यानी बुद्ध को खींच तान कर और पीछे के काल तक ले जाने की कोशिश।

तिब्बती मन्दिर में बुद्ध की विशालकाय प्रतिमा के दोनों तरफ शीशे के

आदमकद शो-केस में लगी लगभग नौ सौ छियानवें छोटी-छोटी बुद्ध की प्रतिमाएँ। पूछने पर वहीं परिसर में रहने वाली भिक्खुनी ने टूटी-फूटी हिन्दी में बताया—ये चौथे बुद्ध हैं। अब तक चार बुद्ध हो चुके। अभी नौ सौ छियानवें बुद्ध और होंगे।

दूसरी ओर मूलगन्ध कुटी विहार के बगल में पंचवर्गीय भिक्खुओं के आस पास शीशे के सुन्दर शो-केसों में सत्ताइस विभिन्न नामों वाले बुद्धों की प्रतिमाएँ सजी हुई थीं। ये पूर्व में हुए वे सत्ताइस बुद्ध हैं, जिन्हें ज्ञान प्राप्त हो चुका था। शाक्यमुनि गौतम अट्ठाइसवें बुद्ध। भविष्य में मैत्रेय बुद्ध के जन्म लेने की कहानी और एक उनके नाम का मन्दिर भी देखने हम गये।

मैं दाऊ जी की ओर बराबर देख रही थी। वे उलझन में पड़े हुए थे। मैं सोच रही थी, इनमें से किस पर विश्वास किया जाय? यहाँ भी तो वही उलझन जिसके लिए सनातन धर्म की आलोचना की जाती है, जबकि वहाँ तो यह पूरी सृष्टि उस एक सत्य की अभिव्यक्ति है। चेतना के विभिन्न स्तरों पर जड़, जंगम और मानव हैं जिनका परम उद्देश्य उस सत्य का साक्षात्कार है। एक स्पष्ट उद्देश्य है उस धर्म का। उसे कोई सन्त बताए या पन्थ बताए या स्वयं अवतार लेकर ब्रह्म ही उसका पथ-प्रशस्त करें। लेकिन यहाँ सृष्टि के अन्य प्राणियों और वनस्पति जगत् के बारे में कोई स्पष्ट अवधारणा नहीं मिलती। सनातन धर्म में कोई भी आत्म-परिष्कार करने के लिए प्रयासरत हो सकता है, अधिकारी होता है। लेकिन यहाँ बुद्धों की संख्या सीमित है। चन्द्रमा की ओर इंगित करने वाली तर्जनी को ही चन्द्रमा समझ लिया लोगों ने।

परसों मधुसूदन जी के साथ गुरुजी के आश्रम में पहुँची थी। बहुत सी जिज्ञासाओं का समाधान वे यूँ भी करते रहते हैं। मैं और मधुसूदन जी गुरुजी को नमन करके कक्ष में उनके आसन के सम्मुख भूमि पर बिछी चटाई पर बैठ गये थे। गुरुजी का मुखमंडल शान्ति और उजास से भरा हुआ था। आँखों से लगातार स्नेह की निर्झरिणी सी बह रही थी। उन्होंने संकेत से मधुसूदन जी का परिचय पूछा था।

''जी मैं मधुसूदन हूँ। गौरी जी के साथ आपके दर्शन करने आया हूँ।'' शिष्टताभरी उनकी वाणी से गुरुजी के चेहरे पर एक मन्द मुस्कराहट उभरी थी। उन्होंने अपनी श्वेत जटाओं और लम्बी दाढ़ी पर क्रम से हाथ फिराया था और मेरे शोध के बारे में पूछने के बाद हम लोगों की जिज्ञासा पूछी।

मैंने ही प्रारम्भ किया था— ''गुरुजी, आज धर्म के सामने कई तरह की चुनौतियाँ हैं। एक धर्म दूसरे धर्म के लिए ही चुनौती बना हुआ है। क्या होना चाहिए?''

उन्होंने शान्त भाव से जवाब दिया—''आज परिदृश्य बदल गया है। अब धर्म

के सामने दूसरा धर्म चुनौती नहीं है बल्कि भोगवाद, नास्तिकता और आधुनिकता की अन्धी दौड़ चुनौती है। इन चुनौतियों से सभी धर्मों को एकसाथ टकराना है। आज धर्म की परिभाषा त्रुटिपूर्ण ढंग से करने के कारण बहुत से आधुनिक विचारधारा के लोग कहते हैं कि धर्म हमें क्या दे सकता है? इसलिए हम अपनी अगली पीढ़ी को किसी धर्म की शिक्षा नहीं देंगे। तो नास्तिकता की समस्या इस समय धर्म के सम्मुख सबसे बड़ी चुनौती है।''

''धर्म क्यों आवश्यक है, गुरुजी?'' मधुसूदन ने एक सहज किन्तु बहुत ही प्रासंगिक प्रश्न किया था। गुरुजी मुस्कराए थे। कुछ क्षण रुककर उत्तर दिया—

''स्थूल रूप में यह कहा जा सकता है कि सांसारिक उपलब्धियाँ जीव का साथ शरीर धारण तक ही देती हैं, किन्तु धर्म इस लोक के पार तक आत्मा के साथ होता है। संसार में अर्थ, काम, पद प्रतिष्ठा, या अन्य सभी विषयों की प्राप्ति में ईर्ष्या, द्वेष, स्पर्धा, अशान्ति प्रत्यक्ष है, किन्तु धर्म ही ऐसा तत्त्व है, जो निरापद, शान्तिकारक मोक्षसाधक और अनस्पर्ध है। अपने धर्म-प्राधान्य के कारण ही भारतभूमि स्वर्गापवर्गास्पदहेतुभूता कही गयी है। इसीलिए भूत, भविष्य और वर्तमान तीनों को एक बिन्दु पर करके देखने वाले हमारे अन्वेषक ऋषियों एवं साधकों ने केवल धर्म की व्याख्या की है, प्रपंचात्मक विश्व की नहीं। धर्म ही वह तत्त्व है, जो मनुष्य और पशु की पहचान पृथक्-पृथक् रूप में करवाता है—

आहार-निद्राभयमैथुनं च सामान्यमेतत् पशुभिर्नराणाम्।
धर्मो हि तेषामधिको विशेषो धर्मेण हीनाः पशुभिः समानाः।।''

मैंने जल्दी-जल्दी अपनी डायरी में इस श्लोक को लिखा और गुरुजी के सम्मुख अपनी दूसरी जिज्ञासा रखी—

''गुरुजी कभी-कभी किसी को लग सकता है कि उसे ज्ञान हो गया है। शास्त्रों के अध्ययन और गुरु के अध्यापन के बाद जो ब्रह्म-ज्ञान होता है, क्या उसे वास्तविक ज्ञान नहीं मानेंगे?''

मेरे प्रश्न पर गुरुजी कुछ देर मौन रहे। आँखें बन्द कर क्षण भर को विचारमग्न हुए थे और अगले पल बोले—

इस प्रकार के लोग उच्च कोटि के भाव-राज्य का चिन्तन करते हैं। चारित्रिक धरातल पर मन और इन्द्रियों को संयमित न रखने वाला, चित्त की स्थिरता का अभ्यास न करने वाला, चंचल मन का व्यक्ति केवल बुद्धिबल से आत्मा को प्राप्त नहीं कर सकता। इसीलिए कठोपनिषद् में कहा है—

नाविरतो दुश्चरितान्नाशान्तो नासमाहितः।
नाशान्तमानसो वापि प्रज्ञानेनैनमाप्नुयात्।।''

"गुरुजी, मनुष्य कैसे समझे कि वह अब ज्ञान का अधिकारी हो गया है?" मधुसूदन ने अगला प्रश्न किया।

गुरुजी ने उदाहरण देते हुए स्पष्ट किया—

"जैसे मनुष्य दर्पण देखकर स्वयं को परखता है और पुनः सजाता सँवारता है उसी तरह आदर्श चरित्रों के दर्पण के सम्मुख स्वयं को रखना चाहिए। आत्म-समीक्षा करके देखना चाहिए कि हम कहाँ तक इन सद्‌गुणों को अपने अन्तःकरण में ला सके हैं? हमारा चरित्र कितना पशुओं से तुल्य है और कितना सत्पुरुषों के तुल्य है? केवल पुस्तकीय ज्ञान को आत्म-ज्ञान मान लेना काल्पनिक है। शास्त्रों को पढ़ने मात्र, मतमतान्तर या तर्क द्वारा भी धर्म की प्राप्ति नहीं होती। धर्म-प्राप्ति के लिए उसका साक्षात्कार करना होगा, ऋषित्व प्राप्त करना होगा। यह ऋषित्व प्राप्त करना ही मोक्ष है; अर्थात् जिसने सत्य का साक्षात्कार कर लिया हो।"

"आखिर उस सत्य को सामान्य मनुष्य कैसे पहचाने गुरुजी?"

मुझे अपने शोध के लिए महत्त्वपूर्ण बिन्दु मिल रहे थे।

गुरुजी बता रहे थे—

"सत्य सबके भीतर प्रतिभासित हो रहा है। इन्द्रियाँ उसी के लिए कार्य कर रही हैं आँखें, कान, जिह्वा आदि स्वयं के लिए दृश्य, स्वर या स्वाद का अनुभव नहीं करतीं। ये सारे व्यापार किसी के लिए किये जाते हैं। मन, इन्द्रियाँ अथवा पञ्चभूतों का आवरण हटाकर उसी सत्य का अन्वेषण करना धर्म का आधार है।"

"कर्मकाण्ड और उपासना पद्धति इसमें कौन सी भूमिका निभाता है?" मधुसूदन जी का प्रश्न मेरे लिए भी उपयोगी था। ऐसा लग रहा था जैसे वे भी उसी दिशा में चल रहे हैं जिधर मैं।

गुरुजी ने सहज भाव से समझाया—

"देखो, किसी उद्देश्य की प्राप्ति के पूर्व उस लक्ष्य के लिए एकाग्रता आवश्यक तत्त्व है। इधर-उधर भटकते हुए हम एक लक्ष्य साध नहीं सकते। धनुर्धर को भी अपनी एक आँख बन्द कर दूसरी आँख को केवल लक्ष्य पर केन्द्रित करना होता है तभी तीर अपने लक्ष्य का भेदन कर सकता है। कर्मकाण्ड और उपासना पद्धति साध्य के प्रति अपने चित्त को एकाग्र और एकनिष्ठ करने का आधार बनाती है और आधार के बिना कोई लक्ष्य साधना सम्भव है क्या?" गुरुजी इतिभाव के साथ मुस्कराये।

मैं समझ गयी थी कि अब उनके विश्राम का समय हो गया है। वैसे भी हम लोगों को पहुँचने में किंचित् विलम्ब हो गया था। मधुसूदन जी के फ्लैट पर चाय की चुस्कियों और बातचीत में समय का ध्यान ही न रहा। मधुसूदन जी अच्छे लगते हैं मेरे हृदय को।"

× × ×

कुछ देर के लिए गौरी ने अपनी कलम रोक ली और उसे अपनी ठोढ़ी से सटाए बाहर देखने लगी। उसके ओठों पर एक स्नेह-सिक्त मुस्कराहट अठखेलियाँ करने लगी थी। रात की नीरवता गहरा रही थी। उसके भीतर एक अनजाने से उल्लास ने अँगड़ाई ली थी। उँगलियाँ पुनः मचल उठीं कुछ लिखने के लिए। उसने माथे पर गिर आयी बाल की एक लट को बाएँ हाथ की उँगली से ऊपर की ओर झटका था। दाहिने हाथ की तर्जनी और अँगूठे के बीच फँसी लेखनी स्वयमेव सफेद पन्ने पर टाँकने लगी—

''मधुसूदन यानी कृष्ण। राधा का कृष्ण। इतनी गोपिकाओं और पत्नियों के बीच भी राधा ही क्यों बनी उनकी आह्लादिनी शक्ति? कृष्ण की बाँसुरी सुन सभी लोक-लाज त्याग खिंची चली आने वाली राधा क्या केवल भारत-भू के लिए ही आदर्श है? नहीं उसका प्रेम सर्वकालिक और सार्वभौमिक है। कृष्ण को पूर्णता में पाना है तो राधा-भाव आवश्यक है। त्याग और समर्पण जरूरी हैं। अध्यात्म जगत से लेकर लौकिक जगत् के लिए भी यही पथ-अभीप्सित है। प्रेम चाहना है आत्मा की, आवश्यकता है अन्तर्जगत की।''

गौरी ने पेन बन्द कर दिया और डायरी को अपनी मेज की दराज में डाल सोने के लिए बिस्तर की ओर बढ़ी। उसकी आँखों में मीठे सपने तैर रहे थे। उसने दोनों बाँहें ऊपर उठा एक अँगड़ाई ली और नाइट लैम्प का स्विच दबा दिया। कमरे में घुप्प अँधेरा फैल गया और वह उसमें आँखें खोले खिड़की से बाहर फैले आसमान को देखने लगी। सड़क पर कुत्तों के भौंकने की आवाज़ें सन्नाटे को रह-रहकर भंग कर रही थीं। सभी लोग नींद में थे। बस जाग रही थी गौरी और जाग रहे थे एम. अलभ्यानन्द, अपने-अपने कक्ष में।

तेरह

झगड़ा होते देख फुलझड़ी के पाँव वहीं ठिठक गये। बुद्ध मन्दिर के गेट के सामने ही गाली-गलौज हो रहा था। सड़क के एक किनारे विदेशी पर्यटकों से भरी बस खड़ी थी। ग्राहक बिगाड़ने के सवाल पर पर्यटक, गाइड और स्थानीय लड़कों के बीच ठन गयी थी। अबे तबे से होकर एक-दूसरे की माँ बहनों के साथ अपने पाशविक सम्बन्ध बनाने तक के वर्णन खुले, खुले उछलने लगे। तमाशा देखने वालों की भीड़ आस-पास जुट आयी। विदेशी पर्यटक बिना कुछ समझे बिटिर, बिटिर उन सबके उठते गिरते हाथ और झाग फेंकते ओठों से निकल रही तीखी ध्वनि सुनकर झगड़े का अनुमान लगा रहे थे। कुछ पर्यटक इस दृश्य को अपने कैमरे में उतार रहे थे तो भीड़ में खड़े कुछ तमाशाई अपनी कालर वगैरह ठीक कर उनके कैमरे में अच्छी मुद्रा में आने के लिए तन कर खड़े हो गये। फुलझड़ी उचक-उचककर अपने भाई बचाऊ को खोज रही थी। झगड़ा करने वाले अधिकांश लड़के उसी की बस्ती के थे। हरचरण जोर-जोर से चिल्ला रहा था—

"हम लोगों का ग्राहक बिगाड़ रहे हो और अपना मलाई काटोगे?"

"दिस गाइड ब्रोकर। हैवी कमीसन... फराम होटल।" बुद्धू बस में बैठे एक विदेशी को जल्दी-जल्दी अपनी टूटी-फूटी अंग्रेजी में समझा रहा था।

"ओह...।" वह विदेशी महिला आश्चर्य और सहमति में सिर हिलाने लगी।

"निस्सो मोनो बुद्धा?" एक दूसरी महिला पर्यटक से तूफानी पूछ रहा था। झगड़े के बीच में वह अपना माल बेच लेना चाह रहा था। उसके हाथ में बुद्ध की छोटी सी पुरानी दिखने वाली मूर्ति थी जिसे वह बार-बार अपनी पैन्ट की जेब से थोड़ा सा बाहर निकाल कर दिखा रहा था और पुनः रख लेता। विदेशी महिला ने इनकार में सिर हिलाया और सामने की ओर देखने लगी। पर्यटक-गाइड अपनी पोल खुलते देख आपे से बाहर हो गया था और उसने बुद्धू का कालर पकड़कर झिंझोड़ दिया—

"क्या है बे, बड़ा अंग्रेजी बोल रहा है? होटल से कमीशन खाता हूँ, तेरी तरह

बुद्ध धरम का हाथ पैर तोड़कर नहीं न खाता हूँ।''

''अरे, अरे, कालर पकड़ता है बे। अरे यार देख तो।''

हरचरना के ललकारने पर तीन-चार युवक पर्यटक गाइड की ओर झपटे थे, किन्तु वह लपक कर बस में चढ़ गया और बस का दरवाज़ा बन्द कर लिया। मौके की नजाकत को देखते हुए ड्राइवर ने भी इंजिन स्टार्ट कर दिया। बस के स्टार्ट होते ही भीड़ दाएँ-बाएँ हो गयी और हरचरना की फौज की गालियाँ और तेज हो गयीं। भीड़ हँस रही थी। उन सबका उत्साह बढ़ रहा था। वे दुगुने वेग से विदेशी पर्यटकों को भी गालियाँ बक रहे थे। गेट के सामने खड़ा चौकीदार मुस्करा रहा था।

उसी भीड़ में फुलझड़ी इधर-उधर नज़र दौड़ा रही थी बचाऊ को ढूँढ़ने के लिए। एकाएक सड़क पर एक किनारे खड़े दाऊ जी पर उसकी दृष्टि गयी। दाऊ जी कुछ देर से खड़े थे शायद। झगड़े और भीड़ के कारण रास्ता अवरुद्ध हो गया था।

''आप दाऊ जी? गौरी दीदी कहाँ?'' वह उनके पास चली गयी।

''गौरी गेस्ट हाउस में है। कुछ लिखना था उसे। तुम कहाँ?'' उनका स्वर संयत था।

''हम ईहाँ बचाऊ को ढूँढ़ रही हूँ। हमरा भाई।'' उसने पुनः इधर-उधर दृष्टि फिराई।

''यहाँ क्या हो रहा था?'' एम. अलभ्यानन्द की मुद्रा गम्भीर थी। झगड़े का कारण कुछ-कुछ ही उनकी समझ में आ पाया था। अपशब्दों और चीखने चिल्लाने में और कुछ स्पष्ट ही नहीं हुआ। भीड़ के कारण वे मन्दिर तक नहीं पहुँच सके थे अतः वहीं एक ओर ठिठक गये। फुलझड़ी किसी बुजुर्ग की तरह उन्हें समझाने लगी—

''होगा का दाऊ जी, ई अब फुकौना ऐसे ही लड़ते-मरते रहते हैं रोज। कभी वो उसका गहकी माने कि ग्राहक बिगाड़ेगा, कभी वो उसका। ई सब अपना बुद्ध जी का मूर्ति बेचना चाह रहे थे विदेशियन को तो गइडवा उन सबको समझा दिया कि नकली है, एन्टीक नहीं है। बस, ऊ सब भी भड़क गये। कह दिया कि आप लोगों को फुसलाकर होटल वाले से मोटा कमीसन खायेगा ई गाइड। अब दुन्नों लोगों का धन्धा चौपट हुआ न दाऊ जी? ऊ सब विदेशियन अब किसी पर विश्वास करेंगे? नहीं न?'' समझाते-समझाते वह भी गम्भीर हो उठी।

''हूँ। कोई और काम ये लोग नहीं करते?'' एम. अलभ्यानन्द ने अपनी जिज्ञासा प्रकट की।

''नहीं दाऊ जी, यही काम है इन सबका। पढ़ाई-लिखाई किये ही नहीं सब तो क्या करेंगे? शुरुऐ से संगत में पड़कर दारू, मुर्गा, गाँजा, भाँग ...।''

एकाएक उसे कुछ याद आया तो घबड़ा उठी। बाऊ ने उसे घर से पचास रुपए

का नोट देकर भेजा था कि वह जाकर बचाऊ को दे दे और उससे कहे कि झट से सिंहपुर वाले दारू के ठेके से एक पाउच लैला या नूरी लेता आये और साथ में चिखना भी। देर होने पर वह तो पूरा घर ही सिर पर उठा लेंगे। फुलझड़ी एम. अलभ्यानन्द से बिना कुछ बोले ही बचाऊ को ढूँढ़ने के लिए सारनाथ के लॉन की ओर लपक ली। उसके पीछे- पीछे एम. अलभ्यानन्द मद्धिम कदमों से मूलगन्ध कुटी विहार की ओर बढ़े थे। उनके चेहरे पर चिन्ता की रेखाएँ विराजमान थीं।

फुलझड़ी इधर-उधर देखती हुई खँडहर की ओर जाने वाले रास्ते पर मुड़ी। सुबह के समय बहुत से पर्यटक इधर घूमने आते हैं, इसलिए मूर्ति और खिलौने बेचने वाले लड़कों के झुंड के साथ ही बचाऊ भी यहीं कहीं होगा। हंसू के साथ रहते- रहते वह भी पक्का लोफड़ हो गया है। हरामी कहीं का।

फुलझड़ी ने मन ही मन खीझकर बचाऊ को एक गाली दी। अपनी सलवार को दोनों हाथों से पकड़कर ऊँचा उठाते हुए उसने समीज के ऊपर से ही खोंस लिया और खुल गये रिबन को चोटी में फिर से बाँधने लगी। मुट्ठी में पचास की नोट दबी हुई थी। धम्मेक स्तूप से कुछ ही दूर पर स्थित पत्थर के पुराने मंडप के पास पहुँच कर वह ठिठक गयी थी। दूर-दूर तक फैले ऊँचे-नीचे खँडहर में कहीं-कहीं पर्यटकों के झुंड दिखाई पड़ रहे थे। आस-पास मूर्ति बेचने वाले लड़के भी घूम रहे थे पर उनमें बचाऊ नहीं था। वह चिन्तित हो उठी। देर होने पर बाऊ तो उसकी साँसत ही कर डालेंगे। अम्मा भी घर पर नहीं थीं और अभी उसे काम पर जाना है। मंजुला भाभी की तबियत थोड़ी खराब थी। आज सवेरे ही बुलाया था उन्होंने लेकिन सुबह-सुबह ही बाऊ को दारू का नशा चटक गया। हुं:, न कोई काम न धाम। बस खटिया तोड़ता रहा है दिन भर। अम्मा हाड़ तोड़ मेहनत न करे तो मुँह में एक कौर न जाए किसी के। मंजुला भाभी वाली तनख़ाह तो बाऊ से छिपाकर वह गेहूँ वाले कुंडा में एकदम नीचे गठिया कर रख देती है। कभी-कभी दवा-दारू के लिए भले कुछ निकाल ले लेकिन खाने पीने के लिए तो कभी नहीं खरचती। भले ही एक बेला उपवास हो जाए। कहती है इस पैसे को जुटाकर एक पियरी नथुनी में ही मैं अपनी फुलझड़िया को विदा कर दूँगी। हंसू की माई से बतिया रही थी अम्मा तो वह भी सुन ली।

फुलझड़ी अपने विवाह की बातें सोचकर झेंप उठी थी। अम्मा कितनी अकेली हो जाएगी। दोनों बहनों के अपनी ससुराल चले जाने के बाद चूल्हा चौका तो उसने सँभाल लिया था। अम्मा कहती है कि उससे दिन भर बाहर-बाहर चाहे जितना खटवा लो, लेकिन चूल्हा फूँकने में उसे आलस आता है। कभी कभी मिट्टी का तेल कोटा से इफरात मिल जाता है, तो वह पुराना वाला स्टोप जलाकर चाय खौला लेती है, बस्स। खाना तो उसे ही लकड़ी वाले चूल्हे पर बनाना होता है। फू-फू करते गला सूख जाता है। आँखें धुएँ से कड़ुआ जाती हैं। एक दिन ओढ़नी से आँखें

रगड़ती हुई वह दलान में आ गयी थी तो बाऊ ने देख लिया। उसके पास आकर सटकर खड़ा हो गया। दारू की भभक उठी थी उसके मुँह से।

''तुम्हारा आदमी तुमको बहुत मानेगा इसीलिए धुआँ लगता है इतना।'' वह खी-खी कर हँस पड़ा। संकोच में कुछ न बोली थी वह। बस आँख रगड़ना छोड़ उसने बाऊ की तरफ देखा भर था कि उसने झपटकर उसे अपनी गोद में भर लिया और लड़खड़ाते हुए बोला—

''तेरी आँखें देखकर लग रहा है जैसे दो बोतल चढ़ाकर आयी है रे। एकदम लाल-लाल आँखें। बिलकुल किसी नशीली हिरोइन की तरह।'' वह उसे और तेजी से भींच रहा था और वह कसमसाकर स्वयं को छुड़ाने की कोशिश करने लगी थी तभी कहीं से अम्मा आ गयी थी। उसका तो पारा ही चढ़ गया। बस, आव देखा न ताव, चिल्लाने लगी—

''ई देखा ई सरबिया क। आपन बिटिया नशीली हिरोइन लगत बा। अरे राम रे राम, ई कलजुग...।''

बाऊ का नशा छूमन्तर हो गया था। वह उसे छोड़ अम्मा की ओर बढ़ा और खींचकर एक झापड़ उसके गाल पर जड़ दिया। अम्मा तो बिलबिला उठी। कुछ और जोर जोर से चिल्लाने लगी थी।

''पापी, बेटी बेचवा रे ... अरे खा-खा के साँड़ बना है। तेरे तन में कीड़ा पड़े मुँहझौंसा।'' अम्मा की गालियाँ बढ़ती जा रही थीं और बाऊ का हाथ-पैर भी उसी तेजी से चल रहा था। अगल-बगल की औरतें और बच्चे जुट गये थे। अम्मा जोर-जोर से चिल्ला रही थी—

''पंचों, दू ठो बेटी कइसों पार हो गयीं। फुलझड़िया को भी आपै लोग पार करो भइया। ई पपिया त दारू के नशा में बेटी-बहिन भी ...।''

अम्मा आँचल में मुँह ढँक राग कढ़ाकर रोने लगी थी। घिन्न और लाज के मारे वह भीतर वाली कोठरी में जाकर खटिया पर गिर पड़ी थी। उसे अम्मा बाऊ का यह रोज-रोज का नाटक अच्छा नहीं लगता था। बाऊ की जरा सी ऐसी हरक़त पर अम्मा चिल्ला चिल्लाकर पूरी बस्ती को सुना डालती, वहीं हंसू की हरकत पर वह उसे ही डाँट देतीं।

''चुप रह, ऊ अइसा नहीं है। बचाऊ को छोटे भाई की तरह मानता है। तुझको बहिन की तरह देखता है। तू संका करती है उस पर।''

वह खिसियाकर चुप हो जाती और हंसू का मन दिनों दिन बढ़ता जाता।

धम्मेक स्तूप के पास बीस-पचीस लोगों का एक समूह आकर खड़ा हो गया था। पुरुषों में अधिकांश ने धोती कुर्ता पहन रखा था और कन्धे पर गमछा लटक रहा था। महिलाएँ साड़ी और ब्लाउज में थीं। इस झुंड के साथ एक संन्यासी थे जिनका

चीवर कत्थई रंग का था। फुलझड़ी उन सबको ध्यान से देखने लगी। संन्यासी उन लोगों को समझा रहे थे—

"भगवान् बुद्ध ने यहीं पर अपने पाँचों शिष्यों को पहला उपदेश दिया था। उन्होंने कहा—भिक्षुओ! दुख आर्यसत्य है। जन्म भी दुख है, बुढ़ापा भी दुख है, मरण भी दुख है, रोग भी दुख है। अप्रियों का मिलना दुख है, प्रिय लोगों का बिछुड़ना भी दुख है। इच्छा करने पर किसी चीज़ का न मिलना भी दुख है...।" वे धाराप्रवाह बोल रहे थे।

"अ डाढ़ा लागो रे, एहूँ जब सब दुखै दुख है तो का फायदा धरम बदलले।" पीछे खड़ी एक औरत अपने पास वाली से फुसफुसाई थी। फुलझड़ी के ओठों पर एक हँसी रेंग गयी। वहीं लॉन में नरम दूब पर धीरे-धीरे चहलकदमी करते एम. अलभ्यानन्द भी ठिठक गये थे। उन्होंने उस महिला की बात और फुलझड़ी की हँसी सुनी थी। उनके शान्त मुखमंडल पर एक आभा विराजमान थी जिससे किरणें निकलकर दूसरों को भी विभोर कर रही थीं। धीरे-धीरे पग धरते हुए वे उस समूह के सामने आकर खड़े हो गये और प्रवचन कर रहे भन्ते से उन्मुख हुए—

"भिक्खु! इन्हें केवल प्रथम आर्यसत्य के बारे में ही नहीं, बल्कि द्वितीय, तृतीय और चतुर्थ के बारे में भी बताओ अन्यथा ये दिग्भ्रमित होंगे।" उनकी वाणी में एक ऐसा ओज था कि सभी मन्त्रमुग्ध से उनकी ओर देखे जा रहे थे। स्वयं उपदेश कर रहे भन्ते भी उनकी ओर एकटक निहारने लगे। फुलझड़ी दाऊजी को देखकर मुस्करा रही थी। एम. अलभ्यानन्द ने समूह को सम्बोधित करते हुए स्वयं ही बताना प्रारम्भ किया—

"तीसरा आर्यसत्य है दुखों का अन्त। अज्ञान मिट जाने पर दुख समाप्त हो जाता है और शान्ति तथा आनन्द का उदय होता है। चौथा आर्यसत्य है—दुखों के नाश का उपाय और वह मार्ग है श्रेष्ठ अष्टांगिक मार्ग।"

"चल बे, ई सब विदेशी ना हउअन, एहरे कत्तौ क हउअन। ईहाँ न बिकी।" मूर्ति बेचने वाले दो लड़के वहाँ से निराश होकर लौटने लगे थे। फुलझड़ी ने उन सबको रोककर पूछा—

"हे भइया, बचाऊ कहीं ...।" उसकी बात पूरी होने से पहले ही वे लड़के "भक्क, हम का जानी", कहते हुए खँडहरों में दूसरी ओर मुड़ गये। फुलझड़ी भी उधर की ओर ही मुड़ी। यहीं कहीं आस-पास ही होगा बचाऊ। सोचते हुए वह एक छोटे से टीले पर चढ़कर अपनी आँखों पर हथेली से आड़ किये दूर-दूर तक दृष्टि दौड़ाने लगी।

"हूऽऽ!" एकाएक पीछे से आयी इस भयानक आवाज़ से चौंककर वह टीले

से लड़खड़ाते-लड़खड़ाते बची। पीछे मुड़कर देखा तो हंसू पैंट की जेब में हाथ डाले खड़ा मुस्करा रहा था। दोनों जेबें मूर्ति रखने से ऊपर तक फूली हुईं थीं। पान की पीक ओठों के किनारों से बह-बहकर खुरदुरी दाढ़ी में समा गयीं थीं। बाल उलझे-उलझे और आँखें लाल। फुलझड़ी ने गुस्सा होते-होते स्वयं को रोक लिया।

"बचाऊ, हियाँ कहीं दिखाई पड़ा है?" उसने रुखाई से पूछा।

"हाँ, उधर मूर्ति बेच रहा है।" हंसू ने उंगली से दूसरे खँडहर की ओर संकेत किया।

"जरा बुला दोगे।" वह नरम पड़ गयी।

"क्या काम है?"

"बाऊ के लिए सौदा लाना है।"

"क्या?"

"बस ऐसे ही।"

"अरे तेरे बाऊ का सौदा सुबह-सुबह क्या होगा, हम जानते हैं। छिपाती क्या है रे?" वह हँसा था।

"बुला दोगे कि...।" वह फिर रूखी हो उठी।

"अब एक बार जाऊँ, फिर आऊँ। देर होगी। चल तुझे ही लेता चलूँ वहाँ।" वह आगे-आगे चल पड़ा। लाचार सी फुलझड़ी भी उसके पीछे-पीछे बचाऊ को खोजने चल पड़ी।

"कभी इधर खँडहरों में घूमी है तू फुलझड़िया?" हंसू ने ठहरकर पूछा।

"नाहीं। का मतलब?" वह चौंकन्नी हो उठी।

"अरे देस विदेस के लोग यहाँ आते हैं देखने, पूजा करने और तू यहीं रहकर बस गेस्ट हाउस से बस्ती, बस्ती से लॉन...।" वह उसके अगल-बगल चलने लगा।

"... ... ..."। वह चुप थी। सचमुच वह खँडहरों में आज तक नहीं घूमी थी। दूर से ही टूटी-फूटी ईंटें और दीवारें देखकर लौट जाती थी वह।

"आज चल तुझे खँडहर घुमा दूँ। दो टिकट है मेरे पास।" हंसू ने ऊपरी जेब से दो टिकट निकाल कर दिखाया।

"क्या? ई खँडहर के लिए टिकट?" वह हैरान हो उठी।

"तब क्या, मुफत में घूमते हैं लोग?" वह प्रसन्न हो रहा था कि आज फुलझड़ी कम से कम उसकी बातें सुन तो रही है। नहीं तो उसे देखते ही कनकट्टी बिलार की तरह बिदककर भाग जाती है।

"कहाँ है बचाऊ?" फुलझड़ी अकुलाकर पूछ रही थी।

‘‘आ, खोजता हूँ न? कहीं फाँसी पर चढ़ाने तो नहीं जा रहा हूँ तुझे?’’ वह फिर हँसा। उसका हँसना फुलझड़ी को जरा भी अच्छा नहीं लग रहा था।

सामने के टूटे-फूटे खँडहर की फर्श पर एक विदेशी महिला पेट के बल रेंगते हुए कुछ बुदबुदा रही थी। घिसटने के कारण उसकी स्कर्ट घुटनों से ऊपर तक खिसक गयी थी लेकिन वह इन सबसे बेपरवाह धीरे-धीरे पेट के बल चलते हुए सामने की दीवार को हाथों से छू लेना चाह रही थी। फुलझड़ी को याद आया था— एक बार बचाऊ को माता माई निकली थीं। बहुत हालत खराब हो गयी थी तो अम्मा ने पड़हरिया वीर बाबा से मनौती मानी थी। ठीक हो जाने पर ऐसे ही बस्ती से लेट लेटकर पड़हरिया वीर तक गयी थीं और पियरी कड़ाही चढ़ाया था।

‘‘ई देखो, घुसकुरिया मार रही है।’’ हंसू ने जोर से कहा।

‘‘अरे, वो सुन लेगी तब?’’ फुलझड़ी घबड़ा उठी।

‘‘उसकी भाषा तुम समझती हो? नहीं न? तब वो हमारी भाषा क्या जाने? हम लोग तो दिन भर ऐसे ही मौज लेते हैं।’’ उसने अपनी बड़ाई की।

‘‘ईहाँ कोई देवी-देवता हैं का?’’ वह अपनी उत्सुकता न रोक सकी।

‘‘अरे, असली बुद्ध जी का मन्दिर यहीं था पहले। हजारों साल पहले। ऊ नया मन्दिर तो सौ-पचास साल पहले बना होगा। इसलिए यहीं पर असली दर्शन पूजन करने आते हैं लोग।’’ अपने ज्ञान की पिटारी खोल वह फुलझड़ी को निहारने लगा। फुलझड़ी उस विदेशी महिला को पीछे मुड़-मुड़कर देख रही थी।

‘‘इन लोगों के देस में हम लोगों जैसे डीह बाबा नहीं हैं क्या जो इतनी दूर आते हैं लोग?’’

उसने हंसू से पूछा तो उसे इसका उत्तर कुछ नहीं समझ में आया।

‘‘होते होंगे चाहे, नहीं भी होंगे। आ सँभाल के उतरना यहाँ। अँधेरा हैं। मेरा हाथ पकड़ ले।’’

हंसू ने अपना एक हाथ बढ़ाया था। फुलझड़ी सशंकित हो उठी थी। दोनों तरफ खड़ी दीवारें इतनी ऊँची थीं कि दूर से वे दोनों न दिखाई पड़े किसी को। सामने टूटी-फूटी सीढ़ियाँ नीचे की ओर उतरती चली गयी थीं।

‘‘क्या है ये?’’ उसने हंसू से थोड़ा दूर हटते हुए पूछा।

‘‘सुरंग है। इसमें भी घूमते हैं लोग। इसी में होगा बचाऊ।’’ हंसू के चेहरे पर दूसरा भाव खेल रहा था। फुलझड़ी को इसका आभास हुआ और उसने पीछे खिसकते हुए कहा—

‘‘जाओ, तुम बुला ले आओ। हम एहीं खड़े हैं।’’

‘‘आओ ना। मैं हूँ न साथ। बीघ थोड़े ही फाड़ देगा। आओ।’’ हंसू ने

लपककर उसे कमर से पकड़ अपने घेरे में ले लिया।

"हे, छोड़, ई का कर रहा है रे?" वह गुर्रा उठी।

"चल आज तुझे सुरंग में घुमा दूँ। यहाँ कोई नहीं देखेगा।" उसका स्वर लड़खड़ा रहा था।

"हट पापी कहीं का!" उसने झटके से हंसू का हाथ अपनी कमर से अलग किया और वापस जाने के लिए तेजी से मुड़ी थी। हंसू बौखला उठा था। उसने झपटकर फुलझड़ी को पुनः पकड़ना चाहा लेकिन तेजी से भागती फुलझड़ी की पीछे की समीज ही उसके हाथ में आयी। अचानक इस अवरोध से फुलझड़ी लड़खड़ाकर मुँह के बल गिर पड़ी थी। हंसू भी उसके गिर जाने के कारण अपनी जगह पर थोड़ा सा लुढ़क गया, परन्तु इतनी ही देर में फुलझड़ी बिजली की तरह फुर्ती से उठी और तेज-तेज दौड़ने लगी। उसके मुँह पर ईंटों से खरोचें लग गयीं थीं।

हंसू को गालियों से नवाज़ते हुए वह धम्मेक स्तूप की ओर दौड़ रही थी। वह जल्दी से जल्दी दाऊ जी के पास पहुँचकर सुरक्षित हो जाना चाहती थी। हृदय की धड़कनें दौड़ने और भय के कारण लगातार बढ़ती जा रही थीं। हाथ में पचास रुपये की नोट दबी थी। बाऊ का दारू और चिखना भूल गया था उसे। बस सामने दाऊ जी को उसकी दृष्टि ढूँढ़ रही थी, पर वहाँ न तो दाऊ जी थे और न ही उन आदमियों का झुंड। कुछेक तिब्बती लड़के वहाँ टहल रहे थे। उसका डर थोड़ा कम हुआ। इन लोगों के सामने हंसुआ हरकत नहीं करेगा।

उसने अपनी गति धीमी कर ली और हथेली से चेहरे को सहलाया। चुहचुहा आयीं खून की बूँदें हथेली पर लिप-पुत गयीं। उसे पीड़ा का एहसास हुआ था। अन्दर से रुलाई का एक तेज झोंका आया और वह फफककर रो पड़ी थी। बचाऊ का न मिलना और बाऊ का खूँखार रूप उसकी हताशा में घी का काम करने लगा। वह तेज-तेज कदमों से स्वयं ही दारू के ठेके की ओर बढ़ चली। सुबह का सूरज थोड़ा ऊपर तक चढ़ आया था। मूलगन्धकुटी विहार और आस-पास के परिसर में पर्यटकों की चहल-पहल बढ़ गयी थी।

चौदह

गौरी और एम. अलभ्यानन्द जब प्रतापसिंह रघुवंशी के एन.जी.ओ. बाल कल्याण कार्यालय पहुँचे तो प्रतापसिंह बेचैनी से उनकी प्रतीक्षा कर रहे थे। मलिन बस्ती के आठ–दस बच्चे नंग धड़ंग आस–पास घूम रहे थे।

''आप लोगों को ढूँढ़ने में परेशानी हुई?'' प्रतापसिंह ने उन दोनों की अगवानी में खड़े होते हुए पूछा।

''नहीं, लेकिन थोड़ा पूछना तो पड़ा ही।'' गौरी ने चारों ओर देखते हुए उत्तर दिया। आस–पास फैली गन्दगी और बदबू के कारण वह सहज नहीं हो पा रही थी।

''हे कउआ, जा, वो दोनों कुर्सी यहीं ला दे।'' प्रतापसिंह ने उन बच्चों में अपेक्षाकृत बड़े एक बच्चे को आदेश दिया। वह कुर्सी ले आने के लिए दौड़ पड़ा।

''यही है मेरा छोटा सा स्थान, सर। ये सामने जमीन अपने इसी संस्थान की है। वो दो कमरे किसी तरह बनवा पाया। उसी में इस तरह के जो अनाथ बच्चे या जिनके माता–पिता में से कोई एक नहीं है, उनको रखने और खाने–पीने की व्यवस्था करता हूँ।'' प्रतापसिंह ने बाउंड्री से घिरी अपने आफिस की जमीन एम. अलभ्यानन्द को दिखाते हुए कहा।

''अभी यहाँ कितने बच्चे हैं ऐसे जो अनाथ हैं या जिनके माता–पिता में से... ।''

''जी अभी तो बस सात हैं। आगे व्यवस्था कर सकूँगा तो कुछ और को भी ले आऊँगा। आपने तो देखा ही होगा, यहाँ के रेलवे स्टेशनों और ट्रेनों में जूते साफ करते, झाड़ू लगाते, बोतलें बेचते तमाम अनाथ बच्चे रहते हैं जिनका कई तरह से शोषण होता है। माता–पिता नहीं हैं, इसलिए अपने खाने की व्यवस्था वे स्वयं करते हैं। इसी में तम्बाकू, सुर्ती, शराब सब पीना–खाना सीख जाते हैं। अपराध जगत में भी ... ।''

प्रतापसिंह ने एम. अलभ्यानन्द की बात को बीच में ही लपक लिया था।

उनकी भी बात को काटते हुए गौरी ने पूछा—

"इनका खर्च कहाँ से आता है?"

"उसी की तो समस्या है, गौरी जी। अभी तक तो एक जापान के सज्जन आये थे तो उन्होंने वादा किया था कि वे इनके खाने और पढ़ने का खर्च उठाएँगे लेकिन फंड के नाम पर इतना ही भेज पाए कि बस इन बच्चों को किसी प्रकार भोजन करवा देता हूँ। अब अगर किसी की कृपा हो जाती तो दो-चार कमरे और बनवा देता मैं। इन बच्चों की शिक्षा दीक्षा ...। यहाँ पर अभी तक कोई भारतीय बौद्ध विहार नहीं है, चाहता हूँ कि छोटा ही सही, इन बच्चों को धर्म की दीक्षा भी मिले यहाँ।" प्रतापसिंह का मन्तव्य स्पष्ट था।

कउआ कुर्सी लाकर रख गया था और सामने खड़ा होकर एम. अलभ्यानन्द तथा गौरी को मुग्ध भाव से देख रहा था। तन पर मात्र एक पुरानी पैंट और मटमैली सी टी-शर्ट थी। दाँत सुर्ती और पान खाने से पीले। बाल बिखरे-बिखरे से और आँखों में समय से पहले ही परिपक्वता की झलक।

"लेकिन बौद्ध विहार ही क्यों? इन बच्चों से पूछा है क्या आपने, कि वे किस धर्म में रुचि रखते हैं?" गौरी का प्रश्न एक क्षण के लिए प्रतापसिंह को निरुत्तर कर गया। एम. अलभ्यानन्द के ओठों पर एक मृदु मुस्कान नाच रही थी। कुछ पल बाद प्रतापसिंह हँसते हुए बोले—

"अब गौरी जी, ये तो बच्चे हैं। इन्हें धर्म-वर्म के बारे में क्या पता? खाना मिल जाय, यही धर्म समझ में आएगा इन्हें। धर्म तो भरे पेट और व्यवस्थित जीवन की आवश्यकता है न?"

"फिर आप इन्हें बलात् क्यों बौद्ध धर्म में ही डालना चाह रहे हैं? हिन्दू धर्म में क्यों नहीं? किसी अन्य धर्म में क्यों नहीं? जिसमें इनकी अपनी रुचि हो।" गौरी ने तर्क किया।

"दरअसल यह बाध्यता नहीं है, गौरी जी। चूँकि इसमें से अधिकतर बच्चे ऐसी जातियों मेरा मतलब ...।" प्रतापसिंह अपनी बात में उलझते जा रहे थे।

"खैर छोड़िए इन बातों को। अभी फिलहाल हम लोगों को कहाँ चलना है?" गौरी उनके इस अनर्गल प्रलाप से उकता रही थी।

"बस आप लोगों को अपना यही संस्थान दिखाना चाह रहा था और इनके एडमिशन के लिए माडर्न एजुकेशन स्कूल के प्रिंसिपल से मिलाना चाह रहा था। आप लोगों के रहने से थोड़ा कन्वीन्स हो जाएँगे और फीस वगैरह भी माफ कर देंगे।" प्रतापसिंह के स्वर में दैन्य था।

"चलिए यह एक सत्कार्य है। हमारे चलने से यदि इन बच्चों का कुछ अच्छा

होता है तो हमें प्रसन्नता होगी।'' अब तक चुप बैठे एम. अलभ्यानन्द की गम्भीर वाणी गूँजी थी।

''दो मिनट, सर। बस जलपान कर लीजिए।'' प्रतापसिंह प्रसन्न हो उठे। उन्होंने सामने खड़े दो बच्चों को संकेत किया।

''मैं तो इतनी सुबह कुछ नहीं लूँगा। आप लोग ले लीजिए।'' उन्होंने विनम्रतापूर्वक मना कर दिया।

''अरे सर, बिलकुल साफ सुथरे ढंग से बना है। मैं तो इन्हीं लोगों के साथ बैठकर खाना भी खाता हूँ, ताकि इन्हें ये न महसूस हो कि हम इनसे परहेज करते हैं।'' प्रतापसिंह रघुवंशी ने अपनी स्तुति की।

''ओह, यह बात नहीं है, प्रताप जी।'' एम. अलभ्यानन्द उद्विग्न हो उठे उनके उत्तर से। बच्चे दो प्लेटों में सजी मिठाइयाँ, समोसे, नमकीन और केले रखकर पुनः खड़े हो गये।

''इतने केले?'' गौरी केलों की अधिक संख्या देख हँस पड़ी।

''घबड़ाइए नहीं, गौरी जी। अकेले आपको नहीं खाना है। इन बच्चों में भी बाँटना है।'' प्रतापसिंह अपनी कुर्सी से उठकर खड़े हो गये और केले तोड़-तोड़कर बच्चों को थमाने लगे। गौरी ने भी दो-चार केले सामने खड़े बच्चों को पकड़ाना शुरू किया।

''अरे सलमान भाई, फोटो खींचो कि बस खड़े होकर देख रहे हो।'' प्रतापसिंह कोने में खड़े फोटोग्राफर पर झल्ला उठे।

''फोटो क्यों?'' गौरी ने पूछा। इतनी देर में सभी बच्चे उसके और एम. अलभ्यानन्द के आस-पास आकर खड़े हो गये। सभी के हाथ में एक-एक केला था लेकिन फोटो खिंचवाने के लिए वे उसे खा नहीं रहे थे। प्रतापसिंह ने केला बाँटते हुए उत्तर दिया—

''यादगार के लिए है गौरी जी। जब आप चली जाएँगी यहाँ से तो हम सब आपको याद करेंगे। इस फोटो को फ्रेम करवाकर मैं अपने संस्थान में टाँगूँगा। बच्चों के लिए यह एक यादगार क्षण है गौरी जी।'' प्रतापसिंह के स्वर में चाटुकारिता साफ झलक रही थी।

''लेकिन आप तो कह रहे थे कि केवल सात बच्चे हैं, यहाँ तो ...।''

''सामने ही मलिन बस्ती भी है न? आते समय सड़क के दोनों किनारों पर आपने देखा होगा उनकी झुग्गी-झोपड़ी। इन लोगों को भी खाली समय में पढ़ने के लिए बुला लेता हूँ।''

''प्लीज़, हैल्लो ऽ ऽ ...।'' फोटोग्राफर उन लोगों को अपनी ओर देखने का

संकेत कर रहा था।

‘‘ओह, एस।’’ गौरी मुस्कराकर उधर की ओर देखने लगी।

‘‘एक मिनट प्लीज़, गौरी जी। बस जरा सा इस बच्चे को केला फिर से पकड़ा दीजिए। इस पोज में फोटो ...।’’ प्रतापसिंह अपनी बात अधूरी छोड़ते हुए तनकर खड़े हो गये और सामने देखने लगे।

फोटो खिंच जाने के बाद प्रतापसिंह ने पहले से ही तय खड़े दो आटो-रिक्शा में बच्चों को एवं एम. अलभ्यानन्द और गौरी को बैठाया और मार्डर्न एजुकेशन स्कूल की ओर बढ़ चले। बच्चों का आटो-रिक्शा ठीक उन लोगों के पीछे-पीछे चल रहा था। उनका उल्लास शोर गुल के रूप में फूट रहा था।

‘‘एक अच्छा कार्य कर रहे हैं आप अपने समाज के लिए।’’ एम. अलभ्यानन्द ने दूर तक दृष्टि दौड़ाते हुए कहा।

‘‘एस दाऊ जी, अन्यथा कितने संकट हैं इस समय यहाँ के समाज में और धर्म के लिए भी। अपने ही लोग अब शत्रु की तरह व्यवहार कर रहे हैं। माता-पिता के झगड़ों में या फिर अवैध सन्तानों के रूप में इन बच्चों का परित्याग या फिर उस दिन की ही घटना ले लीजिए। वो क्या नाम था प्रताप जी, जहाँ रात भर आप लोग भजन करते रहे थे, सम डीह?’’ गौरी सोचने की मुद्रा में आ गयी। उसकी आँखें थोड़ी सिकुड़ गयी थीं।

‘‘जी वो मंकारडीह?’’ प्रतापसिंह ने याद दिलाया।

‘‘हाँ, हाँ, वही। अब देखिए ना, अपना ही प्रशासन उसे ध्वस्त करना चाह रहा था। यदि ये लोग उसके लिए इतना परिश्रम और पहल न करते तो सुन्दरीकरण के नाम पर हटा दिया जाता लोगों की आस्था का प्रतीक वह छोटा मन्दिर।’’

‘‘जी, अब आप लोग तो प्रत्यक्ष ही देख रहे हैं। कुछ छिपा तो नहीं है। क्या-क्या नहीं हो रहा है? यहाँ हम लोगों की भावनाओं को अपने ही लोग ठेस पहुँचाते हैं।’’ प्रतापसिंह विनीत मुद्रा में बोले।

‘‘पहले धर्म के द्वारा राजनीति संचालित होती थी इसलिए इतना अनाचार नहीं था। अब धर्म का उपयोग हो रहा है राजनीति द्वारा। यह दुखद है।’’ एम. अलभ्यानन्द ने पीठ पीछे टिका ली। उनका चीवर कन्धे से ढुलककर गोद में गिर गया था। आँखें किसी गहरी चिन्ता में डूबी थीं। माथे की सिकुड़नें हृदय के भीतर चल रहे मन्थन का संकेत कर रही थीं।

‘‘आइए सर, धीरे से।’’ आटो-रिक्शा रुक गया। प्रतापसिंह नीचे उतरकर उनसे अनुरोध कर रहे थे।

‘‘हूँ। बहुत पास है यह स्कूल। बच्चों को आने में कोई परेशानी नहीं होगी।’’

एम. अलभ्यानन्द ने अपना चीवर फिर से कन्धे पर डालते हुए कहा। गौरी भी उतरकर उनके बगल में चलने लगी। पीछे-पीछे आ रहे बच्चे कुछ अचम्भित, कुछ भयभीत से लग रहे थे। स्कूल में आने के नाम पर उनके चेहरे पर भय और जिज्ञासा का भाव पसरा था। कुछ अपनी पुरानी सिकुड़ी शर्ट को खींचतान कर सही करने लगे तो कोई कमीज की बाँह से ही रगड़कर चेहरे पर जमी गन्दगी को छुड़ाने की कोशिश कर रहा था।

"मे आई कम इन सर?" प्रतापसिंह एक केबिन के सामने रुककर पूछ रहे थे। केबिन के दरवाज़े पर मोटा-सा परदा लहरा रहा था जिसके कारण भीतर का कुछ दृश्य दिखाई नहीं दे रहा था। गौरी और एम. अलभ्यानन्द बाहर बरामदे में ही ठिठक गये और परिसर के भीतर चारों ओर दृष्टि दौड़ाने लगे।

प्रतापसिंह भीतर जा चुके थे। शायद अन्दर जाने की अनुमति मिल गयी थी। बच्चे भी गौरी और एम. अलभ्यानन्द से कुछ दूरी पर रुक कर आपस में बातें करने लगे। परिसर के खुले आँगन में एक बड़ा-सा स्तम्भनुमा स्मारक बना हुआ था। लाल पत्थर से बने इस स्तम्भ पर की गयी नक्काशी और आकृति भारतीय शिल्पकला से भिन्न दिखाई दे रही थी।

"ये क्या है?" गौरी ने वहाँ बैठे दरबान से पूछा।

"जी, इहाँ सब बच्चा लोग परेयर करते हैं। रोज इस्कूल खुलने के टेम पर और दोपहर में भी।"

दरबान अपनी कुर्सी छोड़ उठकर दोनों के पास आ गया। अपने इस ज्ञान-दान से उसका चेहरा दिपदिपा उठा। वह उत्सुकता से गौरी की ओर देख रहा था कि शायद और कुछ भी पूछे वह। लेकिन गौरी चुप हो उस स्तम्भ को निहार रही थी।

"सभी बच्चे यहीं के हैं या बाहर से भी आते हैं?" अबकी बार एम. अलभ्यानन्द ने पूछा।

"जी साहब, ज्यादातर तो एहीं के गरीब-गुरबा के बच्चे हैं, नान्ह जाति के जास्तीं हैं। अब जो लोग महँगे इस्कूल में पढ़ा नहीं पाते वो इहाँ भेज देते हैं। दो जून की रोटी जुगाड़ें कि बच्चा पढ़ावें? ईहाँ भेजने से दुन्नो फायदा। एक जून की रोटी भी और पढ़ाई भी। धरम-करम की छिच्छा भी।" वह हँसा था। उसका लम्बा शरीर थरथराने लगा। मूँछें ऊपर-नीचे होकर एकाएक शान्त हो गयी थीं। वह केबिन की ओर देखने लगा। प्रतापसिंह रघुवंशी परदा हटाकर झाँक रहे थे। शायद गौरी और एम. अलभ्यानन्द को भीतर बुलाना चाह रहे थे।

"साहब, उधर, वो साहब।" दरबान ने बड़ी तत्परता से उन्हें उधर की ओर दिखाया।

"सर, आप और गौरी जी आ जाइए। प्रिंसिपल साहब बुला रहे हैं। जरा जल्दी

में हैं वे।'' प्रतापसिंह ने कहा तो एम. अलभ्यानन्द और गौरी केबिन के भीतर चले गये।

भीतर का दृश्य विचित्र सा था। कक्ष के एक कोने में प्लेटफार्म बना था जिस पर एक हीटर और चाय आदि बनाने के बर्तन पड़े थे। कुछ पारदर्शी डिब्बों में नमकीन और बिस्कुट बन्द थे। दीवार में जड़ी कीलों पर सँड़सी, छन्नी आदि टँगी थी। कक्ष में दूसरी दीवार से सटाकर दो पुरानी आलमारियाँ खड़ी थीं, जिनमें अंग्रेजी और कुछ धार्मिक साहित्य की पुस्तकें बेतरतीब रखी थीं। बीच में मेज और कुर्सी लगाए प्रधानाचार्य जी बैठे थे। पूरे कमरे में सीलनभरी हल्की बदबू फैली थी।

गौरी ने उकताकर चारों और दृष्टि घुमाई। पीछे की दीवार में एक बड़ी खिड़की दिखाई दी थी, परन्तु वह इस तरह बन्द थी मानो वर्षों से खोली न गयी हो। उसके पल्लों से लेकर पास टँगे परदे तक मकड़ी का एक लम्बा जाला लटक रहा था। छिपकलियों की बीट से खिड़की की चौखट भरी हुई थी।

''आइए, बैठिए।'' मोटे चश्मे के पीछे से भेदती हुई दृष्टि के साथ प्रधानाचार्य की रूखी वाणी गूँजी। गौरी के माथे पर अप्रसन्नता की सिलवटें गहरा उठीं। इसके ठीक विपरीत बिना किसी भी प्रकार की खिन्नता व्यक्त किये एम. अलभ्यानन्द प्रधानाचार्य के सम्मुख पड़ी एक कुर्सी पर बैठ गये। गौरी भी उनकी बगल में बैठ गयी और एक गहरी दृष्टि से प्रधानाचार्य को घूरा।

''ये हैं स्वामी एम. अलभ्यानन्द जी, यू.एस.ए. से आये हैं। हमारे ही लॉज में...। और ये हैं प्रिंसिपल सर। केवल प्रिंसिपल ही नहीं इस संस्था के संस्थापक भी। हॉलैण्ड से आये तो यहीं के होकर रह गये। यहाँ के गरीब बच्चों को पढ़ाना उनकी मदद करना, पूरी तरह से समर्पित।'' प्रतापसिंह रघुवंशी के स्वर में चाटुकारिता पुनः घुल गयी थी।

''आपका भी अपना एन.जी.ओ. है न?'' प्रधानाचार्य ने उनसे पूछा।

''जी हाँ, छोटा सा।''

''कितने बच्चे हैं अनाथ?''

''अभी तो बस सात, लेकिन भविष्य में अधिक हो सकते हैं।''

''देखिए, जो मिनिमम चार्ज है वो तो आपको बीयर करना ही पड़ेगा।'' उनकी वाणी अपेक्षाकृत और रूखी हो उठी।

''लेकिन हम तो इस उम्मीद के साथ आये थे कि ...।'' प्रतापसिंह ने हाथ जोड़ लिए।

''आपके साथ स्वामी जी जैसे लोग हैं। इन लोगों की मदद लीजिए। वैसे भी एन.जी.ओज़ को विदेशी संस्थाएँ भी फ़ाइनेन्सियल हेल्प करती हैं। आप वहाँ भी ट्राई करिए।''

''वैसे क्या है मिनिमम चार्ज आपके विद्यालय का?'' गौरी ने पूछा।

''थ्री हन्ड्रेड पर-मन्थ, परहेड। हमे भी तो अपनी संस्था चलाने के लिए कुछ अर्न करना है। यहाँ के लोकल बच्चों के गार्जियन तो इतना दे नहीं सकते इसलिए उनकी तो फीस माफ़ ही कर देनी पड़ती है।''

''तो ये बच्चे तो उनसे भी दीनहीन हैं। माँ बाप हैं ही नहीं।'' प्रतापसिंह हीं हीं कर हँसे।

''आप जैसे लोग उनके अभिभावक तो बन रहे हैं न? उनके नाम पर सरकारी अनुदान लेते हैं। आखिर सब क्या करेंगे रखकर?'' प्रधानाचार्य के रूखे चेहरे पर हँसी चूने की तरह चिपक गयी थी।

एम. अलभ्यानन्द एकदम चुप हो गये थे। गौरी ने ही पूछा—''क्या किसी भी हाल में इन बच्चों की फीस माफ़ नहीं हो सकती? आपकी संस्था का तो उद्देश्य ही इस तरह के बच्चों की सेवा है?''

प्रधानाचार्य का चेहरा पुनः कठोर और खुरदुरा हो उठा। हँसी का चूना कुछ क्षण में ही झड़ गया।

''देखिए, इस वर्ष तो सभी सीटें भर चुकी हैं। अगले सेशन में देख लूँगा।'' कहते हुए वे अपनी कुर्सी से उठ खड़े हुए। उनकी इस अभद्रता से गौरी का चेहरा थोड़ी देर के लिए तमतमा उठा। उसने अपने को संयत रखते हुए पूछा—''बाई द वे, इंडिया आने से पहले आप किस प्रोफेशन में थे?''

प्रिंसिपल इस अप्रत्याशित प्रश्न से कुछ क्षण के लिए अचकचा उठे। उनके चेहरे का रंग पीला सा पड़ गया। अगले ही पल वे सावधान होकर कड़े शब्दों में बोले—''आपको मेरे पास्ट में इतना इन्टरेस्ट क्यों?''

''सेरेना, हमें इस प्रसंग को यहीं छोड़, चलना चाहिए अब। प्रधानाचार्य जी, आप सचेतावस्था का अभ्यास करिए। उस क्षण विशेष में जीकर देखने के निरन्तर अभ्यास से व्यक्ति समझ सकता है कि वह क्या सोच रहा है, अथवा क्या कह रहा है। ऐसा व्यक्ति दूसरों को कष्ट पहुँचाने वाले विचारों, शब्दों या कार्यों से बच सकता है।'' एम. अलभ्यानन्द की वाणी घंटानाद की तरह गूँजी थी। उनका स्वर अत्यन्त सहज था।

कुछ क्षण के लिए प्रधानाचार्य के मुखमंडल पर लज्जा का भाव उभरा था, परन्तु अगले ही पल वह तिरोहित हो गया। उन्होंने अत्यन्त निर्लज्जता से उत्तर दिया—''संसार से भागकर चीवर धारण कर लेने से समाज नहीं चलता। उसके लिए कर्म आवश्यक है, स्वामी जी।''

प्रधानाचार्य के कटाक्ष पर बिना कोई तीखी प्रतिक्रिया दिए एम. अलभ्यानन्द ने अत्यन्त विनम्र भाव से कहा—

''महोदय, मनस् तत्त्व ही हमारे सभी कर्मों का आधार होता है। यदि हमारा मानस ही दूषित है तो फिर कर्म तो तदनुसार ही न होंगे? इसलिए किसी के भी प्रति विद्वेषपूर्ण विचार ही सबसे गम्भीर अपराध है। कोई भी सद्धर्म इसे स्वीकार नहीं करता। जिस धर्म में इसके लिए रंचमात्र भी स्थान है वह धर्म नहीं बल्कि धर्म की नकारात्मक प्रतिक्रिया है। हमें उम्मीद है कि जिसने सेवा को ही अपना धर्म बनाया है, उसे भी इसका अभ्यास करना चाहिए। मानस के पापपूर्ण विचारों का त्याग करना चाहिए। भवतु सब्ब मंगलम्।''

कहते हुए एम. अलभ्यानन्द वापस जाने के लिए दरवाज़े की ओर मुड़े। उनके पीछे-पीछे गौरी और प्रतापसिंह भी चल पड़े थे। प्रतापसिंह के चेहरे पर निराशा और आक्रोश के बादल मँडरा रहे थे। कहाँ तो वह अपना काम निकालने के लिए इन दोनों को साथ लेकर आये थे और यहाँ उल्टे ही शास्त्रार्थ शुरू हो गया। अब इन बच्चों की शिक्षा-दीक्षा पर मिलने वाले सरकारी अनुदान के उस आवेदन का क्या होगा जिस पर दो ही दिन बाद डी.एम. के यहाँ बैठक में निर्णय होना है? वे चिन्तित हो उठे।

गौरी तेज कदमों से प्रधानाचार्य-कक्ष से बाहर निकल गयी थी। एम. अलभ्यानन्द भी बाहर जा चुके थे। प्रतापसिंह तपाक से पीछे मुड़े और प्रधानाचार्य के सामने गिड़गिड़ा उठे—''अरे सर, कुछ तो रास्ता निकाल लीजिए।''

''दो दिन बाद मिलिए। कुछ सोचूँगा।'' प्रधानाचार्य के चेहरे पर एक कुटिल मुस्कराहट रेंग गयी।

''कल आऊँ सर? दरअसल परसों एक मीटिंग...।'' प्रतापसिंह अटक गये।

''कल नहीं, मैं बाहर हूँ। परसों दोपहर में।'' प्रधानाचार्य पुनः कठोर हो गये। प्रतापसिंह को अँधेरे में एक आशा दिखाई दी।

''जी, अच्छा-अच्छा।'' और वे बाहर निकल गये।

''अब? अब आपको किसी दूसरे विद्यालय में प्रयास करना पड़ेगा।'' प्रतापसिंह के पास आते ही एम. अलभ्यानन्द ने प्रश्न के साथ ही समाधान भी दिया। वे सभी धीमे कदमों से मुख्य गेट की ओर बढ़ने लगे।

''अरे करेंगे कैसे नहीं, सर? आप लोग उनके केबिन से निकल आये तो थोड़ी देर के लिए मैं रुक गया था न?''

''हाँ, हाँ।'' गौरी ने प्रतापसिंह के मुँह की ओर जिज्ञासा से देखा। अपनी ओर गौरी को देखता प्रतापसिंह रघुवंशी का चेहरा कुछ और अकड़ गया।

मैंने बस इतना ही कहा—''प्रिंसिपल साहब, लेना तो आपको पड़ेगा ही। सारनाथ में रहना है न?''

"अच्छा?" वह कौतूहल से चौंक उठी थी।

"हाँ, गौरी जी, आप लोगों के सामने न जाने क्यों वो इतना भाव खा रहा था। आखिर इन्हीं अनाथ, गरीब बच्चों के माध्यम से तो उन्हें अपने धर्म का प्रचार करना है। कौन त्रिफला पांडे अपने बच्चों को यहाँ भेजेंगे? इन्हीं बच्चों के नाम पर बाहर से कितना धन आता होगा, किसको पता है? देखी नहीं, खिड़की तक बन्द रखता है अपनी। किसी से न मिलना, न जुलना। एक कोठरी में दिन रात बन्द। सारा काम स्कूल का स्टाफ करता है। किसी-किसी से ही मिलता है यह प्रिंसिपल।"

एक साँस में प्रतापसिंह रघुवंशी ने प्रधानाचार्य के बारे में कई जानकारियाँ उन लोगों के सामने रख दीं।

"क्या आपका प्रशासन ऐसे सन्दिग्ध लोगों, खास तौर से बाहर से आकर यहाँ अपना कार्यक्षेत्र फैलाने वालों की जाँच नहीं करता? हो सकता है कोई षड्यन्त्रकारी हो जो भागकर यहाँ इस रूप में अपने को रख रहा हो? भारत सरकार को सचेत रहना चाहिए इस दिशा में भी।"

गौरी ने अपनी जिज्ञासा व्यक्त की तो प्रतापसिंह रघुवंशी को कोई उत्तर न सूझ पड़ा। इस दिशा में न तो कभी उन लोगों ने सोचा और न ही किसी को सोचते और कार्रवाही करते देखा। न जाने कितने लोग आ-आकर यहाँ महँगी से महँगी जमीनें किसानों से खरीदते हैं और अपनी संस्था खोल लेते हैं। कौन जाता है उनकी गहराई से छानबीन करने? खुलेआम जिन नियमों की अनदेखी होती है, उसमें तो कोई कुछ कर ही नहीं पाता। ग्रीन जोन में कोई निर्माण कार्य नहीं होना है, फिर भी हर दिन नये-नये मकान की दीवारें और छतें रातोंरात ढलकर तैयार हो रही हैं। बी.डी.ए. की तरफ से सारनाथ क्षेत्र में नियुक्त अधिकारी और सुपरवाइजर अकसर दौरा करने आते हैं। लेकिन केवल इसलिए कि नया निर्माण करा रहा भवन स्वामी कुछ रुपयों से उनका मुँह बन्द कर सके। जब तक मुँह खुला रहता है, तब तक काम कर रहे मजदूरों का झउआ, फरसा, अढ़िया जब्त कर के उन्हें थाने में बन्द करने की धमकी दी जाती है। भवन स्वामी इस धमकी से परे रहता है क्योंकि उसे ही तो रुपयों का इन्तजाम करना होता है। मजदूरों पर धौंस आसानी से जम भी जाती है, लेकिन यह सब तो सारनाथ में एक सामान्य प्रक्रिया है। कोई इस पर ध्यान नहीं देता। होती ही रहती हैं इस तरह की बातें इसलिए प्रतापसिंह जैसे लोगों ने भी इधर कभी ध्यान नहीं दिया। अब एक विदेशी युवती ने उधर की ओर ध्यान आकृष्ट किया तो तमाम तरह की बातें उमड़ने घुमड़ने लगीं उनके मन में भी।

"साहब जी, साहब जी!" पीछे से दरबान की आवाज ने उन लोगों के बढ़ते कदम रोक लिए।

"आप लोगों को इस्कूल घुमा दूँ।" वह उनके पास तक पहुँचकर हाँफने

लगा। उसकी मूँछें थरथरा रही थीं। हाथ में पकड़ा डंडा उसने काँख में दबा लिया।

"आइए सर, देख ही लिया जाय।" प्रतापसिंह के चेहरे पर विजयी मुस्कान थी। कुछ देर पहले की अकड़ वाली बात की सम्पुष्टि हो रही थी उन लोगों के सामने।

"मैं यहीं प्रतीक्षा कर रहा हूँ। आप लोग घूम कर आइए। इन बच्चों को भी साथ ले जा सकते हैं।" एम. अलभ्यानन्द परिसर के आँगन में बने स्तूप के पास ठिठक गये। गौरी अनमनी सी दाऊजी के आदेश के कारण विद्यालय देखने के लिए बाध्य हो गयी थी।

दरबान के साथ उन लोगों के चले जाने के बाद एम. अलभ्यानन्द ने उसी स्तम्भ से अपनी पीठ टिका ली और छोटी सी बाउंड्री के उस पार देखने लगे। छोटे बड़े न जाने कितने मकान एक-दूसरे से आगे-पीछे निकलते हुए दिखाई दे रहे थे। कभी वन प्रान्तर रहने वाला यह क्षेत्र किस तरह कंक्रीट के जंगल में बदल रहा था। भोर में वृक्षों की कतारों के बीच भ्रमण करते हुए चालित ध्यान करना कितना अच्छा लगता था। रात में सान्ध्य तारे के उदित हो जाने के पश्चात् झिल्लियों की झंकार से वातावरण शान्त होते हुए भी जागृत रहता। गौतम से बुद्ध बनने के पश्चात् अपने प्रथम ऋषिपत्तन आगमन के समय मृगदाय से प्रवेश करना कितना प्रीतिकर था। चारों तरफ नाना प्रकार के वृक्षों से आच्छादित ऋषिपत्तन में विचरते मृग अपने निर्भय विचरण से इसके नाम की सार्थकता को सिद्ध करते थे। जंगली फूलों की सुगन्ध मन्द हवा के साथ-साथ अठखेली सी करती रहती। कमलयुक्त पवित्र सरोवर के निकट सघन वृक्ष की छाया के नीचे बाँस और कुश से निर्मित कुटिया थी। उन्हें मृगदाय में प्रवेश करते हुए सर्वप्रथम अस्सजि ने देखा था, जब वे कुटिया के बाहर एक शिलाखण्ड पर ध्यान लगाए बैठे थे। पहले तो रुष्ट होने के कारण उन पाँचों शिष्यों ने उनकी उपेक्षा करने का मन बनाया था, लेकिन अचानक न जाने कौन सा चमत्कार हुआ कि उनके भीतर से अपमान करने की इच्छा तिरोहित हो गयी। कौंडन्न ने लपककर उनका भिक्षापात्र अपने हाथों में ले लिया और विनीत हो चरणों में झुक गया। भद्दिय ने तुरन्त उनके बैठने के लिए आसन लाकर दिया और महानाम बड़ी तत्परता से सरोवर से एक पात्र में जल भर लाया तथा बैठकर उनका चरण धोने लगा। वप्प ताड़पत्र से हवा करने लगा और अस्सजि चुपचाप आदरभाव के साथ उनके सम्मुख खड़ा हो गया। सम्बोधि के पश्चात् उनकी मर्मभेदिनी दृष्टि सामने वाले के अन्तर के भाव परख लेने की शक्ति प्राप्त कर चुकी थी इसीलिए वे जान सके कि अस्सजि सोच रहा है कि वह तथागत की सेवा कैसे करे? वे मुस्कराये थे और अस्सजि से पीने के लिए जल माँगा था। अस्सजि को मानो रास्ता मिल गया उनकी अभ्यर्थना का। चारों तरफ एक विचित्र शान्ति फैली हुई थी। सभी चुप थे।

प्रकृति मौन थी। सरोवर का जल स्थिर था। खिले हुए कमल मानो उनकी प्रथम धर्म देशना सुनने के लिए उत्सुकता से निहार रहे थे। वृक्षों की डालियों पर बैठी चिड़ियाँ अपने बच्चों को दाना चुगाना छोड़कर उनकी ओर देख रही थीं। सूरज का स्वर्णिम प्रकाश सबके ऊपर अपनी ज्ञान-रश्मियाँ बिखेरने को तत्पर था।

''आइए, चलिए दाऊ जी।'' गौरी ने पीछे से आकर उनके कन्धे पर एक हल्की थपकी दी। सदियों पहले का अतीत जो वर्तमान बना उनकी आँखों के सम्मुख झिलमिला रहा था, अचानक तिरोहित हो गया। इस वर्तमान में चैतन्य होते हुए उन्होंने पूछा—''देख लिया सब कुछ?''

''जी हाँ।'' गौरी ने उत्तर दिया।

''तुम लोग म्यूजियम वाले रास्ते से तिरछे निकल जाओ। मुझे अभी चौराहे पर देर लगेगी।'' प्रतापसिंह बच्चों को समझा रहे थे।

''पैदल ही जाएँगे बच्चे?'' गौरी पूछ बैठी।

''हाँ, कितनी दूर है ही। बच्चे हैं, खेलते, दौड़ते पहुँच जाएँगे।'' उन्होंने एक बच्चे की पीठ पर धौल जमाते हुए कहा।

''हम लोग भी पैदल ही चलते हैं। मैं भन्ते के. सिरी सोभित से मिल लूँगा और मन्दिर भी हो लूँगा।'' एम. अलभ्यानन्द ने कहा।

''चौराहे तक मैं भी साथ रहूँगा।'' प्रतापसिंह रघुवंशी हँसे।

''अरे, ये क्या?'' गौरी चौंककर ठिठक गयी। स्कूल के मुख्य गेट के दोनों ओर जमीन पर सरस्वती और गणेश की पत्थर की मूर्तियाँ रखी थीं। खुले आकाश के नीचे गेट के भीतरी भाग की ओर रखी दोनों मूर्तियों की ऊँचाई लगभग चार फीट की रही होगी। कुछ दूरी पर ही कूड़े वाला ड्रम रखा था।

''जी ये सरस्वती और गणेश की प्रतिमाएँ हैं। यहाँ सजाकर रखी गयीं हैं।'' प्रतापसिंह रघुवंशी ने दोनों प्रतिमाओं का संक्षिप्त परिचय गौरी को दिया।

''वो तो मैं भी पहचान रही हूँ प्रताप जी। इसी का तो अध्ययन कर रही हूँ। लेकिन सजावट के लिए इन मूर्तियों का ...?'' गौरी की बात को बीच में ही लपकते हुए प्रतापसिंह ने पुनः अपना तर्क दिया—

''दरअसल हमारे देवी-देवताओं की मूर्तियाँ इतनी कलात्मक और रोचक कथाओं से भरपूर होती हैं कि विदेशों में लोग इसे डेकोरेशन पीस की तरह भी घरों में रखते हैं। चाहे धर्म कोई हो, हमारे गणेश, शिवा, पार्वती सबके घर में उपस्थित हैं। अभी कुछ दिनों पूर्व तो इंग्लैण्ड में इसी को लेकर एक हंगामा हो गया था। हुआ यूँ कि गणेश की डिजाइन वाले अंडरगारमेन्ट बनाकर एक कम्पनी ने लांच कर दिया। बस भड़क उठे वहाँ के हिन्दू।'' प्रतापसिंह रघुवंशी उन सब की नादानी पर हो हो कर हँस पड़े।

''आप हँस रहे हैं प्रताप जी? आप लोगों को सीख लेनी चाहिए। क्या कभी किसी और भी धर्म के प्रवर्तक या प्रतीक का इस तरह उपयोग किया जा सकता है? अरे, अपनी आस्था पर कुठाराघात कोई करे तो उस पर हँसना चाहिए या रोना? यहाँ पर सरस्वती और गणेश को इस तरह जमीन पर रखकर खुलेआप आप लोगों की आस्था का उपहास किया जा रहा है और आप इतनी सहजता से ले रहे हैं? यहाँ के किसी ने भी इस बात का विरोध नहीं किया?''

गौरी का तेवर बदल गया तो प्रतापसिंह को अपनी भूल का एहसास हुआ। उन्होंने बात बदलने का प्रयास किया—

''बस, बहाना ढूँढ़ ही रहा था, गौरी जी। इन बच्चों का एडमिशन कराना तो एक बहाना मात्र है। यदि नहीं किया तो इसी प्रतिमा वाले मुद्दे को लेकर ऐसा धरना, प्रदर्शन करूँगा कि बच्चू सीधे हॉलैण्ड नजर आयेंगे। बस, थोड़े दिन बाद आप देखिएगा।''

''यानी यदि बच्चों का एडमिशन उसने नहीं किया तो आप विरोध करेंगे अन्यथा नहीं?'' गौरी व्यंग्य से हँस पड़ी। उसका कटाक्ष प्रतापसिंह को चुभ गया। उनके अहं को ठेस पहुँची थी।

''जी नहीं, किसी भी सूरत में नहीं छोड़ूँगा गौरी जी। एडमिशन का क्या? कितने विद्यालय हैं यहाँ। कहीं भी करवा दूँगा। स्कूलों की कमी नहीं है प्रतापसिंह रघुवंशी को।'' प्रतापसिंह का चेहरा तन गया।

पैदल चलते हुए वे म्यूजियम के सामने वाली मुख्य सड़क पर आ गये थे। बच्चे सड़क पार कर म्यूजियम के बगल वाले पतले रास्ते से ओझल हो गये थे।

''अरे, मधुसूदन जी!'' एकाएक गौरी लगभग चिल्ला ही पड़ी। उसके स्वर में एक उल्लास भर गया था। एम. अलभ्यानन्द ने उधर देखा। एक रिक्शे में मधुसूदन अकेले बैठे चले आ रहे थे। आँखों पर वही सुनहरे फ्रेम का चश्मा, जिसके पीछे मोटी-मोटी पलकों वाली आँखें किसी गहरे चिन्तन में डूबी सी लगतीं। हलके पीले रंग के खादी के कुर्ते और पाजामे पर छोटी-छोटी बढ़ी हुई दाढ़ी उनके चेहरे को एक भव्यता प्रदान कर रही थी। कन्धे पर वही बड़ा-सा सूती बैग लटका हुआ था जो अकसर किताबों से भरा रहता।

गौरी का सम्बोधन सुन एक स्मित रेखा मधुसूदन के ओठों पर खिंच गयी। उन्होंने झुककर रिक्शे वाले के कन्धे पर रुकने का संकेत करते हुए थपकी दी। रिक्शा उन लोगों के पास आकर रुक गया और मधुसूदन उस पर से कूदकर पास आ गये थे।

''यहाँ कहाँ सर?'' उन्होंने संकेत से एम. अलभ्यानन्द को अभिवादन करते हुए रिक्शे वाले को किराया देने के लिए जेब में हाथ डाला। प्रतापसिंह रघुवंशी के

मुख पर अप्रसन्नता और ईर्ष्या का मिला जुला भाव रेखांकित हो उठा।

"बस, ऐसे ही आज हम लोग पैदल टहल रहे हैं सारनाथ।" गौरी का चेहरा अतिरिक्त खुशी से दमक रहा था। मधुसूदन ने एक संक्षिप्त किन्तु गहरी दृष्टि गौरी पर डाली जिसका प्राकृतिक भाव केवल दो विजातीय हृदय ही समझ सकते थे। गौरी उनकी दृष्टि के स्पर्श से पुलक उठी। कपोल कुछ और रक्तिम हो उठे। एम. अलभ्यानन्द शान्त भाव से यह सब घटित होते देख रहे थे। उनके मुखमंडल पर एक स्नेहिल मुस्कराहट बिछल गयी।

"कहिए भाई साहब कैसे हैं?" मधुसूदन ने औपचारिकतावश प्रतापसिंह से उन्मुख होते हुए पूछा।

"बस, सब कृपा है आपकी।" न चाहते हुए भी प्रतापसिंह का स्वर कसैला हो उठा।

"तबियत तो ठीक है?" मधुसूदन ने प्रतापसिंह की ओर ध्यान से देखा। उनके स्वर की कड़ुवाहट वे भी भाँप गये थे।

"जी हाँ, बिलकुल भला चंगा हूँ। क्यों गौरी जी?" प्रतापसिंह ने अनावश्यक आत्मीयता जताते हुए कहा।

मधुसूदन ने हँसकर इस प्रसंग को यहीं समाप्त करते हुए प्रस्ताव किया— "आइए, ये सामने वाली दुकान में कॉफ़ी बहुत अच्छी बनती है। एक-एक कप कॉफ़ी हो जाए।" मधुसूदन ने एम. अलभ्यानन्द की ओर स्वीकृति हेतु देखा।

"हाँ, हाँ, अवश्य। आइए प्रताप जी।" एम. अलभ्यानन्द ने प्रतापसिंह रघुवंशी को स्नेह से आमन्त्रित किया। उन्हें उनके हृदय के भावों का आभास हो गया था। घृणा और द्वेष को प्रेम और मैत्री से ही जीता जा सकता है। प्रतापसिंह रघुवंशी विवश से उन लोगों के साथ दुकान की ओर चल पड़े।

"ओह।" एकाएक एम. अलभ्यानन्द के गले से एक घुटी हुई सी करुणा भरी आवाज़ निकली तो सभी ने एक साथ उनकी ओर और फिर उनकी दृष्टि की दिशा में देखा। बाईं ओर की गुमटी में एक कसाई बड़ी बेरहमी से काटी गयी बकरी की खाल उतार रहा था। उसके बड़े से चाकू में ताज़ा खून चमक रहा था। बकरी का कटा हुआ सिर एक ओर लुढ़का था और आँखें शून्य में टँगी थीं। दो-तीन ग्राहक हाथ में प्लास्टिक का थैला लिए माँस खरीदने के लिए खड़े थे। उनके भाव शून्य चेहरे नोंची जाती बकरी को ध्यान से देख रहे थे।

इस दृश्य को देखकर सभी के ओठों से एक हाय निकली और वे परस्पर एक-दूसरे की ओर देखने लगे। एम. अलभ्यानन्द ने अपनी गति तेज की और जल्दी-जल्दी जाकर कॉफ़ी हाउस की एक कोने वाली कुर्सी पर धम्म से बैठ गये। उन्होंने अपना सिर हथेलियों में भर लिया और कुहनियों को सामने मेज पर टिका दिया।

"बेटा ज़रा जल्दी से पानी ले आओ।" मधुसूदन ने बैरे को निर्देश दिया और स्वयं एम. अलभ्यानन्द के बगल में बैठ गये। गौरी और प्रतापसिंह आकर उन दोनों के सामने कुर्सियों पर बैठ गये।

"क्या हुआ सर? अच्छा नहीं महसूस कर रहे हैं?" मधुसूदन ने स्नेह से एम. अलभ्यानन्द की पीठ पर हाथ रखते हुए पूछा।

"इस तरह के दृश्य शुरू से ही मुझे परेशान करते हैं।" उन्होंने सिर ऊपर उठाया। उनकी दृष्टि में करुणा का सागर लहरा रहा था।

"सब ईश्वर की माया है। किसी से यह दृश्य देखा नहीं जाता और किसी के लिए यह कितना प्रिय है। देखा नहीं लोगों को? किस तरह झोला लिए ललचाई नजरों से एकटक उसे ही निहार रहे थे।" मधुसूदन ने कहा तो प्रतापसिंह को विरोध करने का एक अवसर हाथ लग गया।

"कमज़ोर मन वालों के लिए भले ही यह सब अप्रिय हो, लेकिन क्षत्रियों के लिए तो इस तरह की पशु बलि बहुत ही प्राचीन काल से निर्धारित थी। मुझे तो यह सब देखकर कुछ नहीं लगता।" प्रतापसिंह ने बात को अत्यन्त लापरवाही से लेने का अभिनय किया।

"आप भी क्षत्रिय हैं न प्रताप जी? इसीलिए।" गौरी बात को वहीं समाप्त करते हुए मधुसूदन से उन्मुख हुई—"इस समय आप कहाँ जा रहे थे मधुसूदन जी? कहीं हम लोगों ने आपके किसी कार्य में व्यवधान तो नहीं डाला?"

"नहीं, नहीं, ऐसी बात नहीं है। इतने समय का अन्तराल मैं रखकर चलता हूँ कि एक कप कॉफ़ी किसी के साथ पी जा सके और फिर भी मैं समय पर पहुँच जाऊँ।"

"यानी, इसी तरह रोज किसी न किसी के साथ कॉफ़ी पीते हैं आप?" प्रतापसिंह रघुवंशी ने चुटकी ली।

"जी हाँ, आप जैसे सुहृद जन अकसर मिल ही जाते हैं सड़क पर।" मधुसूदन का उत्तर भी मृदु कटाक्ष से भरा था।

"आपने बताया नहीं मधुसूदन जी?" गौरी ने स्मरण दिलाया। न जाने क्यों प्रतापसिंह रघुवंशी का मधुसूदन के प्रति व्यवहार उसे अच्छा नहीं लग रहा था। एम. अलभ्यानन्द भी संयत हो गये थे। बैरा पानी के बाद अब कॉफ़ी की ट्रे लेकर उपस्थित था। मधुसूदन ने पहला प्याला एम. अलभ्यानन्द के सामने और दूसरा गौरी की ओर बढ़ाते हुए बताया—"दरअसल आज चौराहे पर एक स्थानीय नेता जी द्वारा धरना प्रदर्शन हो रहा है भन्ते लोगों के विरोध में। उसी के सम्बन्ध में कुछ विचार विमर्श करके सरकार के पास अपनी प्रतिक्रिया भेजने के लिए बैठक बुलाई है भन्ते के. सिरी सोभित जी ने। मधुसूदन ने तीसरा प्याला धीरे से प्रतापसिंह रघुवंशी की

ओर खिसकाया।

"अच्छा, अच्छा। उसी सम्बन्ध में क्या जो आकाशवाणी वाले चौराहे पर महाराजा सुहेलदेव की प्रतिमा बैठाई गयी है? उसी का विरोध कर रहे हैं न भन्ते लोग?" प्रतापसिंह का स्वर भन्ते लोगों के प्रति घृणा से भरा हुआ था।

"जी हाँ। ठीक समझा आपने।" संक्षिप्त उत्तर दे मधुसूदन ने अपना प्याला ओठों से लगा लिया।

"भाई इसमें भन्ते लोगों को क्यों आपत्ति हो रही है? जैसे उनके बुद्ध वैसे ही राजभरों के महान पूर्वज सुहेलदेव। सारनाथ क्षेत्र में राजभरों की आबादी सबसे अधिक है। अगर एक जगह उनके पूर्वज की मूर्ति खड़ी हो गयी तो क्यों हाय तोबा मचा रहे हैं भन्ते लोग। सुन रहे हैं कि राष्ट्रपति तक फैक्स और फोन किया गया है।" प्रतापसिंह ने कॉफ़ी का प्याला उँगलियों में फँसाते हुए विरोध किया।

"अरे उनके पूर्वज हैं तो उनकी बस्ती में मूर्ति खड़ी करें। सारनाथ बुद्ध से सम्बन्धित स्थल है। पूरी दुनिया के लोग उन्हीं के नाम पर यहाँ आते हैं घूमने, दर्शन करने और सारनाथ में एन्ट्री प्वाइंट पर ही भाला और ढाल लिए सुहेलदेव की मूर्ति खड़ी कर दी गयी। क्या औचित्य है इसका? केवल वोट बटोरने के लिए यह सब किया जा रहा है। अरे, लगाना ही था तो बुद्ध की मूर्ति स्थापित कर देते वहाँ या अपने राष्ट्रीय चिह्न का ही प्रतीक बन जाता वहाँ। सारनाथ की पहचान इनसे है, न कि सुहेलदेव से।"

उस मूर्ति की स्थापना में प्रतापसिंह रघुवंशी की अन्तरंग भागीदारी की कथा से अनभिज्ञ मधुसूदन ने अपना तर्क प्रस्तुत किया तो प्रतापसिंह लगभग उखड़ पड़े—"यह भारत का आन्तरिक मामला है। विदेशी बौद्ध यहाँ आये हैं, रहते हैं, पूजापाठ करें। हमारे आन्तरिक मामलों का विरोध करने का अधिकार उन्हें कैसे हो गया?"

"यदि बौद्ध धर्म को उन्होंने अपना लिया है तो वे पराए कहाँ रह गए, प्रताप सिंह? वे तो विशाल भारत के ही अंग हो गए। वे हमारे हो गये।" मधुसूदन के तर्क में ताकत थी।

प्रतापसिंह ने पैंतरा बदला—"अरे विरोध ही करना है इन लोगों को तो बीच सड़क को घेरकर मजार बनाई गयी है, उसका विरोध करें। अहिंसा का पाठ गौतम बुद्ध पढ़ा गये तो इसका विरोध करें कि सारनाथ में माँस-मछली की बिक्री न हो। बगल में ही कसाई की दुकान खुली लेकिन किसी बौद्ध भिक्षु ने इसका विरोध कभी किया क्या कि यहाँ जीव हत्या नहीं होनी चाहिए? आपको मैं बताऊँ सर कि शहर से बड़ा माँस भी कटकर यहाँ सारनाथ में आता है और बाकायदा उसकी खपत होती है। अब किसी का नाम ले लिया जाएगा तो दूसरा हंगामा खड़ा हो जाएगा। सुरा, सुन्दरी किस चीज से विमुख हैं लोग? कहिए तो एक-एक की पोल खोल

दूँ।'' प्रतापसिंह रघुवंशी का चेहरा तमतमा रहा था।

''कुछ लोगों के नाम पर सबको बदनाम करना उचित नहीं है न प्रताप जी। और इस तरह के भ्रष्ट नाम जग-जाहिर हैं। बाकी भिक्षु तो अपना देश, अपना घर परिवार छोड़ यहाँ धर्म और मनुष्यता के कल्याण के लिए ही न समर्पित हैं?'' मधुसूदन ने प्रतापसिंह को समझाने का प्रयास किया। एम. अलभ्यानन्द ध्यान से उन दोनों की बातें सुन रहे थे। उनके मुखमंडल पर भारी चिन्ता की रेखाएँ मँडरा रही थीं। प्रतापसिंह की बातें भी सत्य के नजदीक थीं और मधुसूदन का तर्क द्वारा उनको सही साबित करना भी सत्य था। गौरी ध्यान से मधुसूदन की ओर देख रही थी।

''देखिए मधुसूदन जी, मैं तो जो भी बात रहती है, खरी-खरी कह देता हूँ। किसी को बुरा लगे या भला। लीपापोती करने की मेरी आदत नहीं है।'' प्रतापसिंह ने अपमान का अगला तीर मधुसूदन को लक्ष्य कर चलाया।

''क्या मतलब? मैं लीपापोती करता हूँ?'' मधुसूदन का भी चेहरा तमतमा उठा। उन्होंने अपना चश्मा उतारकर हाथ में ले लिया और किंचित् क्रोध के साथ उन्होंने प्रतापसिंह की ओर देखा।

''मैंने आपका नाम तो नहीं लिया, लेकिन ऐसे लोग तो हैं ही सारनाथ में जो अपने स्वार्थ में विदेशियों से चिपक जाते हैं। जूते तक ढोने को तैयार हो जाते हैं।'' प्रतापसिंह ने अगला अप्रत्यक्ष वार किया।

''खैर, यह तो बेहतर आप ही जानते होंगे। चलिए चला जाए, सर।'' मधुसूदन किसी अप्रिय स्थिति को टालने के लिए उठकर खड़े हो गये। पॉकेट से पर्स निकाला और काउंटर की ओर बढ़े।

''एक मिनट मधुसूदन जी, मैं सबसे बड़ा हूँ इसलिए पैसे मैं दूँगा।'' एम. अलभ्यानन्द ने उन्हें टोका और गौरी को संकेत किया भुगतान करने को।

''नहीं सर, प्रस्ताव मेरा था कॉफ़ी पीने का, इसलिए मेरे सिवा कोई पेमेंट करने का अधिकारी नहीं।'' मधुसूदन हँसने का प्रयास करते हुए काउंटर पर जाकर खड़े हो गये। उनके चेहरे से अपमान की पीड़ा समाप्त नहीं हुई थी। हँसी के पीछे छिपाने पर भी बरबस वह झलक रही थी।

गौरी लपककर उनके पास पहुँची थी और पीछे से कन्धे पर थपथपा कर धीरे से पूछा—''क्या बात है? ज्यादा पिंच कर गयी बात?''

''ओह नो, इट्स आलराइट। कोई बात नहीं है।'' हँसने का प्रयास करते हुए मधुसूदन ने पीछे पलटकर देखा। एम. अलभ्यानन्द उन दोनों को प्यार से निहार रहे थे। प्रतापसिंह अपने पैंट की दोनों जेबों में हाथ डाले बाहर जाकर गेट के पास खड़े हो गये थे और आने-जाने वालों को देख रहे थे।

“क्या हुआ बाबूलाल? क्या हुआ?” एकाएक चार-छ: लोगों को चौराहे की ओर से भागते आते हुए देखकर प्रतापसिंह ने एक को टोका। इतनी देर में एम. अलभ्यानन्द के साथ गौरी और मधुसूदन भी बाहर आ चुके थे। वे भी ठिठककर बाबूलाल की बात ध्यान से सुनने लगे।

“अरे भइया, चौराहे पर गोली चल गयी। नान्हू लाल को लग गयी है।” वह हाँफ़ रहा था।

“क्या? नान्हू लाल को?” अबकी प्रतापसिंह के चौंकने की बारी थी।

“हाँ भइया, अपने छत से गोली चलाई है किसी ने।”

“कैसे पता?”

“बस मंच पर निशाना साधा गया था। भीड़ में से ऐसे कोई गोली नहीं चला सकता था। तब और लोग भी घायल होते।” बाबूलाल के चेहरे पर भय के कारण पसीने की बूँदें चुहचुहा आयी थीं।

“क्या हो रहा था?” प्रतापसिंह को कोई और प्रश्न नहीं सूझा तो यही पूछ लिया।

“अरे भइया, वही भन्ते लोगों के खिलाफ भाषण दे रहे थे नान्हू भइया। कुछ लोग तो इहाँ वाले नेता ...।”

एकाएक मधुसूदन को देख उसने अपनी बात अधूरी छोड़ दी।

“कोई और भी घायल हुआ है?” मधुसूदन ने पूछा तो वह और हाँफ़ने लगा।

“अरे भइया की बात, अपनी जान बचाकर भागे हम लोग कि देखने जा रहे हैं। अच्छा, चलता हूँ भइया, नहीं तो बेकारै में पुलिस-वुलिस का लफड़ा फँसेगा।” बाबूलाल ने प्रतापसिंह से आज्ञा माँगी और सरपट अपने घर की ओर भागने लगा।

“सर, आप और गौरी जी गेस्ट हाउस जाइए। मैं शाम को वहीं आपसे मिलूँगा। इस समय सोभित भन्ते से मेरा मिलना जरूरी है। वे तनाव में होंगे।” कहते हुए मधुसूदन ने एक रिक्शे वाले को हाथ से रुकने का संकेत किया लेकिन उसने कोई प्रत्युत्तर नहीं दिया और तेज गति से खाली रिक्शा आगे बढ़ा ले गया।

“नहीं, इस समय हमें भी के. सिरी सोभित से मिलना चाहिए। चूँकि उन लोगों के बारे में ही यह धरना प्रदर्शन हो रहा था इसलिए उन्हें इस समय हमारे सहयोग की अपेक्षा होगी।” गौरी ने एक गम्भीर प्रस्ताव रखा।

“लेकिन गौरी जी, आप यहाँ के हालात नहीं समझतीं। कभी भी कोई भी क्रिटिकल सिचुएशन आ सकती है। आपको उसमें मैं नहीं उलझाना चाहता।” मधुसूदन ने आग्रहपूर्वक गौरी को मना किया।

''चलिए, आप दोनों लोगों को मैं इस सामने वाले शॉर्टकट से गेस्ट हाउस तक छोड़ आऊँ।'' प्रतापसिंह ने सुझाव दिया।

''नहीं। इस समय हमारा के. सिरी सोभित के यहाँ जाना आवश्यक है।'' गौरी ने अपनी बात पर जोर दिया।

''मैं तो जरा निकल रहा हूँ। पता नहीं, नान्हू को लोग अस्पताल ले गये या नहीं? आप लोग अपना कार्यक्रम निश्चित करके जहाँ जाना होगा, चले जाइयेगा।'' प्रतापसिंह उन लोगों को वहीं छोड़ चौराहे की ओर पैदल ही बढ़ गये।

मधुसूदन गौरी की जिद के आगे विवश हो गये। एक आटो-रिक्शा वाले को हाथ दिया लेकिन वह भी चौराहे की ओर जाने के लिए तैयार नहीं हुआ। एक अफरातफरी का वातावरण चारों तरफ दिखाई दे रहा था। अफवाहें गहराने लगी थीं। किसी के अनुसार तीन-चार लोग घायल हुए थे तो किसी के अनुसार यह सब विपक्षी पार्टी की करतूत थी ताकि सबकी शंका भिक्षुओं की ओर चली जाए। वे लोग ही मूर्ति लगाने का चुपचाप विरोध कर रहे थे और राष्ट्रपति, प्रधानमन्त्री तक को पत्र लिखकर तुरन्त उस मूर्ति को हटवाने का आग्रह कर रहे थे। कुछ लोगों के अनुसार तो मूर्ति लगाने वालों ने ही सबकी सहानुभूति अपनी ओर करने के लिए यह सब हंगामा करवाया। नान्हू को मारना उद्देश्य नहीं बस गलती से गोली बहककर उसे लग गयी। निशाना तो कोई और था।

इन उड़ती फैलती अफवाहों को चीरते हुए गौरी, मधुसूदन और एम. अलभ्यानन्द भन्ते के. सिरी सोभित से मिलने के लिए पैदल ही बढ़ रहे थे। एम. अलभ्यानन्द का मुख मंडल कुहासे से ढँके चन्द्रमा की तरह मलिन दिखाई पड़ रहा था। बुद्ध की ज्ञान-भूमि उद्वेलित थी।

पन्द्रह

सावन लग गया पर धरती की प्यास पूरी तरह नहीं बुझ पायी। बादल आते, पर कभी गरज चमककर अनन्त आकाश में न जाने कहाँ लुप्त हो जाते तो कभी झिम्मिर-झिम्मिर बरस कर धरती को और उत्तप्त कर जाते। गर्म उच्छ्वासों से रात और दिन के सीने की बेचैनी थमने का नाम न लेती। लोग छतों पर, मैदानों में खड़े होकर टकटकी लगाए आकाश की ओर देखते। वृक्षों की पियराई सी पत्तियाँ हरियाली की ओर पग बढ़ाते-बढ़ाते थथम कर देख रही थीं। कभी-कभी हवा चलती तो उसके संग उड़ती धूल सावन का मानो मजाक उड़ाती सी इधर-उधर डोल जाती। लेकिन उत्सवप्रिया काशी में चहल-पहल थी। उधर दुर्गाकुण्ड और मानस मन्दिर के चारों ओर झूले, चर्खी और दुकानों की बाढ़ से रौनक आ गयी थी तो इधर सारनाथ भी मेले की तैयारियों से सज सँवर उठा था।

सड़क के दोनों ओर फुटपाथों पर चूड़ी, बिन्दी और खिलौनों की दुकानें सज गयीं। पिंजरे में बन्द तोते से भविष्यवाणी करने वाले, झट मेंहदी रचाने और गोदना गोदने वालियाँ भी अपना आसन जमा चुकी थीं। शिव मन्दिर क्षेत्र में बड़े-बड़े झूले लग गये थे। छोटे बच्चों को घुमाने के लिए लकड़ी की कार, घोड़े, बत्तख के आकार की चर्खियाँ थीं तो बड़ी बूढ़ी महिलाओं और युवा जोड़ों के लिए जनरेटर या बिजली से चलने वाला हेलीकाप्टर, नाव या फिर पारम्परिक ढंग का गोल झूला चक्कर लगाने के लिए तैयार था। एक तरफ टेंट लगाकर जादू का खेल भी चल रहा था। सावन आये या न आये, सावन का मेला लग चुका था। पूरे मेले में एक रौनक थी। कहीं कोई जमीन पर बैठी चूड़ियों का मोलभाव कर रही थी तो कोई अपने बच्चे को सस्ते खिलौने दिलाने के लिए तर्क द्वारा उसे सही प्रमाणित करने का प्रयास कर रही थी, परन्तु बच्चा अपना पैर पटकते हुए महँगे खिलौने के लिए अड़ा हुआ था। आँख मुँह रो-रोकर लाल। दुकानदार बड़ी तन्मयता से बच्चे को निहारते हुए अपनी जीत की प्रतीक्षा में था। पूरा मेला क्षेत्र निम्न और मध्यमवर्गीय महिलाओं, बच्चों और युवाओं से भर उठा था। चहल-पहल और जनरेटरों के शोर तथा धुएँ के बीच उल्लास और आनन्द का सागर ठाठें मार रहा था।

गौरी फुलझड़ी के कन्धे पर अपना एक हाथ टिकाए लापरवाही के साथ मेले में घूम रही थी। एक नयी अनुभूति से उसका चेहरा खिल उठा था। काली जींस की पैंट और ऊपर ढीला-ढाला सा छोटा लाल कुर्ता उसके रूप को और निखार रहा था। खुले बाल रेशम की तरह कन्धों से नीचे तक लहरा रहे थे। मेले में तुरन्त रचाई गयी मेहँदी से उसके गोरे पाँवों का सौन्दर्य और बढ़ गया था। एक ठेले पर स्टील के आभूषण बिक रहे थे। गौरी ने फुलझड़ी की पसन्द से अपने लिए पायल खरीदी थी और तुरन्त पैरों में पहन लिया। अपनी चाल के साथ ही रुनुक-झुनुक के स्वर के साथ गौरी कुछ देर तक बच्चों की तरह प्रसन्न होती रही थी। मेले में घूमने वाले लोग कुछ पल के लिए उसे आकृष्ट होकर देखने लगते। फुलझड़ी के साथ एक विदेशी महिला का घूमना जहाँ उनके लिए सामान्य बात नहीं थी वहीं गौरी इन सबसे बेपरवाह बहुत सहज ढंग से मेले का आनन्द उठा रही थी।

"चलो फुलझड़ी, उस झूले में बैठते हैं।" गौरी ने तर्जनी से हेलीकॉप्टरनुमा बने झूले की ओर संकेत किया। फुलझड़ी संकोच में कुछ बोल न सकी। भीतर से उसके मन में भी उस झूले में बैठने की उत्सुकता थी। आज तक कितनी बार वह सारनाथ के मेले में अपनी बहनों और अम्मा के साथ घूम चुकी थी पर कभी इतने बड़े वाले झूले में बैठने का सौभाग्य प्राप्त नहीं हो पाया था। "अब अकेले हो तो झुला भी दूँ। चार लोग हो तुम। बीस रुपये खाली घुमरी खाने के हो जाएँगे। क्या फायदा? उतने में चलो कुछ दूसरा खरीद लो।" अम्मा हर बार यही समझा देती। बस एक बार बचाऊ के साथ काठ की बत्तख वाली चर्खी पर वह घूमी थी। बड़ा मजा आया था। उतर जाने के बाद सारे पेड़ और धरती घूम ही रही थी। लगा जैसे अभी उल्टी हो जाएगी। अम्मा उसका सिर सहलाने लगी थीं। इस समय हेलीकाप्टर वाले झूले में हो सकता है और अच्छा लगे। फुलझड़ी ने हँसकर अपनी मौन स्वीकृति दे दी।

"झुला दूँ मैडम?" उन दोनों को झूले के पास ठिठका देख झूला वाला झपटकर पास आ गया।

"हूँ। हम दोनों झूलेंगे।" गौरी उल्लास से भरी हुई थी।

"मैडम हंड्रेड रुप्पी होंगे" झूले वाले ने अवसर अच्छा देखा।

"क्यों?" गौरी आश्चर्य से भर उठी।

"वो मैडम, पूरा झूला खाली रहेगा न। अभी और ग्राहक जुटाने में टेम लगेगा। आपको देर हो जाएगी। इसीलिए। दस डिब्बे खाली घूमेंगे न मैडम।" उसने अपना तर्क प्रस्तुत किया।

"ओह नो। हम बाद में झूल लेंगे।" गौरी ने किंचित् अनिच्छा व्यक्त की। झूले वाला ग्राहक के अभाव में बहुत देर से बैठा था।

''चलिए मैडम, बोहनी का बखत है। फिफ्टी दे दीजिए। चलिए बैठिए।''

''तुम लोग कितना चीट करते हो?'' हँसते हुए गौरी फुलझड़ी का हाथ थामे झूले में बैठने के लिए लगी छोटी सीढ़ी की ओर बढ़ गयी। छोटे से हेलीकाप्टर के शक्ल वाले झूले में दो लोगों के बैठने की जगह थी। दोनों अपनी-अपनी सीट पर अगल-बगल बैठ गयी थीं। झूले वाले लड़के ने जनरेटर ऑन कर दिया। झूला धीरे- धीरे गोल-गोल घूमने लगा था। फुलझड़ी ने चौंक कर पहले अपनी सीट को कसकर पकड़ने का प्रयास किया परन्तु एक निर्जीव वस्तु का सहारा उसके धड़कते हृदय को सान्त्वना नहीं दे सका था। उधर जनरेटर की बढ़ती आवाज़ के साथ झूला भी गति पकड़ने लगा था। उसने डरकर बाहर की ओर देखा। शिव मन्दिर और उसके सामने का तालाब कई बार आँखों के आगे से आते हुए तुरन्त ओझल हुए। पेड़ भी उतनी ही तेजी से गोल-गोल घूमते नज़र आये। उसे पिछले वर्ष वाला चर्खी का झूला याद आया। सिर गन्न से घूम गया। उसने झपटकर बगल में बैठी गौरी को दोनों हाथों से पकड़ लिया। सुगन्ध का एक झोंका उसकी नाक से टकराया। गौरी ने भी उसे अपनी बाँह का सहारा देते हुए अपने कन्धे पर लिटा लिया। सरसों के तेल और पसीने की मिलीजुली रूखी सी गन्ध उसे विचलित कर गयी।

''डर रही हो, फुलझड़ी?'' गौरी ने अपना मुँह उसके कान के पास सटाकर जोर से पूछा। जनरेटर और झूले के तेज स्वर में उसकी अपनी भी आवाज़ दब सी गयी थी।

''हूँ गौरी दीदी।'' फुलझड़ी की चिचियाती आवाज़ सुनाई पड़ी उसे। डर के कारण वह अपना सिर ऊपर नहीं उठा रही थी।

''ए..ए...ए..... रोको..... रोको .....।'' गौरी ने अपनी सीट के बगल वाली खिड़की से हाथ बाहर निकालकर रोकने का संकेत करते हुए तेज स्वर में कहा। झूले वाले लड़के ने सुनकर अनसुना कर दिया। उसे लगा, कहीं कम समय तक झूलने पर उसे पैसे कम न करने पड़ें।

''ए, मैं कह रही हूँ रोको झूला।'' गौरी पुनः खिड़की से झाँकते हुए चिल्लायी। उसका चेहरा तमतमाया हुआ था। झूला तेज गति में गोल-गोल घूम रहा था। कुछेक लोगों ने गौरी को झूले से चिल्लाते हुए देखा तो झूले वाले पर बिगड़ पड़े। खिसियाकर उसने जनरेटर बन्द किया तो झूले की गति मन्द होते-होते रुक गयी। तमतमाती हुई गौरी फुलझड़ी को सहारा दिए नीचे ले आयी थी। फुलझड़ी डर और चक्कर के कारण धम्म से जमीन पर बैठ गयी। झूले वाला रुपये लेने के लिए उसके पास आकर खड़ा हो गया। गौरी ने पचास का नोट उसे

पकड़ाया था और आग्नेय नेत्रों से घूरते हुए पूछा—"मैं चिल्ला रही थी तो तुमने झूला रोका क्यों नहीं?"

"..........." बिना कुछ जवाब दिए वह उसे देखकर मुस्कराता रहा। गौरी आपे से बाहर हो गयी। उसने अपना दाहिना हाथ खींचकर झूले वाले के गाल पर एक थप्पड़ जड़ दिया।

"इडियट, ग्रीडी मैन। यू कैन प्ले विथ वंस लाइफ़?" एक छोटी सी भीड़ उनके आस-पास जुट आयी थी। लोग झूले वाले को कोसने लगे थे।

"गौरी जी ...।" एक भारी सी स्नेहिल आवाज़ गौरी के कानों से टकराई थी। हलके भूरे और काले रंग के चेकदार मिनी कुर्ते और गाढ़े भूरे रंग की पैन्ट तथा आँखों पर सुनहरे फ्रेम का चश्मा लगाए मधुसूदन भीड़ में खड़े उसे पुकार रहे थे। कन्धे से लटकते कलात्मक सूती बैग में शायद पुस्तकें भरीं थीं जिनके भार से बैग नीचे की ओर सन्तुलित होकर लटका था।

"अरे आप?" गौरी की भंगिमा बदल गयी थी।

"चलिए, इन लोगों की मानसिकता के साथ मत जूझिए।" मधुसूदन भीड़ से निकलकर गौरी के पास आ गये थे।

"आप कहाँ से आ रहे हैं?" गौरी ने फुलझड़ी की पीठ पर थपकी देते हुए उठने का संकेत किया।

"घर से ही आ रहा हूँ। बस यूँ ही इधर निकल आया।"

मधुसूदन आगे बढ़ने लगे थे। उनके बगल में गौरी और फुलझड़ी भी चलने लगी। फुलझड़ी का चेहरा अभी भी संयत नहीं लग रहा था। भीड़ इधर-उधर छँट गयी थी। आपसी फुसफुसाहटें दूर होने लगीं।

"लेकिन मैं तो अभी दर्शन करना चाह रही हूँ मन्दिर में।" गौरी ने अपनी इच्छा प्रकट की। मधुसूदन ने छोटी सी पहाड़ी के ऊपर स्थित सारंगनाथ मन्दिर की ओर देखा था। सीढ़ियों से भीड़ का एक रेला उतर रहा था।

"अभी बहुत भीड़ है। तब तक लॉन वगैरह में चलकर घूमते हैं। शाम हो ही रही है। एकाध घंटे में मन्दिर खाली हो जाएगा, तब चलकर दर्शन कर लीजिएगा।"

"ठीक है। पर आप भी साथ चलेंगे न?" गौरी ने मचलकर पूछा।

"चल सकता हूँ।" मधुसूदन के ओठों पर एक मृदु मुस्कराहट फैल गयी थी।

"तब तक चलिए किसी कॉफ़ी-हाउस में कॉफ़ी पीते हैं। फुलझड़ी भी नार्मल हो जाएगी। क्यों फुलझड़ी?" गौरी ने अपना एक हाथ उसके कन्धे पर रख दिया। सकुचाई सी फुलझड़ी कुछ नहीं बोल पा रही थी।

"आज मैंने ही जिद की कि फुलझड़ी के साथ मेला घूमूँगी। जबसे आयी हूँ, बहुत नाम सुना है सारनाथ के मेले का।" गौरी बच्चों जैसे चहक उठी।

''तो, कैसा लगा?'' मधुसूदन के चेहरे पर वही सौम्य मुस्कराहट नाच रही थी।

''आप लोगों के लिए कुछ नया नहीं होगा पर हमारे लिए मिट्टी और लोक से जुड़ी हुई अनुभूति है ये। अच्छा लग रहा है। एक अनगढ़ और अकृत्रिम सौन्दर्य बोध। सब कुछ एक ताजगी लिए, एक प्रवाह जिसमें जीवन है, प्रारम्भ का सुख है, बिलकुल नवप्रभात की तरह।'' गौरी अपने शब्दों में डूब सी गयी थी।

''क्या रे, खूब घूम रही है?'' कॉफ़ी पीकर लौटते हुए एक पुरुष स्वर उनके कानों से टकराया था। फुलझड़ी ने चौंककर सामने देखा। हंसू अपनी पैंट की जेब में हाथ डाले सड़क के एक किनारे खड़ा मुस्करा रहा था। पान और सुर्ती से पियराए दाँत स्ट्रीट लाइट की रोशनी में झलके थे। ओठों के दोनों किनारों से पान की पीक की पतली धार निकलकर फैली हुई थी।

''भक्क, क्या बोलता है रे बरबखत?'' फुलझड़ी ने उसे डाँट लगायी।

''संझा बेला अकेले घूम रही है। मेरे साथ चल घूम।'' उसने अकेली समझ अपना प्रस्ताव रख दिया।

''अपनी माई को घुमाव दहि जरा। कुक्कुर कहीं का।'' फुलझड़ी अपमान से लाल-पीली हो उठी। पीछे से आ रहे गौरी और मधुसूदन ने उसे क्रोध करते देखा तो थोड़ा बढ़कर आगे आ गये।

''क्या है फुलझड़ी? क्या बात है?'' मधुसूदन एक बार उसे और एक बार हंसू को देख रहे थे। हंसू ने तपाक से बात बदल दी।

''कुछ नहीं सर जी, ये मेरे पट्टीदार की लड़की है न? उसकी अम्मा हमसे पूछ रही थी कि फुलझड़िया मेले में घूमने गयी है, दिखाई दी है? वही इससे मैं कह रहा था।''

''अच्छा, अच्छा।'' मधुसूदन के चेहरे पर एक आश्वस्ति-भाव पसर गया था, परन्तु फुलझड़ी हंसू के झूठ पर भीतर ही भीतर तिलमिला रही थी। गौरी भी आकर बगल में खड़ी हो गयी।

''मैडम जी, इसकी अम्मा इसे बुलाने भेजी है।'' हंसू ने गौरी से कहा।

''क्यों फुलझड़ी, जाना चाहती हो तो जाओ।'' गौरी ने उससे पूछा।

''तू जा, मैं आ जाऊँगी।'' फुलझड़ी असमंजस में पड़ गयी थी। हंसू की चाल वह समझ रही थी लेकिन गौरी दीदी को मधुसूदन जी के सामने कैसे बताए? उसने हंसू को टालना चाहा।

''अरे उतनी दूर है घर। अँधेरा हो चुका है। पानी बुन्नी का दिन। खाली हो गयी है काम से तो चली चल मेरे साथ। मैं भी अब घर ही जा रहा हूँ।'' हंसू ने

पुनः आग्रह किया।

"तुम पहचानती हो न इसे?" मधुसूदन ने उसकी हिचकिचाहट पकड़ ली।

"हूँ। हमारे घर के पास रहता है। लेकिन हम चली जाऊँगी अकेले।" उसने दृढ़ता से कहा।

"ठीक है, तुम कुछ देर में चली जाना। तुम जाओ भाई। यह बाद में जाएगी।" मधुसूदन ने हंसू के आग्रह को ठुकरा दिया। हंसू फुलझड़ी को तरेरता हुआ अँधेरे में एक ओर खिसक गया। वे तीनों सारंगनाथ मन्दिर की सीढ़ियों की ओर बढ़ गये।

एकाएक लाइट चली गयी थी। चारों ओर घुप्प अँधेरा सा छा गया था। गौरी ने मधुसूदन का हाथ पकड़ लिया—

"ओह मधुसूदन जी, कैसे चलेंगे इस अँधेरे में?" वह ठिठक गयी। मधुसूदन की धमनियों में बहता रक्त एकाएक अधिक तरल हो तेजी से बहने लगा था। कुछ क्षण के लिए स्वर ने साथ देना छोड़ दिया। चुपचाप वे इस समय को महसूस कर रहे थे। पर दूसरे ही क्षण उनके विवेक ने उन्हें झकझोरा था। भावलोक से वे झट वर्तमान में आ गये और अपना हाथ धीरे से छुड़ाते हुए बोले—"मैं आगे-आगे चल रहा हूँ। आप पीछे पीछे आइए। मेरी जानी पहचानी हैं सीढ़ियाँ।" वे एकाएक आगे बढ़े थे। गौरी ने पीछे से उनके कन्धे पर हाथ रखते हुए एक हल्का सहारा लिया था। भावनाएँ पुनः पिघलने लगी थीं।

"मैं भी दो-तीन बार आ चुकी हूँ पर अँधेरे में आने का यह पहला अवसर है।" वह हँसी थी। उसकी हँसी में न उस भावना की ऊष्मा थी और न ही सायास प्रयोजन। बेपरवाह-सी मधुसूदन के कन्धे पर अपना एक हाथ रखे वह सीढ़ियाँ चढ़ रही थी। मधुसूदन को अपने हलकेपन पर क्षोभ हो आया। उन्होंने मन की भावनाओं को बलात् दूसरी ओर मोड़ा।

"गौरी जी, इस बीच आप अपने गुरुजी से मिलीं या नहीं।"

"कई बार मिल चुकी। अकसर ही उनके मठ में जाती हूँ।"

"आपको क्या लगता है कि ईश्वर या जिसे हम परमात्मा या ब्रह्म मानते हैं, उसको जानने के लिए ये सारे कर्मकाण्ड आवश्यक हैं?" मधुसूदन ने प्रश्न उछाला। गौरी के हाथ के दबाव के कारण उन्हें चढ़ने में अधिक शक्ति लगानी पड़ रही थी इसीलिए स्वर थोड़ा हाँफता हुआ सा था।

"गुरुजी से मेरी अकसर चर्चा होती है। उनका दिया हुआ ज्ञान है, जिससे मैं भी सहमत हूँ और सभी को होना भी चाहिए। ब्रह्म या परम सत् तो हमेशा विद्यमान है। उसे महसूस करने के लिए आत्म ज्ञान के साथ ही ये सभी सहकारी तत्त्व भी आवश्यक हैं। जैसे कोई स्वरूप अँधेरे में विद्यमान है, हमारी आँखों में ज्योति भी है पर अँधेरे के कारण हम उस रूप को देख नहीं सकते। उसके लिए आलोक का होना

आवश्यक है। आलोक आँखों का सहकारी भाव है। उसी तरह कर्मकाण्ड हमें उस परब्रह्म को जानने के लिए एक भूमि का आधार तैयार करते हैं।''

''लेकिन इसी कर्मकाण्ड के विरोध में ही तो न जाने कितने धर्मों का जन्म हो गया।''

''लेकिन क्या आपको लगता है मधुसूदन जी, कि वे धर्म भी कर्मकाण्ड से मुक्त हैं?''

''नहीं, पूरी तरह से तो नहीं ही हैं मुक्त। आप क्या सोचती हैं?''

''बिलकुल यही। मूर्ति पूजा का विरोध किया जाता है और एक विशेष दिशा में एक विशेष प्रकार की आकृति वाली जगह में बैठकर ही उस परम पिता को याद करते हैं लोग। उसके चमत्कारों और कृत्यों का स्तुतिगान करते हैं। विशेष मुद्राएँ, दीये के स्थान पर मोमबत्तियाँ, पुष्पहार के स्थान पर खाता या कृत्रिम पुष्प गुच्छ सभी कुछ तो किये जाते हैं अन्य धर्मों में। कुछ पन्थों के अनुयायी तो मूर्तिपूजा का बहिष्कार करते हैं, पर जिस गुरु के नाम पर पन्थ चलता है उसी की तस्वीर या मूर्ति की पूजा अभ्यर्थना करने लगते हैं लोग। क्या कहेंगे इसे आप? क्या यह ढकोसला नहीं है? चन्द्रमा की ओर संकेत करने वाली तर्जनी को ही चन्द्रमा समझ लेने की भूल नहीं है ये?'' गौरी बोलते हुए हाँफ़ रही थी। सीढ़ियाँ चढ़ने में उसकी साँस फूलने लगी थी।

फुलझड़ी उन दोनों के बराबर चल रही थी। उसके मस्तिष्क में कई तरह के विचार तेजी से आ जा रहे थे। गौरी दीदी का मधुसूदन जी के कन्धे पर हाथ रखकर सीढ़ियाँ चढ़ना उसे अटपटा लग रहा था। कहीं कोई देख ले तो क्या सोचे? गौरी दीदी को सोचना चाहिए। मधुसूदन जी मर्द हैं, दूसरे के घर के हैं। बेचारे दो बार गौरी दीदी का हाथ अपने कन्धे से हटाने की कोशिश कर चुके। एक हंसुआ है मुँहझौंसा। बात बेबात खीस निपोर कर उससे सटने की कोशिश करता है। कैसा आज झूठ बोल रहा था। साँझ हो गयी है, इसकी अम्मा बुलाने भेजी है। एक बार ऐसे ही वह उसके झाँसे में आ भी गयी थी। मरदूद कहीं का। मंजुला भाभी से छुट्टी माँग वह उसके साथ चल दी थी। उसे लगा था कि सचमुच अम्मा बुलवाई होगी किसी काम से। अँधेरा हो गया था। ककरहिया वाले ताल में ले जाकर ...। छिः कुत्ते की मौत मरेगा मरकिनौना। अम्मा से बतायी तो वह तुरन्त हंसुआ के माई से जाकर पूछी। उल्टे उसे ही डाँट पड़ गयी। क्या कि हंसुआ तो आज शाम से ही कोठरी में लेटा है। उसका जी ठीक नहीं है। अम्मा भी उसी को फटकारने लगी थी। दूसरे के ऊपर इस तरह कीचड़ नहीं फेंकते फुलझड़िया। वह अन्दर ही अन्दर खून का घूँट पीकर रह गयी। शायद उसके धक्का देकर भागने पर डरकर वह खेत–

खेतारी में से तिक्खे भाग आया था और आकर अपनी खाट पर पड़ गया था। उसकी माई कैसे घिनौने ढंग से बोल रही थी— "सकल न सूरत, नाम शिवमूरत। हुँ।" तबसे साँझ होने से पहले ही वह घर पहुँच जाना चाहती है। एकाएक उसके बदन में झुरझुरी सी दौड़ गयी। आज भी तो अँधेरा हो गया है। कैसे वह ताल पार करके अपने घर तक पहुँचेगी। कहीं रास्ता में हंसुआ ...। मन्दिर की ओर बढ़ते उसके पाव ठिठक गये। उसने सहम कर पूछा—"गौरी दीदी, आप दर्शन कर लो, हम जा रही हूँ। अम्मा जोह रही होगी।"

"अकेली चली जाओगी?" माला फूल खरीदते हुए गौरी ने स्नेह से पूछा।

"जी, चली जाऊँगी।" और बिना उत्तर की प्रतीक्षा किये रेलिंग पकड़ तेजी से सीढ़ियाँ उतरने लगी थी। सामने कुण्ड के पानी में स्ट्रीट लाइट की परछाइयाँ चमक रही थीं।

"एक ही सदी में कितनी सदियाँ रहती हैं भारत में।" गौरी ने लम्बी साँस ली थी।

"हाँ, इक्कीसवीं सदी में आपको इक्यावनवीं और ग्यारहवीं सदी के लोग भी मिल जाएँगे। दोनों दो छोर। एक अति आधुनिक, कि आधुनिकता के सारे रिकार्ड तोड़ती और दूसरी अति प्राचीन, आदिम अवस्था का स्मरण दिलाती।"

"इनके बारे में लिखा जाना चाहिए।"

"कौन लिखेगा? तथाकथित इनके बारे में सेमिनार और साहित्यिक गोष्ठियाँ करने वाले लोग पंचसितारा होटलों में ठहरेंगे। वातानुकूलित कमरे, हवाई जहाज और महँगी शराब की शर्तों पर इन सेमिनार्स में भाग लेना स्वीकार करेंगे। इनकी दुर्दशा में ज़ार-ज़ार शब्दों की धार रोते हुए वे लोग अपनी ऐयाशियों पर पानी की तरह पैसे बहायेंगे और योजनाएँ बनाएँगे कल्याण की। साहित्य लिखेंगे इनके उद्धार का। बड़ी विडम्बना है, गौरी जी।" वे व्यंग्य से हँसे।

मन्दिर के मुख्य द्वार से वे दोनों गर्भगृह में प्रविष्ट हो गये थे। उन्हें देखते ही लम्बी दाढ़ी और धोती कुर्ते में पुजारी जी आकर अपने आसन पर बैठ गये थे। एक पतली सी मोमबत्ती एक कोने में जल रही थी। मेले की भीड़ भीड़ समाप्त होते ही मन्दिर में भी सन्नाटा खिंच गया था। गौरी ने हाथ में माला फूल लिए हुए चारों ओर दृष्टि दौड़ाई। गर्भगृह के ठीक दाहिनी ओर बरामदे में पुजारी जी की बँसहटा खटिया खड़ी थी जिस पर एक कथरी, पुरानी चादर और मैली सी तकिया टँगी थी। शायद बिस्तर लगाते-लगाते उन्होंने गौरी और मधुसूदन को आते देख लिया था। राधा-कृष्ण वाले बरामदे में ही एक कोने में तीन-चार पंडे दिनभर शिवलिंग पर चढ़े फुटकर पैसों का बड़ा सा ढेर लगाए उसे गिन रहे थे।

एक विदेशी को देखते ही पुजारी ने ज़ोर-ज़ोर से मन्त्र पढ़ना शुरू कर दिया—

"विश्वेशं माधवं ढुण्ढीं दंडपाणिं च भैरवम्।
वन्दे काशीं गुहां गंगां भवानीं मणिकर्णिकाम्।।"

"लाइट चली जाने पर इमरजेन्सी लाइट की व्यवस्था नहीं है क्या पंडित जी?" मधुसूदन ने पास की पड़ी बाल्टी से ताम्र-पात्र में जल भरते हुए पूछा।

"नहीं, मधुसूदन जी, थी तो पर उसका बल्ब फूट गया है।" पुजारी ने जवाब दिया।

"अरे तो कितने का होगा बल्ब? लीजिए, मैं देता हूँ पैसे।" मधुसूदन ने जेब से एक सौ की नोट निकालते हुए कहा।

"क्यों, मन्दिर की व्यवस्था यहाँ के मैनेजर लोग नहीं देखते क्या? वे पैसे गिन रहे लोग कौन हैं?" गौरी का अप्रत्याशित प्रश्न पुजारी जी को अनुत्तरित कर गया था।

"ये लोग बस सीजन में आकर यहाँ वसूली कर जाते हैं। व्यवस्था से कोई मतलब नहीं उनका। कुछ कहने पर आक्रामक मुद्रा में भी आ जाते हैं।" धीमे स्वर में बताते हुए मधुसूदन हँसे थे।

"आश्चर्य है, बिना कुछ किये दिए चढ़े हुए पैसों पर उनका अधिकार हो जाता है? क्या यहाँ के लोग या प्रशासन आपत्ति नहीं करता इस पर? एक पवित्र स्थल है यह। यहाँ की व्यवस्था अच्छी होनी चाहिए। लोग आते हैं श्रद्धा और विश्वास के साथ। ईश्वर के चरणों में रुपये भी उसी श्रद्धा के चलते ही चढ़ाते हैं कि मन्दिर की व्यवस्था में अड़चन न आए। किसने अधिकार दे दिया इन लोगों को कि ये पैसे गिनकर आपस में बाँट लें?" गौरी आश्चर्यचकित थी।

"आपको भी कुछ मिलता है कि नहीं, पंडित जी?" मधुसूदन ने पूछा।

"नहीं मधुसूदन जी, बहुत कम। बल्कि इससे अधिक तो बिना सावन के कमाई हो जाती है। सावन में तो जितना भी चढ़ावा होता है, सब ये लोग उठा ले जाते हैं।" वे तीनों आपस में बातें कर रहे थे और उधर चारों पंडे दीपक के प्रकाश में तन्मयता से पैसे गिन रहे थे। इन लोगों का स्वर उन तक नहीं पहुँच रहा था। पंडित जी ने मधुसूदन द्वारा पकड़ाया गया नोट लपक अपनी मुट्ठी में दबा लिया और उन पंडों की ओर चोर दृष्टि से देखते हुए अपनी जेब में रख लिया।

"मैं बल्ब लगवा दूँगा। कल ही।" उनका स्वर फुसफुसाहट में बदल गया था ताकि बाहर बरामदे में बैठे पंडे सुन न लें।

गौरी और मधुसूदन ने एक अर्घे में बने दोनों शिवलिंगों पर बिल्वपत्र और

माला-पुष्प चढ़ाया था। पुजारी जी ने ज़ोर-ज़ोर से मंगल कामना की थी—

"मन्त्रार्था: सफला: सन्तु ...।" रोली का टीका माथे पर लगा दोनों बाएँ द्वार से निकल परिक्रमा के लिए बढ़े थे। गर्भगृह से ठीक पीछे पहुँचते ही दीवार से सटकर बैठे तीन-चार मजदूर जैसे आदमी लहसुन प्याज छील रहे थे। एक आलू और बैंगन काट रहा था, दूसरा बड़ी सी अल्युमिनियम की परात में आटा गूँथ रहा था। सामने ही खाली स्थान पर गोहरी का अहरा सुलग रहा था। एक बकरी मे-मे करती हुई पार्वती जी की मूर्ति की ओर बढ़ी जा रही थी। उसके द्वारा की गयी गन्दगी पूरे बरामदे में इधर-उधर फैली थी। मन्दिर परिसर में इस तरह की गन्दगी देख मधुसूदन का सिर भन्ना उठा। इन्हीं सब कारणों से उन्होंने मन्दिर में आना कम कर दिया था। मन्दिर परिसर से सटे पंडित के आवास में रह-रहा पूरा परिवार। हर तरह के गृहस्थ कार्य-व्यापार और छोटी जातियों के ब्याह जैसे महत्वपूर्ण आयोजनों को सम्पन्न कराने के लिए मन्दिर परिसर को सस्ता एवं उपयोगी स्थान बना दिए जाने के कारण उनका मन खिन्न हो उठता था। किसी श्रद्धा के वशीभूत न होकर केवल आसानी से उपलब्ध हो जाने के कारण कीचड़ सने जूतों सहित गन्धाते महकते घराती-बराती लाउड-स्पीकर या टेप पर अश्लील गाने लगाकर धमाचौकड़ी मचाते और अपनी जूट्ठी पत्तलें प्लास्टिक की प्लेटें और गिलास वहीं मन्दिर परिसर में छोड़ विवाह-अनुष्ठान सम्पन्न कर चले जाते। पुजारी जी को मिल जाती कुछ दक्षिणा और सफाईकर्मी को बुलवा कर सफाई करवाने हेतु कुछ और रुपये। आयोजनकर्ता भी प्रसन्न कि सस्ते में सारा काम निबट गया और पंडित जी भी खुश कि मन्दिर तो सबका है, कैसे रोक सकते हैं किसी को। कुछ पैसे मिले सो अलग से। जीवन-व्यापार चल रहा था। उत्थान-पतन से परे सारी भावनाएँ सुप्त पड़ी सी।

लेकिन इस समय गौरी के सामने मन्दिर में चल रहे जीवन व्यापार पर मधुसूदन क्षुब्ध हो उठे। जल्दी-जल्दी डग बढ़ा वे दाहिने द्वार पर आ गये थे जहाँ से पंडित जी उठकर अपनी खटिया की ओर बढ़ रहे थे।

"पुजारी जी!" मधुसूदन के स्वर में आक्रोश झलक रहा था।

"हाँ, बोलिए मधुसूदन जी।" पुजारी जी लपककर उनके पास आ गये थे। उन्हें कुछ और दान की उम्मीद हो चली थी।

"पुजारी जी, जरा भी संकोच आप लोगों को नहीं होता है। आत्मा एकदम बेच चुके हैं?"

"क्या हुआ साहब?" पुजारी जी का स्वर संयत था।

"अरे क्या नहीं हुआ है? पार्वती जी की मूर्ति के सामने तक बकरी मिमियाते हुए गन्दगी कर रही है। ठीक गर्भगृह की दीवार से सटकर लोग प्याज लहसुन

छील रहे हैं पीछे। खाना पकाया जा रहा है। आप लोग ये सब क्या कर रहे हैं?'' मधुसूदन ने अपने क्रोध को दबाते हुए कहा।

''हम क्या कर सकते हैं साहब? एक बार एक बकरी आयी थी यहाँ, मैंने एक डंडा खींच कर मार दिया तो पूरी भरौटी गाली गलौज करते ऊपर चढ़ आयी। कहने लगे—तुम्हारे बाप ने मन्दिर बनवाया है क्या पंडित, जो तुम्हीं ऊपर रहोगे? उस समय तो कोई नहीं बोलने आया मेरी तरफ से मधुसूदन जी। यहाँ के कई सम्भ्रान्त लोगों से भी मैंने कहा लेकिन कोई उन्हें समझाने नहीं गया। अब बकरी आये या सूअर, मैं क्या करूँ? पानी बुन्नी से बचने के लिए सारनाथ में कहीं-कहीं काम करने वाले लोग कभी-कभी यहाँ आकर खा बनाकर सो रहते हैं। मैं किस-किसको मना करूँ? मना करूँ तो अपनी इज्जत गवाऊँ तब न? दो ठो हमारे बाल बच्चे हैं यहाँ। परिवार भी है।''

पुजारी ने असहाय होकर अपनी सारी बातें उनके सामने रख दी थीं।

''क्या बात है भाई साहब? तबसे उपदेश दे रहे हैं। कै पैसा मन्दिर के नाम पर दान किये हैं जो सारी व्यवस्था टंच चाह रहे हैं?'' दो पंडे उठकर उन लोगों के पास आकर खड़े हो गये। उनकी आँखें लाल-लाल थीं और आवाज़ लड़खड़ा रही थी।

मधुसूदन अपमानित महसूस करने लगे। उन्होंने तिलमिलाकर जवाब दिया—''जब से वह ऊँचा सा सिक्कों का ढेर गिन रहे हैं आप लोग, वो क्या है?''

''अच्छा, तो उस पर नज़र टिकी है?'' एक व्यंग्य से हँसा था।

''हिस्सा चाहिए क्या?'' दूसरा आक्रामक मुद्रा में आगे बढ़ा था।

''अरे प्रकाश जी, बखेड़ा मत करिए। ये बेचारे तो बस बकरियों की गन्दगी के लिए कह रहे थे।'' पुजारी ने बात बिगड़ते देख हस्तेक्षप किया। गौरी हतप्रभ थी इस दृश्य परिवर्तन पर।

''नहीं, नहीं, मैं दे दूँ हिस्सा। विदेशी लौण्डिया लेकर टहल रहा है तो इंग्लैण्ड बन जाएगा सारनाथ?'' वह पंडा पुनः गुर्राया।

''शट अप...।'' क्रोध में मधुसूदन ने लपककर पंडे के कुर्त्ते का कालर पकड़ लिया। उनकी आँखों में भी खून उतर आया था।

''अरे, अरे, कुर्ता पकड़ लिया। अबे स्सा ...।''

उसका शब्द पूरा होने से पूर्व ही मधुसूदन का एक झन्नाटेदार थप्पड़ पंडे के गाल पर पड़ा था।

''सबके साथ बदतमीजी से बात करने की तुम लोगों की आदत पड़ गयी है? बाप दादाओं के बदौलत बैठे ऐश कर रहे हो, नोट गिन रहे हो और लोगों के साथ बदतमीजी भी करते हो? होश में रहना सीख लो। बहुत गन्दगी मचा लिए धर्म के

नाम पर।''

मधुसूदन गुस्से में थर-थर काँप रहे थे। दूसरा वाला पंडा अपने साथियों की ओर भागा था। गौरी चिल्ला रही थी—''हेल्प, हेल्प, कोई है। पुलिस को इन्फार्म करो कोई। अरे कोई ...।''

शोर सुनकर पंडिताइन भी अपनी कोठरी से बाहर निकल आयी थी। मन्दिर में पिछवाड़े खाना पका रहे मजदूर भी आकर दूर-दूर खड़े हो गये। मधुसूदन के गुस्से को देखकर कोई आगे बढ़ने की हिम्मत नहीं कर रहा था, बस पुजारी जी उस पंडे को मधुसूदन की पकड़ से छुड़ाने की कोशिश कर रहे थे। नशे में धुत्त पंडे का शरीर स्वयं ही निढाल हो रहा था। बाकी तीनों पंडे भी आकर खड़े हो गये थे लेकिन अपनी आन्तरिक कमजोरी के कारण आत्मविश्वास साथ नहीं दे रहा था कि वे मधुसूदन का विरोध कर सकें।

मधुसूदन क्रोध में चिल्ला रहे थे—''शराब पीकर एक तो पूरे मन्दिर परिसर को भ्रष्ट करते हो उस पर से जुबान पर भी नियन्त्रण नहीं है? दिमाग खराब हो गया है?''

अपनी कमजोरियों को मधुसूदन द्वारा जगजाहिर किये जाने से वे सकपका गये थे। आज तक उन लोगों की इस चारित्रिक दुर्बलता को इस तरह सरेआम किसी ने चिन्दी-चिन्दी करके नहीं उड़ाया था। वे विनम्र हो स्वयं मधुसूदन को समझाने लगे थे—''जाने दीजिए भइया जी, ई ससुरा बड़ा बेवकूफ है। पता नहीं कब जाकर चढ़ा आया नटई भर, तो लगा आप लोगों से बहकने। चलो प्रकाश माफी माँगो साहब से। अरे मूरख, ये लोग हमारे जजमान हैं। इन्हीं की बदौलत हम लोग जी खा रहे हैं। चलो, माँगो माफी साहब से। अब ऐसी गलती नहीं होगी साहब। आप इतमीनान से दर्शन-पूजन करें।''

और वे तीनों प्रकाश नामक इस पंडे को अपनी ओर खींच कर ले जाने लगे। उनकी इस नाटकीय हरकत पर मधुसूदन को और क्रोध आ रहा था परन्तु उन्होंने अपने को बलात् संयत कर लिया था।

पंडिताइन सिर पर पतला सा घूँघट निकाले आकर गौरी और मधुसूदन के बीच में खड़ी हो गयी थीं और फुसफसाकर बोलीं—''बहुत अच्छा किये भइया, जो इनका मामर हेठ कर दिए। बड़ा लगाते हैं सब। किसी को कुछ गिनबै नहीं करते। अंड, बंड जो मुँह में आंता है, बकते रहते हैं। न बहिन देखाएँ न बिटिया। पी के दारू टुन्न। पंडित से एक-एक पैसे का हिसाब ले लेते हैं, जैसे उनके बाप दादा के हरवाह-चरवाह हों पंडित। पाई-पाई जोड़के। ये भी नहीं देखते कि दो ठो बाल-बच्चा यही मन्दिरवै के साफ-सफाई में न खप रहे हैं। कोई सरकार तनख़ाह तो दे

नहीं रही। इसी में से जोड़ बटोर ...।''

''जी माता जी ...।'' मधुसूदन उनकी आपबीती को बीच में ही काटते हुए गौरी से उन्मुख हुए—''गौरी जी, आइए चलते हैं। मूड खराब हो गया।''

''ओह आई कैन अंडरस्टैंड, मधुसूदन जी।'' गौरी के चेहरे पर पश्चात्ताप के भाव थे।

दोनों चुपचाप सीढ़ियाँ उतरने लगे। सामने कुंड के जल में कमल के फूल तैर रहे थे जो हल्की रोशनी में सफेद दिखाई पड़ रहे थे। कहीं-कहीं छोटी मछलियों के आलोड़न से पानी की सतह पर एक आवर्तन बन जाता और धीरे-धीरे वृत्ताकार फैलते हुए पूरे पानी में समा जाता। कुंड के ठीक दाहिनी ओर पीपल के पेड़ की झुकी डालियाँ पानी में प्रतिबिम्बित हो रही थीं। पीपल की जड़ों के पास कोई नन्हा सा दीप जला गया था। अँधेरे में प्रकाश का अस्तित्व पूरी शक्ति के साथ उपस्थित था।

बाईं ओर मन्दिर की पहाड़ी की तलहटी में मिट्टी का एक छोटा सा घर था जिसमें से निकलता धुआँ जीवन की आँच की आहट दे रहा था। बाहर एक बूढ़ा निर्बल सा व्यक्ति कमर से धोती पहने और शेष निर्वस्त्र चारपाई पर बैठा अपना हुक्का गुड़गुड़ा रहा था। कोठरी के भीतर फर्श पर तीन-चार बच्चे एक फटी कथरी पर आड़े-बेड़े सोये थे। कोठरी की दीवार से सटाकर मिट्टी के कई प्रकार के बर्तन बेचने के लिए रखे थे—दीया, पुरवा, हँड़िया, चिलम और भी न जाने क्या क्या?

मधुसूदन और गौरी चुपचाप अपने विचारों में खोये मुख्य सड़क पर आ गये थे। मेले की चहल-पहल रात होने के साथ ही समाप्त हो गयी थी। ठेले वाले अपने-अपने घरों की ओर लौट रहे थे। वे दोनों भी गेस्ट हाउस की ओर बढ़ रहे थे।

सोलह

फुलझड़ी तेज-तेज डग भरते हुए अपने घर की ओर चली जा रही थी। सलवार को ऊँचा उठाते हुए कमर में खोंस लिया ताकि जल्दी-जल्दी चलने में पैर उलझे नहीं। दोनों चप्पलों को एक हाथ में ले लिया था। कहीं ताल सीवान में फट-फट की आवाज़ से कोई भूत प्रेत ...। भूत प्रेत की बात याद आते ही उसके शरीर में डर की एक गहरी झुरझुरी समा गयी। वह तेजी से बुदबुदाने लगी :

"दोहाई मलकार बाबा, दोहाई पड़हरिया वीर बाबा, जय हो हनुमान गोसाईं...।" अम्मा से सुन रखा था कि हनुमान गोसाईं के नाम से ही भूत प्रेत दूर भागते हैं। वह और जोर जोर से नाम लेने लगी। उसे अपने ऊपर गुस्सा आ रहा था। क्यों वह गौरी दीदी के साथ मेला घूमने के लिए तैयार हो गयी? अपने गाँव की गीतवा के साथ आ जाती या जित्तन भउजी के साथ घूम लेती। दिन रहते घर तो पहुँच जाती। मंजुला भाभी के यहाँ काम करते हुए भी वह अँधेरा होने से पहले ही घर के लिए चल देती है। जिस दिन देर होती है उस दिन खुद प्रताप भइया उसे यह ताल पार करवा जाते हैं। आज तो वह फँस गयी। गाँव वाले कहते हैं कि इस ताल में एक भूत ऐसा है जो दिन में साँड बनकर चरता रहता है और रात में अजब-गजब कोई भी भेष बना लेता है। जो उसे देखकर डर जाता है उसकी तो छुट्टी ही हो जाती है। राजकरन कक्का इसी चक्कर में खटिया पकड़े तो फिर नहीं ही उठे। और शोभन भइया... बेचारे रात में शहर से लौट रहे थे साइकिल से। पानी खूब बरस रहा था। साइकिल की चेन उतर गयी यहीं आकर। उतरकर ठीक करने लगे अँधेरे में, तो नाग बनके डँस लिया।

"दोहाई हनुमान स्वामी के ... हे मलकार वीर बाबा...।" फुलझड़ी का हृदय ज़ोर-ज़ोर से धड़क रहा था। इतनी ज़ोर से कि वह धुक-धुक की आवाज़ महसूस कर सकती थी। उसने पग तेज बढ़ाना चाहा पर लगा जैसे टाँगों ने जवाब दे दिया है। अँधेरे में पूरा सीवान भाँय-भाँय कर रहा था। हंसुआ के साथ ही चली आयी

होती वह। खा थोड़े जाता रास्ते में। उसे अपने ऊपर क्रोध आने लगा।

एकाएक उसे लगा जैसे उसके पीछे-पीछे कोई आ रहा है। उसकी घिग्घी सी बँध गयी। पीछे पलटकर देखने का साहस भी समाप्त हो गया। वह और तेज हनुमान गोसाईं को पुकारने लगी थी।

"सुनो, कौन हो तुम?" पीछे से आवाज़ आयी थी। सुनकर वह लगभग दौड़ने लगी थी पर आत्मबल कम होने पर तन बल स्वयमेव क्षीण हो जाता है। वह मात्र कुछ कदम अपने को घसीट पायी और कच्ची पगडंडी पर भहरा पड़ी।

"कौन हो बेटी तुम? घबड़ाओ मत। चलो मैं तुम्हें, तुम्हारे घर तक छोड़ आऊँ।" पीछे से आने वाला व्यक्ति उसके पास आकर खड़ा हो गया।

"हू..... ऊ... ऊ...।" वह चीख पड़ी। ढीला-ढाला लबादा जैसा ओढ़े उस व्यक्ति का पूरा बदन संगमरमर की तरह सफेद दिखाई पड़ रहा था। सिर पर बाल बिलकुल नहीं थे। ना ही नाक के नीचे मूँछें थीं। फुलझड़ी भय से थर-थर काँप रही थी।

"हैल्लो... तुम कौन हो?" वह व्यक्ति परेशान सा पूछ रहा था। इस अँधेरे निर्जन में एक लड़की का इस तरह भयभीत होना उन्हें भी उलझन में डाल रहा था। यह तो अच्छा संयोग था कि आज अकेले टहलते हुए वे इधर की ओर आ गये अन्यथा न जाने क्या होता?

"जी... जी... हम फुलझड़ी...।" वह डरते हुए उठ खड़ी हुई।

"क्या, तुम फुलझड़ी ... अरे अँधेरे में मैं तुम्हें पहचान नहीं सका बेटी...। तुम तो सेरेना मेरा मतलब गौरी दीदी के साथ मेला घूमने गयी थी।" आगन्तुक ने उसे पहचान लिया तो उसने भी उनके चेहरे की ओर देखा। देखते ही वह खिलखिलाकर हँस पड़ी। कुछ देर पहले का उसका भय तिरोहित हो गया। वह चहककर बोल उठी—"अरे दाऊ जी आप? इत्ती बेर गये आप हियाँ क्या कर रहे हैं? हम तो समझीं कि कोई भूत परेत...।" वह फिर झेंपी हुई हँसी हँस पड़ी।

"क्या, मैं भूत...?" भिक्षु एम. अलभ्यानन्द भी उसके साथ हँस पड़े।

"नहीं दाऊ जी, आप हियाँ कैसे?" उसने पुनः अपना प्रश्न दुहराया।

"बस, सोचा आज इधर निकला जाय। देखें इधर कैसा लगता है? पहले तो यहाँ दूर-दूर तक जंगल फैला था।"

"क्याऽऽ" फुलझड़ी का प्रश्न लम्बा हो उठा। उसे दाऊ जी के इस रहस्योद्घाटन पर आश्चर्य भी हुआ और भय भी। वह तो जब से देख रही है तब से यहाँ ताल और सीवान ही हैं। बिलकुल सुनसान, जिधर कोई साँझ-वाँझ के बाद आता ही नहीं। फिर दाऊ जी ने कब यहाँ जंगल देख लिया। वे तो यहाँ के रहने वाले भी नहीं हैं। उसने भय के साथ एक बार पुनः उनके चेहरे को देखा। सचमुच

दाऊ जी ही हैं न? नीचे पैरों की ओर भी देखा। जित्तन भउजी बता रही थी कि अपने नइहर में उसने चुड़ैल को देखा था। बिलकुल औरतों की तरह सफेद साड़ी में। बस पाँव उल्टे होते हैं, यानी एड़ी आगे और पंजा पीछे।

फुलझड़ी थोड़ी आश्वस्त हुई। दाऊ जी के पैर ठीक-ठाक थे। काली सैंडिल में आगे की ओर से दिखाई दे रही थीं पैरों की गोरी उँगलियाँ।

''तुम्हारा घर किधर है? चलो मैं छोड़ आऊ तुम्हें, नहीं तो फिर रास्ते में डर जाओगी।'' एम. अलभ्यानन्द ने दो डग आगे बढ़ते हुए कहा। फुलझड़ी चाह भी रही थी कि दाऊ जी कम से कम उसे उसके गाँव के पास वाले कुएँ तक भी छोड़ देते तो अच्छा रहता। आगे तो वह दौड़ती हुई चली जाएगी।

''जी ...।'' छोटी सी हामी भर वह उनके पीछे-पीछे चलने लगी।

''तुम्हारे घर का रास्ता मुझे ज्ञात नहीं फुलझड़ी। तुम या तो मेरे आगे चलो या फिर बराबर।'' एम. अलभ्यानन्द के ओठों पर हँसी बिछली थी। अँधेरे में शुभ्र दन्तावलियाँ चमककर ओझल हो गयीं। कच्चे रास्ते पर भी वे बहुत संयत पग रखते हुए चल रहे थे। दृष्टि ठीक सामने थी। चीवर की हल्की सरसराहट और चलने की मद्धिम आहट नीरवता में एक संगीत का सृजन कर रहे थे। फुलझड़ी कभी उनके आगे-आगे चलती तो कभी सकुचा कर थोड़ा पीछे हटकर बगल में हो जाती। अम्मा कहती हैं बड़े लोगों और संन्यासियों के आगे आगे नहीं चलना चाहिए।

''अभी रात बहुत नहीं हुई है। बस अँधेरा हो जाने के कारण लग रहा है कि बहुत समय हो गया है।'' उन्होंने आकाश की ओर निहारा।

''हूँ।'' फुलझड़ी की चप्पल में ठोकर लगी थी। वह लुढ़कते-लुढ़कते बची। मन हुआ फिर से निकाल कर हाथ में ले ले चप्पल लेकिन संकोच में ऐसा नहीं कर सकी।

''गौरी भी गेस्ट-हाउस लौट आयी होगी?'' उन्होंने पूछा।

''पता नहीं। रास्ते में मधुसूदन भइया भी मिल गये थे। वे साथ थे। हम तो मन्दिर से ही लौट आयी। दर्शन करने जाने में तो और अबेर हो जाती।'' फुलझड़ी ने मानो सफाई दी।

''अच्छा, अच्छा, तब तो ठीक है। मधुसूदन साथ है।''

उनके स्वर में सन्तुष्टि का भाव था। फुलझड़ी को आश्चर्य हुआ। कैसे बाप हैं ये। अपनी बेटी को किसी पराए मर्द के साथ, इतनी रात में ...हुंः, इसीलिए न ये सब विदेशिए इतना लाल-लाल रहते हैं। न कोई चिन्ता, न फिकिर। इहाँ तो जरा-सी देर हुई नहीं कि बस अम्मा पूरा गाँव सिर पे उठा लेगी। वो भी बेचारी क्या करे? जमाना में तो आग लगी है। किसी का मुँह कोई थामे है? जो भी मन में आया, बक गया। बितनी फुआ चूड़ी, बिन्दी, लाली रखकर दुआर-दुआर बेचकर अपना पेट

पाल रही हैं तो हंसुआ की माई एक दिन ताना मार ही दी कि राजनरायना से आँख-मटक्का कर रही थी। छिः...अपने हंसुआ को नहीं देखती। हर घड़ी बउराया रहता है मरिकिनौना।

चलते-चलते फुलझड़ी ने पच्च से खेत में थूक दिया। सामने देखा तो मोटे वाले महुआ के पेड़ के पीछे से एक मनुष्य आकृति निकलकर उन सब से कुछ आगे गाँव की ओर बढ़ने लगी। फुलझड़ी ने आँखों को और फैलाया तथा अँधेरे में पहचानने का प्रयास करने लगी। चाल से तो यह हंसुआ लग रहा है। यहाँ सीवान में अभी तक क्या कर रहा था? मुँहजार को भूत प्रेत भी नहीं पूछते। मेले में से आकर यहाँ बैठा रहा होगा तब न अभी को निकल रहा है? गाँजा चिलम चढ़ा रहा होगा हरामजादा। अच्छा हुआ, दाऊ जी मिल गये नहीं तो कुछ न कुछ हरकत तो जरूरै करता। उसके तन बदन में भय और घृणा का मिश्रित भाव फैल गया।

''तुम्हारे घर में कौन-कौन है फुलझड़ी?'' एम. अलभ्यानन्द ने इतनी देर से छाई निस्तब्धता को तोड़ते हुए पूछा।

''जी हमारे बाऊ, अम्मा और बचाऊ और हम।'' वह फीकी सी हँसी हँस पड़ी। उसे डर था कि कहीं दाऊ जी उसके घर तक चलने के लिए न कह दें। क्या कहेंगे बस्ती वाले? इतनी रात में पाँचू की लड़की एक विदेशी के साथ कहाँ से आ रही है? वह भी संन्यासी? उसकी बस्ती में सब लोग संन्यासी को बुरा नहीं तो बहुत अच्छा भी नहीं समझते। अब वही खेमानन्द भन्ते हैं। कहने को संन्यासी हैं। अपने देश और दूसरे देश में जाते होंगे तो भले ही पूजे जाएँ लेकिन इहाँ सारनाथ में तो उनकी बड़ी थू-थू है। कहने को तो लोग न जाने क्या-क्या कहते हैं उनके बारे में। तमाम और भी संन्यासी हैं वहीं। लेकिन किसी और के बारे में इतनी बात कहाँ उड़ती है। अरे जब ये ही सब करना है तब जाकर बियाहै न कर ले? लेकिन उसमें झंझट है न? तब कौन इतना गोड़ धरइया करेगा? चढ़ावा चढ़ाएगा? एक दिन हंसुआ भी तो मजाक में कह रहा था कि चल फुलझड़िया, हम संन्यासी हो जाएँ, तू हमारी सेकेरटरी। मजे से सब लोग पैर छुयेंगे और पैसा भी आयेगा। ऐयाशी करेंगे। ई रोज़ बुद्ध जी का हाथ पैर तोड़ कर एंटीक बनाना और पुलिस वालों से चोरी लुक्के बेचना बन्द।

वह हँस पड़ी थी उसकी बात पर।

''किस मन्दिर के संन्यासी जी बनोगे? सब में तो एक-एक ठो विदेसी बैठे हैं? अपने सारंग बाबा भी खाली नहीं रहते कि वहीं धूनी रमा लोगे?'' उसने हँसते हुए पूछा तो हंसुआ की बोलती बन्द हो गयी। बस इतना ही बोला—''किसी दिन रात को किसी मन्दिर के संन्यासी जी को उठाकर ...।''

"छिः..." आगे की उसकी बात सुने बिना ही वह समझ गयी थी। इतना पापी विचार उसी के माथे में घूम सकता है। निबहुरा बचाऊ को भी अपने साथ लेकर बरबाद कर रहा है।

"फुलझड़ी, तुम पढ़ने नहीं जाती?" एम. अलभ्यानन्द चलते हुए पुनः उससे पूछ रहे थे।

"नहीं, कुछ दिन पढ़े थे।"

"कहाँ?"

"पहिले प्राइमरी में जाते थे। लेकिन फीस बढ़ जाने से बाऊ इसइया में भेजने लगे। उहाँ सिलाई कढ़ाई सिखाते थे सब। टाफी-वाफी भी बाँटते थे। परभू जी का भजन करवाते थे। कोई रोग-दोख होता था तो उनके परभू जी की किरपा से ठीक भी हो जाता था। अत्तवार को तो आस-पास के गाँवों से हज़ारों लोग आते थे। किसी को अपना लड़का झरवाना है तो किसी को कोई बीमारी। सबको जल पिलाया जाता था, प्रार्थना की जाती थी बस सब चंगा। बड़ी भीड़ लगती थी। परसाद में साड़ी कपड़ा तक बँटता था। लेकिन एक दिन शहर से बहुत सारे लोग आये थे। झगड़ा फसाद हुआ। कह रहे थे तुम लोग बहकाकर धरम बदल रहे हो। हुँः, अपने सब कुछ करेंगे भी नहीं और दूसरों को करने भी नहीं देंगे। बस, बाऊ ऊहाँ से भी छुड़ा दिए हमको। तब से मंजुला भाभी के यहाँ काम पर लग गयी।" बताकर वह चुप हो गयी।

"हूँ।" एक गहरी साँस ली थी एम. अलभ्यानन्द ने।

"अब आप जाइए। हम चली जाएँगे।" सामने गाँव में जल रहे मद्धिम बल्बों की रोशनी दिखाई देने लगी थी।

"क्यों, अपने घर तक हमें नहीं ले चलोगी?" उन्होंने मुस्कराकर पूछा। उनके मुखमंडल पर चाँदनी सी स्निग्धता फैली थी।

"जी, नहीं... जी हाँ, माने की आपको देर ...।" वह उलझ गयी थी। कैसे टाले दाऊ जी को? अपने घर ले जाकर कहाँ बैठायेगी? बाऊ की झिंलगा खटिया पर? क्या खिलायेगी? गुड़ की पिड़िया? अगर कहीं बाऊ दारू-वारू चढ़ाकर अपने असली फारम में आ गये हों तो क्या होगा? कुछ जद्द-बद्द बोल देंगे दाऊ जी को। किसी तरह इनको टरकाना ही होगा।

"जी, गौरी दीदी भी हलकान हो रही होंगी कि आप ... ?" उसने दूसरा तर्क दिया उन्हें लौटने का।

"नहीं, नहीं, वह अभी आयी नहीं होंगी। वैसे भी मैंने उससे सुबह ही बता दिया था कि मैं शाम को सारनाथ के आस-पास वाली जगहों को देखूँगा।" एम. अलभ्यानन्द ने उसकी बात का खण्डन कर दिया।

"लेकिन इतने अँधेरे में आप क्या देखेंगे? दिन होता तो कुछ ...।" उसका असमंजस भाव स्वर में उभर आया।

"हूँ, ठीक तो कह रही हो तुम। कभी दिन में भी आऊँगा। आज देखूँ रात में कैसा अनुभव होता है मुझे।" उन्होंने उसके असमंजस का पुनः खंडन करते हुए कहा।

"अरे अँधेरे में क्या दिखेगा? सब लोग अपनी-अपनी खटिया बाहर डाले बैठे या सोये होंगे। कोई बीड़ी फूँक रहा होगा, कोई नशे में गाली-फक्कड़ दे रहा होगा। औरतें घर में चूल्हा फूँक रही होंगी। किसी के दुआर पर ठेंगुना भर पानी और कीचड़ जमा होगा तो किसी के दुआर पर बकरी-गोरू गन्दा किये होंगे। क्या देखेंगे दाऊ जी आप?" उसने एक साँस में अपने गाँव का चित्र उनके सामने खींचते हुए लौट जाने का अपरोक्ष आग्रह किया।

"अच्छा, चलो तुम्हें तुम्हारे घर तक छोड़ दूँ नहीं तो फिर कोई भूत तुम्हें डराने लगेगा।" वे हँसे थे। फुलझड़ी द्वारा वर्णन सुनकर उन्होंने भी किसी दूसरे दिन आने का मन बना लिया था। यहाँ के लोगों का जीवन वे पास से देखना चाह रहे थे।

"अब हम चली जाऊँगी दाऊ जी। आप चिन्ता मत करिए। बरखा बुन्नी का दिन है। साँप गोजर का डर होता है। आप लौट जाइए।" उसने एम. अलभ्यानन्द को बुजुर्गों की तरह समझाने का प्रयास किया।

"ठीक है फुलझड़ी। मैं फिर किसी दिन आऊँगा।" कहते हुए वे वापस जाने के लिए मुड़ गये थे।

फुलझड़ी की जान में जान आयी। कितनी साँसत हो जाती अगर दाऊ जी घर तक जाते। सबको समझाना आसान था क्या? सोचते हुए फुलझड़ी तेज कदमों से अपने घर की ओर बढ़ी। सामने कुएँ की जगत् दिखाई पड़ रही थी। पत्थर की पटिया पर कोई बैठा था। उसका हृदय धड़क उठा। इस समय यहाँ कौन बैठा है? इस कुएँ पर दिन में कभी-कभार ही कोई गोरू चरवाहा आकर बैठ जाता है या लोटा डोरी से पानी खींचकर पी लेता है। बाकी गाँव वाले तो सरकारी हैण्डपाइप से पानी ले लेते हैं।

"कौन है?" फुलझड़ी ने अपने स्वर में थोड़ी कड़ाई लाते हुए पूछा। दाऊ जी वापस दूर चले गये थे। अँधेरे में अब उनकी परछाई भी नहीं दिखाई दे रही थी।

"... ... ..." बिना किसी उत्तर के वह आकृति कुएँ के जगत से उठी थी और फुलझड़ी की ओर बढ़ने लगी।

"कौन है रे? बोलता क्यों नहीं?" फुलझड़ी अपनी आवाज़ को कड़क बनाना चाह रही थी लेकिन भीतर से डर का एक झोंका उसे हिला रहा था।

"चुप्प ऽ ऽ।" एक फुसफुसाहट भरी आवाज़ ने लपककर उसे अँधेरे में दबोच लिया। वह बिलबिला उठी। यह तो हंसू था।

"छोड़ हरामी का पिल्ला।" वह गुर्रा उठी। हंसू के पसीने की बदबू उसकी घृणा को और बढ़ा रही थी।

"चिल्ला मत, नहीं तो अभी सारी पोल खोल दूँगा गाँव वालों के सामने।" उसने उसके मुँह को अपनी हथेली में भरकर दबाते हुए धमकी दी।

"क्या खोल देगा रे?" कसमसाकर स्वयं को उसकी मजबूत पकड़ से छुड़ाने का प्रयास करते हुए वह चिल्लाई थी।

"चुप्प, सीधी तरह मान जा, नहीं तो कह दूँगा तेरे बाप से कि संन्यसिया को रक्खी है। रात बिरात ताल-सीवान में मिलती है उसके साथ।" उसने फिर से झपट्टा मार कर दोनों हाथों के बीच उसे दबोच लिया। उसके मुँह से शराब की गन्ध आ रही थी।

"अम्मा ऽ ऽ ऽ ....." छटपटाते हुए उसने एक तेज आवाज़ लगाई थी। पूरी सीवान गूँज उठी। चीखने का स्वर एम. अलभ्यानन्द के कानों तक भी पहुँचा। वे पीछे पलटे थे। फुलझड़ी अँधेरे में कहीं दिखाई नहीं दे रही थी।

कुछ देर किंकर्त्तव्यविमूढ़ वहीं खड़े रहे। पुन: आवाज़ आये तो स्पष्ट हो कि वह सचमुच संकट में है अथवा घर तक पहुँचने से पहले अपनी माँ को पुकार रही है। लेकिन दूसरी आवाज़ नहीं आयी थी। कुछ देर तक चुपचाप वे वहीं खड़े फुलझड़ी के गाँव की ओर देखते रहे। बस्ती से छनकर आती पीली रोशनी बीमार सी लग रही थी। उस मद्धिम प्रकाश में ईंट और खपरैल से बने मकान छाया चित्रों की तरह अविचल खड़े थे। पेड़ों की आकृतियाँ भी बिना हिले-डुले चित्र-टँकित सी थीं। कहीं कोई आहट नहीं, सुगबुगाहट नहीं।

एम. अलभ्यानन्द का मन खिन्न हो उठा। एक विचित्र ढंग की वितृष्णा से भर उठा मन। वे इस समय फुलझड़ी का हाल जानना चाह रहे थे पर गाँव वालों से अपरिचय एवं विद्यमान परिस्थितियाँ उन्हें विवश कर रही थीं। वे भारी कदमों से सुनसान पगडंडी पर लौट चले। निस्तब्ध सन्नाटे की बोझिलता उनके भीतर भरती जा रही थी। सामने महुए के पेड़ से एक चमगादड़ उनके सामने से होकर उड़ा था। उन्होंने चीवर को कन्धे पर ठीक किया और दूर आकाश की ओर निहारते हुए मन्थर पग रखते हुए बढ़ने लगे। असंख्य तारे मिलकर भी धरती के इस अँधेरे को मिटा पाने में अपने को असमर्थ पा रहे थे। एक पूर्ण प्रकाश के अस्तित्व के बिना अधूरा-सा था सबका प्रभाव, जबकि स्वयं में सभी तारे प्रकाश से भरे हुए थे।

सत्रह

"धर्म को लेकर टकराहटें और तेज हो गयी हैं पूरी दुनिया में।" गौरी कह रही थी। एम. अलभ्यानन्द के कक्ष में सुबह-सुबह इसी विषय पर चर्चा छिड़ गयी। बीती शाम मन्दिर पर हुई घटना से गौरी और उससे भी अधिक मधुसूदन क्षुब्ध थे। चलते समय गौरी ने ही मनुहार करते हुए मधुसूदन को सुबह चाय पर आमन्त्रित कर लिया था। मधुसूदन प्रतापसिंह के व्यवहार के कारण गेस्ट हाउस आना नहीं चाहते थे, लेकिन गौरी के आग्रह के सामने विवश हो गये। मधुसूदन को आता देख प्रतापसिंह भी पीछे- पीछे एम. अलभ्यानन्द के कक्ष में चले आये थे। कल शाम की घटना को लेकर चारों में बहस छिड़ गयी थी।

"इतने धर्म गुरुओं, प्रवर्तकों और अवतारों के बाद भी हमें नहीं लगता कि मनुष्य की सोच में कोई परिवर्तन हो पाया हो। विचारों की एक वही नापी-जोखी सीमा। यह मेरा धर्म, यह तेरा धर्म। मेरा ही सच्चा, बाकी सब मिथ्या। धर्म का जो वास्तविक उद्देश्य है उसे कहाँ कोई उतार पाया जीवन में? इतने युग-दर-युग बीतते चले गये।" गौरी की बात से सहमति जताते हुए मधुसूदन ने अपना पक्ष रखा।

"जो उतार लेता है जीवन में, वह फिर कहने नहीं आता किसी से। 'नेति नेति' की अनुभूति के पश्चात् शेष कहाँ रहता है कुछ कहने को। इसीलिए शास्त्रों में वर्णित है कि उस परम सत्य को जान लेने वाला व्यक्ति मौन हो जाता है। यानी कुछ कहने-सुनने से ऊपर उठ जाता है।" गौरी ने मधुसूदन की ओर देखते हुए कहा।

"यानी गौतम बुद्ध जी सम्बोधि प्राप्त करने के पश्चात् प्रथम धर्म उपदेश करने सारनाथ आये तो यह नहीं कहा जाएगा कि उन्होंने परम सत्य का दर्शन किया था, क्योंकि वे तो मौन नहीं हुए?" प्रतापसिंह रघुवंशी ने बहुत प्रयास करके अपना तर्क रखा। गौरी हँस पड़ी।

"प्रताप जी, उन्होंने स्वयं सत्य का दर्शन किया और लोगों को उस मार्ग पर चलने का उपदेश दिया जिस पर चलकर उस सत्य का दर्शन किया जा सकता है।

लेकिन इतना तो मानना ही पड़ेगा कि वह सत्य हम सबसे परे, सभी धार्मिक मार्गों से परे एकमात्र सत् है जो हम सबके लिए अभीप्सित है।''

''और हम उस अभीप्सित को प्राप्त करने की चेष्टा न करके मार्ग के लिए ही लड़ने-झगड़ने लगते हैं। एक-दूसरे के पाँवों के नीचे बलात् अपने पाँव घुसाने का प्रयास करने लगते हैं, या फिर कभी-कभी तो अपने मार्ग पर भीड़ जुटाने के लिए तरह-तरह के क्रियाकलापों में उलझ जाते हैं। मुख्य उद्देश्य धरा का धरा रह जाता है।'' गौरी की अधूरी बात को मधुसूदन ने पूरा किया तो प्रतापसिंह खिसिया उठे।

''काश! अपनी इस अल्पज्ञता का एहसास लोग कर पाते।'' गौरी ने जोड़ा।

''उद्देश्य यदि शिखर ही है तो हम किसी भी रास्ते से चढ़ें, अपनी आस्था और परिश्रम के आधार पर वहाँ तक पहुँच ही जाएँगे। इससे कोई अन्तर नहीं पड़ता कि हम दाएँ से चढ़ रहे हैं या वाम मार्ग से, सामने से चढ़ रहे हैं या पृष्ठभाग से। अन्तर तब होता है जब हम एक-दूसरे की दिशा की आलोचना प्रारम्भ करते हैं और येन केन प्रकारेण उसे नीचा साबित करना चाहते हैं।''

बहुत देर से चुप बैठे एम. अलभ्यानन्द की गम्भीर वाणी गूँजी। वे अपनी कुर्सी पर आराम की मुद्रा में बैठे थे।

''ये बात हुई न। सर की बातों में कितना दम है।'' प्रतापसिंह रघुवंशी ने हो-हो हँसते हुए एम. अलभ्यानन्द की प्रशंसा की।

''आज आप कुछ विशेष खिन्न लग रहे हैं, सर। स्वास्थ्य तो ठीक है न?'' मधुसूदन ने उनकी गम्भीरता को भाँपते हुए कहा।

''आजकल दाऊ जी कुछ अधिक ही दुखी रह रहे हैं। जरा सी बात पर भी या किसी अप्रिय घटना पर कई-कई दिनों तक सोचते रहते हैं और दुखी होते हैं। मैं तो सोचती हूँ कि चार आर्यसत्यों में दाऊ जी को अब थोड़ा सा परिवर्तन करना चाहिए। बस सबके पहले 'हम' जोड़ दें। 'हम' दुख है, 'हम' दुख का कारण है, 'हम' ही दुख का निरोध है...।'' गौरी अपनी तर्जनी व अँगूठे से दूसरे हाथ की एक एक उँगली को पकड़कर गिनती करने का अभिनय करते हुए खिलखिलाकर हँस पड़ी। उसकी शुभ्र दन्तावलियाँ चमक उठीं। एम. अलभ्यानन्द के ओठों पर एक वात्सल्य भरी मुस्कराहट रेंग आयी। उन्होंने स्नेह से निहारा गौरी को। कल शाम वाली फुलझड़ी की चीख कुछ क्षण के लिए विस्मृत हुई थी, अन्यथा बार-बार वह दृश्य स्मृति में जिज्ञासा बन कौंध रहा था।

''क्या बात है मंजुलारानी जी, आज आप हम लोगों से नाराज़ हैं क्या? अभी तक चाय नहीं आयी?'' मंजुलारानी को दरवाज़े के बीचोबीच खड़ी देख गौरी ने चुहल करते हुए पूछा लेकिन प्रत्युत्तर में मंजुलारानी मुस्करा भी न सकीं। उनका चेहरा भयभीत था, और वे कुछ कहना चाह रही थीं।

"क्या बात है?" प्रतापसिंह रघुवंशी ने थोड़ा कड़ककर पूछा। फुलझड़ी के स्थान पर स्वयं मंजुलारानी को खड़ी देख वे अपमान से तिलमिला उठे थे। सबसे अधिक चिन्ता उन्हें मधुसूदन की उपस्थिति से लग रही थी। क्या सोचेंगे वे, कि इनकी पत्नी तक सेवा-भाव में लगी है ग्राहकों के।

मंजुलारानी के ओठों से बोल नहीं फूट रहे थे। वह बदहवास सी दिखाई दे रही थीं।

"क्या बात है भाई? बोलती क्यों नहीं?" इस बार झिड़कते हुए पूछा प्रतापसिंह ने।

"जी, वो बगल वाली बता रही थी कि कल रात फुलझड़ी ...।" वे फिर भयभीत हो गयीं।

"क्या हुआ फुलझड़ी को?" इस बार गौरी चौंककर खड़ी हो गयी। उसके साथ ही मधुसूदन भी सतर्क हो उठे।

"जी, बगल वाली कह रही थीं कि उसकी माँ रोते-पीटते थाने की तरफ ... शायद रात में फुलझड़ी ने अपने ऊपर मिट्टी का तेल छिड़ककर आग लगा ली।" उनका स्वर रुआँसा हो उठा था।

"क्याऽऽऽ?" सभी एक साथ चौंककर खड़े हो गये थे।

"क्यों‌ऽऽ आखिर क्यों ऐसा किया फुलझड़ी ने?" गौरी मानो स्वयं से ही प्रश्न कर रही थी। एम. अलभ्यानन्द के नेत्र मुँद गए। उनके सम्मुख कल की चीख पुनः सजीव हो उठी।

"जिन्दा है या ...?" प्रतापसिंह के माथे पर बल पड़ गये।

"पता नहीं। रात ही में सब लोग उठाकर अस्पताल ले गये। बगल वाली कह रही थी कि मिट्टी का तेल ज्यादा नहीं था गैलेन में नहीं तो वहीं घर ही में मर गयी होती फुलझड़ी।" मंजुलारानी बता रही थीं।

"अरे मैं पूछ रहा हूँ कि वह इस समय जिन्दा है या नहीं।" प्रतापसिंह रघुवंशी मंजुलारानी के ऊपर झल्ला उठे। उन्हें उनका बातों को इधर-उधर घुमाकर जवाब देना अच्छा नहीं लग रहा था।

"शायद जिन्दा हो। तभी न उसकी माँ आज सुबह थाने की ओर रपट लिखाने गयी हैं?" मंजुलारानी भी थोड़ा झुँझला उठीं।

"तुमने देखा है?"

"नहीं, बगल वाली ही बता रही थी कि सुबह ही वह रोते हुए थाने की ओर जा रही थी।"

"हम लोगों को थाने पर चलना चाहिए। वहाँ से स्पष्ट जानकारी हो जाएगी।" गौरी ने सुझाव दिया।

उसका हँसता हुआ चेहरा उसकी आँखों के सम्मुख नाच रहा था। अभी तो कल शाम को ही वह कितनी देर तक उन लोगों के साथ मेले में घूम रही थी। अचानक क्या हो गया उसे जो उसने इतना बड़ा कदम उठाना चाहा?

"हम लोगों का थाने जाना उचित नहीं होगा। मेरे यहाँ वह काम करती थी। पुलिस वाले बेकार में उल्टे सीधे सवाल हमसे ही करने लगेंगे।" प्रतापसिंह रघुवंशी के चेहरे पर हवाइयाँ उड़ रही थीं।

"अरे तो न जाने से क्या पुलिस वालों को यह बात ज्ञात नहीं होगी कि वह आपके यहाँ काम करती थी? छानबीन में तो सब कुछ सामने आयेगा ही। इसमें डरने की क्या बात है?" गौरी ने प्रतापसिंह को समझाया।

"आप नहीं जानती गौरी जी, यहाँ का पुलिस-प्रशासन बड़ा अन्धा है। अपने को कर्मठ साबित करने के लिए उल्टे-सीधे किसी को भी पकड़कर दिखा देंगे, ताकि तुरन्त हरकत में आ जाने का प्रमाण वे अपने वरिष्ठ अधिकारियों को दे सकें। इधर उस निरपराध व्यक्ति की पहले बदनामी होगी उसके बाद भले ही वह बेदाग बरी हो जाए, कौन जानने जाता है? पेपर वाले भी पहली वाली न्यूज़ खूब चटखारे ले लेकर छाप देंगे। उसके बाद फालो-अप की खबरें गायब रहेंगी अखबारों से। हम लोगों का जाना अभी उचित नहीं है।" प्रतापसिंह के चेहरे पर गहरी चिन्ता की लकीरें खिंच गयीं थीं।

"उफ् ... क्या व्यवस्था है यहाँ की?" गौरी के स्वर में क्षोभ के साथ खिझलाहट थी।

"प्रजातन्त्र के नाम पर सब कुछ लुंज-पुंज हो रहा है यहाँ। क्या किया जाए, गौरी जी?" मधुसूदन बेचारगी भरे स्वर में बोल रहे थे।

"इसका विकल्प ढूँढ़ना चाहिए यहाँ की जनता को। यदि एक व्यवस्था लोगों को सन्तुष्ट और निर्विघ्न नहीं रख पा रही है तो उसका विकल्प खोजा जाना चाहिए। ऐसे हाथ पर हाथ धरे रहने से क्या होगा? खैर, इस समय हमें क्या करना चाहिए?" गौरी पूछ रही थी।

"उसका घर तो किसी ने देखा नहीं? फिर पुलिस स्टेशन से ही सूचना मिल सकती है कि वह किस अस्पताल में है? हमें उसे देखने चलना चाहिए। हो सकता है उसे इस समय हमारी किसी सहायता की आवश्यकता हो।" निढाल से पड़े एम. अलभ्यानन्द झटके से उठ खड़े हुए। चीवर को सँभालते हुए वे कक्ष से बाहर निकल गये। उनके पीछे-पीछे गौरी और मधुसूदन जी भी बढ़े। प्रतापसिंह रघुवंशी और मंजुलारानी वहीं जड़वत् खड़े थे।

"सर, यह चर्चा मत कीजिएगा कि आप लोग मेरे ही गेस्ट-हाउस से आ रहे हैं।" पीछे से प्रतापसिंह की अनुरोध भरी आवाज़ आयी।

''आप अनावश्यक चिन्तित हो रहे हैं प्रताप भाई? आप निर्दोष हैं फिर आप क्यों परेशान हो रहे हैं इतना? आखिर हम लोग भी तो मात्र परिचित होने के नाते ही जा रहे हैं फुलझड़ी का हाल जानने। बेचारी बच्ची, अभी कल शाम को ही वह हम लोगों के साथ थी।'' मधुसूदन ने प्रतापसिंह रघुवंशी के कन्धे पर हाथ रखकर आश्वस्त किया तो उनका मन थोड़ा शान्त हुआ। कल शाम को उन लोगों के साथ होने की बात पर मंजुलारानी पूछ बैठीं— ''हाँ, हाँ, कल हमारे यहाँ से काम करने के बाद ही तो वह गौरी जी के साथ मेला घूमने जाने की बात कह रही थी। कब तक थी गौरी जी वह आपके साथ?''

''अभी समय नहीं है मंजुलारानी जी। बाद में बताऊँगी।'' कहते हुए गौरी मधुसूदन के साथ तेज-तेज सीढ़ियाँ उतरने लगी थी। एम. अलभ्यानन्द गेस्ट-हाउस के सामने सड़क पर पहुँच चुके थे।

बाहर की दुनिया पूर्ववत् चल रही थी। आने-जाने वाले लोग आ जा रहे थे। ठेले और दुकानें सज रही थीं। फुटपाथ पर दाढ़ी बाल बनवाने लोग कन्धे से तौलिया ओढ़े शीशे के सामने बैठ चुके थे। बाल बनाने वाले अपने उस्तरे पानी में भिगोकर उसे अपनी कलाई पर इधर-उधर घुमा फिराकर सुखा रहे थे। किसी की दाढ़ी पर साबुन का सफेद झाग फैल चुका था और वह एक तरफ टेढ़ा सिर किये उसे खुरचे जाने की प्रतीक्षा कर रहा था। बच्चे अपनी-अपनी स्कूल बसों में बैठकर जा रहे थे। सारनाथ घूमने आने वालों की भी छोटी-छोटी भीड़ आ जा रही थी लेकिन अभी मेले की कोई चहल-पहल नहीं थी। कुछेक चाय पान की दुकानों में बैठे लोग प्रतीक्षा की घड़ियाँ काटते हुए गप्पें मार रहे थे। बौद्ध भिक्षु अपने अपने मन्दिरों की ओर आ जा रहे थे। सब कुछ सामान्य था, जैसे कहीं कुछ हुआ ही न हो। इस तरह की घटनाओं के मानो लोग अभ्यस्त हों, या फिर उनका कोई महत्त्व न हो। ऐसे ही जलती रहती हैं रोज़ न जाने कितनी फुलझड़ियाँ। भरे रहते हैं अखबार इस तरह की सच्ची झूठी खबरों से। कोई क्या करे? सत्य को असत्य और असत्य को सत्य साबित करने के दाँव पेंच कोर्ट में वकील न्यायाधीशों के सामने चलाते रहते हैं और वे चुपचाप सुनते-गुनते रहते हैं। आँखों पर पट्टी बाँधे, हाथ में तुला लिए स्त्री की प्रतिमा काँपती रहती है अपने सजीव तन की दुर्दशा सुन। काश, उसके कानों में भी रूई ठूँस दी जाती। पता नहीं आँखों पर पट्टी बाँधकर न्याय का तराजू स्त्री के हाथों में सौंपने के पीछे इस पुरुष-प्रधान समाज की क्या साजिश थी? बस एक बार, सिर्फ एक बार वह अपनी पट्टी खोलकर फेंक पाती और कर पाती सम्पूर्ण न्याय अपनी जाति के साथ। पर मजबूत हथौड़े की ठ्क-ठक् उसके कानों को सुन्न करते रहते हैं, जीभ को तालू से चिपका देते हैं, मानो वह जन्म-जन्मान्तरों से गूँगी और बहरी हो। घबड़ाकर आँखों पर पट्टी बाँधने के सिवा दूसरा चारा नहीं।

"ज्यादा बयानबाजी करोगी तो लफड़े में फँसोगी। जब किसी को देखा नहीं, कुछ सुना नहीं तो यही बयान दो कि खाना बनाते समय ढिबरी गिर गयी और उसके कपड़े में आग लग गयी। घबड़ाहट में भागते समय पैर से लगकर मिट्टी के तेल का गैलन भी पलट गया। समझ गयी। अगर होश में आ जाए तो अपनी लड़की को भी यही समझा देना।" थाने के दरोगा फुलझड़ी की माँ को समझा रहे थे।

मधुसूदन, गौरी और एम. अलभ्यानन्द भी थाने के परिसर में पहुँच चुके थे। चारों तरफ एक नीरस सन्नाटा फैला था। बस एक कोने में दरोगा की कुर्सी के पास जमीन पर एक अधेड़ सी महिला बैठी थी। वेश-भूषा और बिलखकर रोने के कारण उन लोगों ने अनुमान लगा लिया था कि यही फुलझड़ी की माँ हो सकती है इसलिए वे लोग सीधे उस ओर बढ़े थे।

"क्या फुलझड़ी अपना बयान देने की स्थिति में आ गयी है दरोगा जी?" मधुसूदन ने दरोगा को उसकी माँ को समझाते हुए देखा तो पूछ बैठे। गौरी और एम. अलभ्यानन्द भी दरोगा के सामने खड़े उत्सुकता से उनके जवाब की प्रतीक्षा कर रहे थे।

"आप लोगों से मतलब?" दरोगा ने कड़ककर पूछा तो उतनी ही कड़ाई से मधुसूदन ने भी पूछा—"मतलब? मैं आपसे पूछ रहा हूँ?"

"आप लोगों की तारीफ़?" दरोगा को मधुसूदन का इस तरह का हस्तक्षेप अच्छा नहीं लगा था।

"जी मैं गौरी हूँ मीन्स सेरेना मॉडवेल और ये मेरे फ़ादर। हम लोग यू.एस.ए. से हैं। यहाँ स्टडी एंड रिलीजस परपज़ से आये हैं हम। ये हैं मधूसूदन जी, यहीं रहते हैं सारनाथ में।" गौरी ने दरोगा को तीनों का परिचय दिया।

"ओह, अच्छा, अच्छा। बताइए, किसलिए आये हैं आप लोग यहाँ?"

"आप फुलझड़ी की माँ हैं?" गौरी उस औरत से पूछने लगी।

"हाँ ऽ ऽ।" आँसुओं से भीगे गालों को अपने साड़ी के आँचल से सुखाते हुए उस औरत ने अपने सिर का पल्ला थोड़ा और आगे खींच लिया। गाल पर हाथ टिकाए वह फिर सुबकने लगी।

"कैसे हुआ यह सब?" गौरी घुटनों के बल उसी के पास झुककर बैठ गयी और आत्मीयता से उसके कन्धे पर हाथ रख पूछने लगी। एक विदेशी लड़की का स्नेहिल स्पर्श पा फुलझड़ी की माँ ज़ोर-ज़ोर से विलाप कर रोने लगी—

"अरे मोरी रनियाँ, पता नहीं का होई गवा। कुछ नाहीं बोली हमसे। हम सोचा कि रोज़ की तरह थक के सोई गयल हौ का पता रहा कि रतिया में उठके ई ...।" आगे की बात पूरी नहीं हो पायी थी और वह हिलककर रोने लगी। आँख और नाक

से पानी गिरगिरकर उसके पूरे चेहरे को भिगो रहे थे।

''हे ऽ ऽ ये सब रोना-धोना बन्द कर यहाँ। बड़े साहब आ रहे होंगे तो बिगड़ेंगे। जा, अस्पताल जाकर देख।'' दरोगा ने कड़ककर आदेश दिया।

''आपको एक दुखी माँ से ऐसे नहीं बोलना चाहिए। इस समय उसे आपके स्नेह और सहयोग की आकांक्षा है। उसके साथ न्याय करना आपका इस समय धर्म है, इसलिए उसे ऐसे तिरस्कृत भाव से न हटाइए यहाँ से।'' एम. अलभ्यानन्द ने दरोगा को शान्त स्वर में समझाया। उनकी वाणी में नदी के जल सा बहाव और शीतलता थी।

''बाबाजी, इस तरह का उपदेश सुनने की हम लोगों की आदत नहीं। हमें हमारी ड्यूटी करने दीजिए और आप भी अपना दंड-कमंडल लेकर यहाँ से पधारिए।'' कहते हुए दरोगा अपनी कुर्सी छोड़ उठ खड़ा हुआ। सामने थाने के मुख्य द्वार से स्टेशन आफिसर की गाड़ी घुस रही थी। मधुसूदन और गौरी क्रोध से तिलमिला उठे।

''साहब आपका पान।'' उन लोगों के कुछ कहने के पूर्व ही एक मैले कुचैले कपड़ों वाला युवक पत्ते में लिपटा पान और जर्दा लाकर दरोगा के हाथ में पकड़ा दिया। उसके मुँह में भी पान भरा हुआ था और विजयी मुस्कराहट के प्रमाणस्वरूप ओठों के दोनों किनारों से पीक बहकर दाढ़ी तक फैल रही थी। बाल उलझे हुए और आँखें चढ़ी-चढ़ी सी।

''अपनी काकी को ले जाओ यहाँ से। कुछ देर में साहब के साथ हम लोग भी आयेंगे अस्पताल। होश में आते ही बयान लेना है उसका।'' दरोगा ने पान का पत्ता अपनी पैंट की जेब में रख लिया था क्योंकि सामने से स्टेशन आफिसर उन सबके नजदीक आ चुके थे।

युवक को देखकर गौरी और मधुसूदन एक साथ चौंके थे।

''क्या नाम है तुम्हारा?'' मधुसूदन ने एकाएक उस युवक से पूछ लिया।

''हंसू।'' वह युवक सशंकित हो उठा। उसे याद आया। कल शाम को ही तो उस आदमी को ...। उसने तुरन्त पलटकर बारी-बारी से गौरी और एम. अलभ्यानन्द पर दृष्टि दौड़ाई थी और उन्हें पहचानते ही उसका चेहरा सफेद हो गया। कुछ देर पहले दरोगा के सन्निकट होने का विजयी भाव उसके चेहरे से लुप्त हो गया। उसकी टाँगें थरथराने लगी थीं।

''कल शाम को मेले में तुम ही आये थे न फुलझड़ी को बुलाने?'' मधुसूदन के इस प्रश्न के साथ ही स्टेशन आफिसर आकर उन लोगों के पास खड़े हो गये थे।

''जी नहीं, हम कहाँ थे?'' हंसू ने जबरदस्ती कड़ककर बोलने का प्रयास किया।

"क्याऽऽ? इट मीन्स ... तुम नहीं आये थे फुलझड़ी को बुलाने?" गौरी उसके इनकार पर हतप्रभ थी।

"नहीं, हम नहीं थे। कोई और रहा होगा। आपको चीन्हने में भूल हो रही है।" उसका स्वर दब गया था।

"अरे भाई तुम्हीं ने कहा था न कि उसकी माँ बुला रही है? ... लेकिन वह तुम्हारे साथ नहीं गयी।" इस बार मधुसूदन ने पुचकारकर पूछा तो हंसू को सहारा मिला।

"हाँ, हाँ, वो हमारे साथ कहाँ आयी थी? आप तो देखे ही थे भइया जी, वो हमारे साथ नहीं आयी थी।" हंसू जल्दी-जल्दी बोलने लगा।

"लेकिन हम कब बुलाए थे। तुम काहे गये थे बुलाने उसे?" इस बार फुलझड़ी की माँ चौंककर खड़ी हो गयी थी। उसकी आँखों में हंसू को लेकर सन्देह के बादल उमड़ने घुमड़ने लगे थे। कुछ देर के लिए हंसू को कोई जवाब नहीं सूझ पड़ा। अगले ही पल स्टेशन आफिसर ने झपटकर हंसू को बालों से पकड़ लिया और उसकी पीठ पर एक लात जमाते हुए धकेलकर जमीन पर गिरा दिया। अपने नुकीले बूट से उसके सीने पर दबाव देते हुए वे गरजे :

"अच्छा, तभी बड़ा आगे-आगे कूद रहा था। बोल, क्या हुआ था? क्यों गया था बुलाने उसे?"

"साहब, माई कसम, बाऊ किरिया, मेम साहब से पूछ लीजिए। फुलझड़ी मेरे साथ नहीं आयी थी। पूछ लीजिए साब।" वह जमीन पर पड़े-पड़े दुहाई दे रहा था।

"आप लोगों के साथ थी वह लड़की?" स्टेशन आफिसर ने गौरी और मधुसूदन की ओर प्रश्नवाचक निगाहों से घूरते हुए पूछा।

"जी हाँ। मेरे साथ मेले में घूमने आयी थी वह।" गौरी ने प्रत्युत्तर किया।

"फिर?" स्टेशन आफिसर चौंका।

"फिर क्या? यह लड़का उसे बुलाने आया लेकिन वह इसके साथ नहीं गयी। कुछ ही देर बाद जब हम मन्दिर जा रहे थे दर्शन करने, वह हम लोगों से जाने की बात कहकर चली गयी।" गौरी ने संक्षेप में सारी घटना बता दी।

"क्यों रे, तू तो कह रहा था कि तू उससे मिला ही नहीं?" स्टेशन आफिसर ने लात-घूँसों से उसकी पिटाई शुरू कर दी। एम. अलभ्यानन्द ने आँखें मूँद लीं।

"साहब मत मारिए। हम बता रहे हैं। ताले में वह इस भन्ते जी के साथ दिखाई दी थी हमें।" वह हाँफ रहा था।

"क्याऽऽ?" सबके मुँह से एक साथ आश्चर्य का शब्द निकला था।

"हाँ साब, इन्हीं के साथ। पूछ लीजिए साब।" उसने अपने फटे ओठों से रिस रहे खून को हथेली से पोंछते हुए कहा।

"क्यों, ये सच कह रहा है संन्यासी जी? आप शाम को फुलझड़ी के साथ उधर ताल में?" स्टेशन आफिसर के स्वर में व्यंग्य था। गौरी और मधुसूदन इस परिवर्तित दृश्य से हतप्रभ खड़े थे। गौरी का हृदय ज़ोर-ज़ोर से धड़कने लगा था। वह क्या सुनने जा रही है दाऊ जी के मुँह से?

"जी हाँ, मैं था कल शाम फुलझड़ी के साथ। मैं उधर टहलने निकला था। अँधेरे में वह भयभीत थी। मैंने उसे उसके गाँव के पास तक पहुँचाया था।" एम. अलभ्यानन्द के चेहरे का भाव सहज था किन्तु स्वर में विषाद घुला था। मधुसूदन के भीतर आस्था का शीशा झनझनाकर टूटा था और उसकी किरचें हृदय में चुभने लगी थीं।

"तुमने कैसे देखा वहाँ इनको?" इस बार पुनः स्टेशन आफिसर ने हंसू से कड़ाई से पूछा।

"जी साहब, ताले में हम निपटने गये थे।"

"फिर?"

"जीऽऽ ?" वह स्वयं ही उलझ गया। अब आगे क्या बताए?

"क्या देखा?" स्टेशन आफिसर गरज उठा।

"उफ्।" एम. अलभ्यानन्द ने आकाश की ओर देखा। उनका मुखमंडल अपमान की पीड़ा से रक्तिम हो उठा।

"बस करिए एस. ओ. साहब। बहुत हो चुका। एक के बाद एक इस लड़के की बातों का झूठ पकड़ में आता जा रहा है और आप बात को दूसरी ओर घुमाने का प्रयास कर रहे हैं।" मधुसूदन ने उखड़ते हुए कहा।

"इन्वेस्टिगेशन का हमारा अपना तरीका होता है। आप उसमें प्राब्लम मत क्रीएट करिए मिस्टर।" स्टेशन आफिसर गुर्राया। उसने पैर से हंसू को धकेलते हुए अपनी जीप में बैठने का संकेत किया।

"आप लोग भी हमारे साथ चलिए अस्पताल तक। यदि लड़की बयान देने की स्थिति में होगी तो सब कुछ स्पष्ट हो जाएगा अन्यथा आपको भी रुकना होगा।" स्टेशन आफिसर का स्वर थोड़ा मुलायम हुआ था। मधुसूदन के मन में तरह-तरह की शंकाएँ घिरने लगी थीं। गौरी भी उन सन्देहों से मुक्त नहीं थी।

एम. अलभ्यानन्द ने दोनों के कन्धों पर एक साथ हाथ रखते हुए कहा—"चिन्तित होने की बात नहीं है। हमें इनके साथ चलना चाहिए।"

और वे मन्थर कदमों से पुलिस जीप की ओर बढ़ चले। उनके पीछे-पीछे गौरी और मधुसूदन सिर झुकाए अपने-अपने हृदय में उठ रही उथल-पुथल में डूबे चल रहे थे। सबसे पीछे फुलझड़ी की माँ चल रही थी। उसके पैर मानो धरती से चिपके जा रहे थे। मुश्किल से उन्हें उठाकर आगे बढ़ती वह सोच रही थी कि किसी पर

भरोसा करने लायक नहीं रहा अब? लेकिन बार–बार मन हंसू पर जाकर अटक जा रहा था। फुलझड़ी ने कई बार उसकी हरकतों की शिकायतें की थीं परन्तु उसी ने उन पर ध्यान नहीं दिया। फुलझड़ी की दशा सोचकर एक बार पुनः उसकी रुलाई फूट पड़ी। किस तरह पूरा चेहरा और सीना झुलस गया है उसका? डॉक्टर कह रहे थे कि उम्मीद ...। वह हिलककर रो पड़ी।

"रोओ नहीं, माँ। सब ठीक होगा।" गौरी ने उसकी पीठ पर हाथ रखते हुए स्नेह से सान्त्वना दिया और स्वयं भी उचककर पुलिस जीप में बैठ गयी। मधुसूदन और एम. अलभ्यानन्द पहले ही बैठ चुके थे।

"अरे मेम साब हमार बच्ची ... बेचारी सुख का मुँह कभ्भो ना देखी ... लड़िकइएँ से इहाँ–उहाँ टहल करके घर में मदद ...।" बात अधूरी छोड़ वह पुनः बिलखकर रो पड़ी। जीप तेज गति से सड़क पर दौड़ रही थी। एस.ओ. ने ज़ोर से एक घुड़की दी थी फुलझड़ी की माँ को—

"क्या नाटक कर रही हो? बन्द करो यह रोना धोना। लड़की को छुट्टा छोड़ दोगी उसके बाद कोई घटना हो जाती है तो ड्रामा शुरू करते हो तुम लोग।"

वह सहम कर चुप हो गयी। आँचल को मुँह में कसकर दबा लिया ताकि हिचकियाँ बाहर न निकलें। आँखों में आँसू लगातार झर–झरकर उसके गालों को भिगो रहे थे। गौरी ने कसमसाकर एस.ओ. की ओर देखा लेकिन परिस्थितियों से विवश होकर अपने गुस्से को प्रकट नहीं कर पा रही थी। एम. अलभ्यानन्द चुपचाप किसी गहन सोच में डूबे बैठे थे। मधुसूदन कभी उनकी ओर तो कभी गौरी की ओर देख लेते और फिर खामोशी से सड़क की ओर देखने लगते। एक विचित्र सा सन्नाटा खिंच गया था सबके बीच।

"आइए स्वामी जी।" जीप के अस्पताल के सामने रुकते ही एस.ओ. ने कुछ व्यंग्य से एम. अलभ्यानन्द को सम्बोधित किया। पीछे की ओर से गौरी और फुलझड़ी की माँ भी उतर चुकी थीं।

एम. अलभ्यानन्द बिना कोई प्रतिक्रिया व्यक्त किये नीचे उतर कर खड़े हो गये। उनका चेहरा शान्त था।

"चलिए।" उन्होंने मद्धिम स्वर में एस.ओ. से कहा और चीवर सँभालते हुए आगे बढ़ने लगे।

"साहब, एक मिनट...।" हंसू ने अपनी छोटी उँगली उठाकर एस.ओ. से अनुमति माँगी।

"स्साले यहाँ आते ही पेशाब लग गयी। चल पहले भीतर।" एस.ओ. ने उसकी गर्दन पकड़कर एक झटका दिया तो वह मिमिया उठा।

"साब झूठ नहीं साब। बस दो मिनट में...।" उसने गिड़गिड़ा कर कहा।

''चुप्प। ये सब लटका-झटका मैं दिनभर में पचीस बार देखता हूँ।'' एस.ओ. गुर्राए थे। गौरी और मधुसूदन हतप्रभ से एक साथ चलने लगे थे। एम. अलभ्यानन्द अस्पताल के भीतरी द्वार के पास ठिठककर उन लोगों की प्रतीक्षा करने लगे थे। आने जाने वाले मुड़-मुड़कर कुछ समझने का प्रयास कर रहे थे।

बर्न यूनिट वार्ड में भीतर पहुँचकर नर्स रूम के सामने एस.ओ. खड़े हो गये थे। दो डॉक्टर आपस में बातें कर रहे थे।

''बेड नं. पचीस की पेशेन्ट होश में है डॉक्टर?'' एस.ओ. ने पूछा तो उसमें से एक डॉक्टर उन लोगों के पास आ गया।

''हाँ, होश में तो आ गयी है। सिक्स्टी परसेंट जल गयी है।''

''क्या उम्मीद है डॉक्टर?'' एम. अलभ्यानन्द ने व्यग्रता से पूछा। एक संन्यासी को सामने पा डॉक्टर का स्वर विनम्र हो उठा।

''हम प्रयास कर रहे हैं, स्वामी जी। बस किसी प्रकार का इन्फ़ेक्शन न हुआ तो हम उसे बचा लेंगे।''

''अरे हमार भइया, भगवान तोहार बाल बच्चा मजे में राखें...।'' फुलझड़ी की माँ डॉक्टर की आशाभरी बातें सुन विह्वल हो उसके कदमों से लिपट गयी थी और आशीर्वाद की झड़ी लगा दी।

''अरे रे रे ...।'' डॉक्टर एकदम से चौंक उठा।

''ये फुलझड़ी की माँ है। आपके पेशेंट की माँ।'' गौरी के भी चेहरे पर एक आशाभरी मुस्कराहट रेंग गयी।

''आओ माता जी। बस भगवान से मनाओ कि आपकी बेटी ठीक हो जाए।'' डॉक्टर ने अपना पैर छुड़ाते हुए कहा। सभी लोग फुलझड़ी के बेड की ओर चल पड़े।

''आप लोग अपने जूते यदि बाहर उतार दें तो ठीक रहेगा।'' अन्दर प्रवेश करने से पूर्व नर्स ने टोका।

''हैल्लो ऽ ऽ फुलझड़ी! आँखें खोलो। देखो कौन आया है तुमसे मिलने? पहचानो तो।'' डॉक्टर ने फुलझड़ी के सिर की ओर झुककर कहा।

गौरी के मुँह से एक सीत्कार सी निकल पड़ी। एम. अलभ्यानन्द ने घबड़ाकर अपनी आँखें मूँद लीं। उनके मुख पर वेदना की एक सघन अनुभूति मचल कर आँखों के कोरों में समा गयी।

फुलझड़ी का आधा से अधिक चेहरा झुलस गया था। जगह-जगह खाल उखड़कर एक-दूसरे से चिपक गयी थी और वहाँ पर गुलाबी माँस झलक रहा था। गर्दन से नीचे का भाग हलके कपड़े से ढँका हुआ था। चेहरे के जले भाग पर दवा

का लेप लगा हुआ था और बगल में खड़े लोहे के स्टैंड पर लटकी ग्लूकोज की बोतल से टिप्-टिप् गिरती बूँदें जीवन रस बन फुलझड़ी की नसों में समा रही थीं।

डॉक्टर की आवाज़ सुन फुलझड़ी ने धीरे से अपनी आँखें खोल दी थीं। एक के बाद एक उसने सामने खड़े लोगों के ऊपर दृष्टि घुमाई। मधुसूदन से होते हुए अपनी अम्मा और गौरी दीदी को देखा था उसने। आँखें पीड़ा से डबडबा आयीं। गौरी के बगल में खड़े एस.ओ. को देखकर उसने आँखें बन्द कर लीं। दोनों कोरों से आँसू ढुलककर उसकी कनपटियों की ओर बहने लगे।

''फुलझड़ी आँखें खोलो। देखो। ये कौन हैं?'' डॉक्टर ने धीरे से उसे हिलाया तो उसने पुनः आँखें खोल दीं।

एम. अलभ्यानन्द झुककर पूछ रहे थे—''बेटी, देखो। मेरी ओर देखो।'' उनके स्वर में जमाने भर की मिठास घुली हुई थी। आँखों से स्नेह झर रहा था झर-झर।

''दाऊ जी ऽऽऽ...'' एक कमजोर आवाज़ निकली थी फुलझड़ी के गले से और वह बिलखकर रो पड़ी। गले से एक घरघराहट सी उभरी थी।

''रोओ नहीं बेटी। ठीक हो जाएगा सब।'' उन्होंने उसे सान्त्वना दी।

''क्या हुआ था फुलझड़ी? कुछ बताओ।'' एस.ओ. ने अपनी कलम और डायरी निकाल ली।

फुलझड़ी चुपचाप उनकी ओर देखती रही और फिर आँखें बन्द कर लीं।

''डॉक्टर, हमें इसका बयान लेना जरूरी है। किसी तरह बुलवाइए।'' एस.ओ. ने डॉक्टर से कहा।

''इस समय उसे शान्ति की आवश्यकता है। बार-बार पूछने से दुखी होगी। हो सकता है कि शॉक की स्थिति में चली जाए।'' एम. अलभ्यानन्द ने एस.ओ. की अमानवीय हरकत पर टोका।

''कुछ हो हवा गया स्वामी जी तो बेकार में सब लोग अशान्त हो जाएँगे। इसलिए मेरे काम में टोका-टाकी मत करिए।'' एस.ओ. पुनः डॉक्टर की ओर देखने लगा। मौके की नजाकत देखकर गौरी और मधुसूदन खून का घूँट पीकर रह गये। हंसू उन सबके पीछे सिर झुकाए खड़ा था।

''फुलझड़ी, देखो बेटा। देखो, एस.ओ. साहब क्या पूछ रहे हैं?'' डॉक्टर ने धीरे से फुलझड़ी के सिर पर हाथ फिराया तो फुलझड़ी ने पुनः आँखें खोल दीं।

''इन्हें पहचानती हो?'' एम. अलभ्यानन्द की ओर संकेत करते हुए एस.ओ. ने पूछा तो फुलझड़ी ने पलकें झपकाकर अपनी स्वीकृति दी।

''उस दिन तुम्हारे साथ क्या हुआ था?'' एस.ओ. के इस प्रश्न का कोई उत्तर फुलझड़ी नहीं दे पायी। बस बिटिर-बिटिर उन लोगों की ओर देखती रही।

''मैं जब तुम्हें छोड़कर वापस आ रहा था फुलझड़ी, तो कुछ ही देर बाद

तुम्हारी चीख सुनाई पड़ी थी मुझे। क्या हुआ था? कोई समस्या थी तुम्हारे सामने?'' एम. अलभ्यानन्द झुककर पूछ रहे थे। गौरी और मधुसूदन भी उसके बेड पर थोड़ा झुककर सुनने का प्रयास करने लगे। उनके झुकते ही पीछे दुबका हुआ हंसू दिखाई पड़ गया था फुलझड़ी को।

एकाएक उसकी आँखों का भाव बदल गया। क्रोध के कारण उसके गले से गों-गों की आवाज़ निकलने लगी थी। दोनों ओठों के किनारों से झाग निकलने लगा और साँस तेज-तेज चलने लगी। किसी तरह हाथ को थोड़ा सा उठाकर उसने हंसू की ओर संकेत किया और पुनः बेहोश हो गयी।

''बस, पेशेंट को अब और न डिस्टर्ब कीजिए एस.ओ. साहब। उसके स्वास्थ्य के लिए ठीक नहीं है इस तरह का तनाव।'' डॉक्टर ने सबसे बाहर जाने का अनुरोध किया। एस.ओ. ने घूरकर हंसू की ओर देखा।

''अब तो स्पष्ट हो गया न एस.ओ. साहब कि कौन है अपराधी?'' मधुसूदन ने धीमे स्वर में पूछा ताकि वार्ड के अन्य लोग न सुन सकें।

''स्वामी जी के लिए उसके चेहरे पर कोई घृणा भाव नहीं था, बल्कि उन्हें तो उसने कुछ कहकर पुकारा भी।'' एस.ओ. ने वापस चलते हुए अपनी स्मृति पर ज़ोर देने का प्रयास किया।

''वो दाऊ जी... , दाऊ जी कहा उसने। मैं उन्हें दाऊ जी कहती हूँ न। वही सुनकर वह भी पुकारती थी उन्हें।'' गौरी के स्वर में एक उत्साह था। एक भारी बोझ मन से उतरने का सन्तोष उसके पूरे मुखमंडल पर छाया था। मधुसूदन भी वैसा ही महसूस कर रहे थे।

''उसने कुछ कहा नहीं, इसलिए संकेत को बयान कैसे माना जा सकता है?'' एस.ओ. को भविष्य की कुछ उम्मीद दिखाई दे रही थी।

''लेकिन एस.ओ. साहब, उसने हाथ उठाकर हंसू की ओर गुस्से में स्पष्ट रूप से संकेत किया। उसी तनाव में वह फिर अनकांशस हो गयी। क्या इतना संकेत पर्याप्त नहीं है अपराधी को चिन्हित करने के लिए?'' मधुसूदन बौखलाकर पूछ रहे थे। हंसू डर के मारे पीछे-पीछे चल रहा था। एस.ओ. की बात सुन उसके मस्तिष्क में बहुत कुछ कौंध रहा था। पाँड़े के यहाँ चलकर वह सूद पर उधार रुपये ले लेगा। किसी तरह यह मामला निपट जाय तो फिर आगे से वह राम-राम कर लेगा।

''आप नहीं समझ रहे हैं। हम पुलिस वालों के ऊपर भी तमाम तरह के इल्जाम लगने लगते हैं न? कभी नेताजी का फोन आयेगा तो कभी धरना प्रदर्शन होने लगेगा कि छोटी जातियों को जानबूझ कर तंग करते हैं हम लोग। इसलिए लड़की का स्पष्ट बयान जरूरी है। कल फिर आना पड़ेगा।'' एस.ओ. ने अपनी विवशता सुनायी।

"लेकिन एस.ओ. जी..." गौरी कुछ कहते-कहते रुक गयी।

एस.ओ. हंसू से कह रहे थे—"अबे सुन, कहीं भागना नहीं। कल फिर थाने आ जाना। लड़की तेरी तरफ इशारा कर रही थी। कहीं भागने की कोशिश मत करना नहीं तो हाथ पैर तोड़कर हमेशा के लिए बैठा दूँगा।" एस.ओ. की गुर्राहट कृत्रिमता की चादर ओढ़े थी।

"लेकिन आप इतने विश्वास के साथ उसे क्यों छोड़ रहे हैं एस.ओ. साहब?" मधुसूदन उसकी नादानी पर हैरान थे।

"मिस्टर, यदि उसे थाने में बन्द रखूँगा तो स्वामी जी को भी रातभर रखना पड़ेगा क्योंकि इसकी ओर तो लड़की ने केवल संकेत किया है लेकिन स्वामी जी शाम को साथ थे उसके, इसको उन्होंने स्वयं सबके सामने कुबूल किया है।" एस.ओ. के चेहरे पर एक चालाकी भरी मुस्कराहट रेंग उठी।

"कोई बात नहीं महानुभाव। यदि मेरी आवश्यकता हो तो मैं रात वहाँ रुकने के लिए सहमत हूँ। बस इस बच्ची के साथ न्याय होना चाहिए।" एम. अलभ्यानन्द के स्वर में बेचैनी थीं।

जीप में बैठते-बैठते एस.ओ. ठिठक गये। उन्हें इसकी उम्मीद न थी। किंकर्त्तव्यविमूढ़ से कुछ देर वे सोचते रहे और फिर अगले पल सबको बैठने का संकेत कर बोले—"दरअसल, आपको थाने में रोकने के लिए मुझे अपने बड़े अधिकारियों को सूचना देनी होगी। तमाम तरह की लफड़ेबाजी बढ़ जाएगी। इसलिए इसी को बुला ले रहा हूँ कल। आपके कारण ये भी फायदा पा जा रहा है, नहीं तो रातभर में बच्चू को छठी का दूध याद दिला देता। स्साला...।" एस.ओ. ने गुस्से में हंसू को घूरा जो पीछे की सीट पर बैठने जा रहा था। उसके हृदय की धुकधुकी बढ़ चुकी थी।

"हम लोग ऑटो-रिक्शा से निकल जाएँगे एस.ओ. साहब। आप जा सकते हैं।" गौरी की इच्छा नहीं हो रही थी पुलिस जीप में बैठने की।

"चलिए, छोड़ दूँगा। बेकार में आप लोग परेशान होंगे।" एस.ओ. ने विनम्रता दिखायी।

"नहीं, नहीं। आप चलें एस.ओ. साहब। हम लोग जरा फुलझड़ी की माँ से मिलकर उसकी कुछ आर्थिक मदद करके तब आयेंगे।" मधुसूदन ने स्पष्ट किया। उन्हें गौरी के भीतर उठ रही खिन्नता का आभास हो गया था।

"अच्छा स्वामी जी, क्षमा करिएगा। व्यर्थ में आपको कष्ट दिया। हम लोगों का काम ही कुछ ऐसा है। क्या करें? न चाहते हुए भी अच्छे लोगों पर भी शक करना पड़ता है। क्षमा करियेगा।" एस.ओ. ने हाथ जोड़ दिये।

एम. अलभ्यानन्द ने उनके जुड़े हाथों को अपने दोनों हाथों में भरते हुए कहा—"खिन्नता मत लाइए मन में। समय सब कुछ स्पष्ट कर देता है। अच्छा हुआ, आपके भीतर से सन्देह समाप्त हो गया। बस उस बच्ची का कष्ट दूर हो जाय तो हम सबका दायित्व पूरा हो। मेरी आवश्यकता जब भी पड़े, आप निःसंकोच गेस्ट-हाउस में आकर मिल सकते हैं। मैं अभी हूँ कुछ दिनों।" उनकी आँखों में स्नेह का सागर लहरा रहा था। एस.ओ. को एम. अलभ्यानन्द की हथेलियों का स्पर्श अलौकिक लगा था। ऐसा प्रतीत हुआ मानो एक शीतल और शान्त ऊर्जा उनके तन-मन को आप्लावित कर रही हो। वे उस सुखद स्थिति से निकलना नहीं चाह रहे थे। ऐसा दिव्य अनुभव उन्हें पहले कभी नहीं हुआ।

"अच्छा, चलता हूँ।" कहते हुए एम. अलभ्यानन्द ने एस.ओ. की हथेलियाँ मुक्त कर दीं और वापस अस्पताल में जाने के लिए मुड़े थे। उनके पग धीमे-धीमे सचेतनावस्था में उठ रहे थे। अधखुली आँखें ध्यानमग्न थीं। चीवर कन्धे से लटककर पीछे भूमि को स्पर्श कर रहा था। खुले हुए कन्धे पर पीछे से सूर्य-रश्मियाँ पड़ रही थीं। अस्पताल परिसर में खड़े विशाल पाकड़ के वृक्ष पर बैठी चिड़ियाँ स्तब्ध भाव से उन्हें देख रही थीं। पत्तियाँ हिल-डुल नहीं रही थीं। पूरा वातावरण मौन था। आने जाने वाले रोगी के परिजन भी ठिठककर अस्पताल के भीतर प्रवेश करती इस करुणा-मूर्ति को आश्चर्य से निहार रहे थे। गौरी ने दुखी मन से मधुसूदन का हाथ पकड़कर अपनी हथेली में दबा लिया था। मधुसूदन के स्पर्श में भी सान्त्वना का भाव भरा था।

अठारह

वर्षा बीत चुकी थी और मूल गन्धकुटी विहार की ओर से आज कार्तिक पूर्णिमा का पर्व मनाया जा रहा था। सारनाथ के उद्यान में बने विशाल मंच पर विशिष्ट अतिथियों के लिए महाराजा कुर्सियाँ लगी थीं। लम्बे चौड़े पंडाल में हजारों कुर्सियाँ रखी थीं जिन पर देशी-विदेशी बौद्ध भिक्षु बैठे थे। स्थानीय तथा आमन्त्रित अतिथि भी पंडाल में बैठ चुके थे। सांस्कृतिक कार्यक्रम के कलाकार सज-धजकर मंच के पीछे अपनी बारी की प्रतीक्षा में थे। फ्रांस की पूर्व महारानी को इस कार्यक्रम में विशिष्ट अतिथि बनाया गया था लेकिन वे अभी पंडाल में नहीं पधारी थीं। उनके साथ आये पर्यटकगण अपना स्थान ले चुके थे। आज के. सिरी सोभित भन्ते अत्यधिक व्यस्त थे। वे और उनकी संस्था ही इस कार्यक्रम की आयोजक थी। अनेक देशों के बौद्धानुयायियों को निमन्त्रण भेज कर इस अवसर के लिए बुलाया गया था। वैसे भी श्रीलंका, जापान, थाईलैण्ड और बर्मा के बौद्ध भिक्षुओं और उपासक उपासिकाओं की भीड़ कार्तिक पूर्णिमा से पन्द्रह दिन पूर्व से ही सारनाथ में जुट जाती है।

एम. अलभ्यानन्द, गौरी और मधुसूदन के साथ पंडाल में अगली पंक्ति के सोफ़े पर बैठे थे। के. सिरी. सोभित भन्ते का विशेष आग्रह था कि वे लोग इस अवसर पर जरूर उपस्थित हों। एम. अलभ्यानन्द मौन साधे सामने देख रहे थे। कुछ देर पूर्व ही पूरे सारनाथ का भ्रमण कर रहे उस विशाल जुलूस से वे स्वयं निकल आये थे। आगे-आगे बैंड बाजे की धुन के साथ पीछे सुसज्जित हाथी की पीठ पर दो व्यक्ति तथागत का अस्थि कलश लेकर बैठे थे। उसके पीछे-पीछे पारम्परिक वाद्य यन्त्र पर नृत्य करती श्रीलंका की उपासिकाएँ चल रही थीं। पाँवों में बँधे घुँघरू और कथक नृत्य जैसा परिधान सबके आकर्षण का केन्द्र बना था। उन लोगों के पीछे हाथों में रंग बिरंगी झण्डियाँ लिये विद्यालय के हजारों बच्चे कतारबद्ध चल रहे थे। एक-दूसरे हाथी पर फ्रांस की पूर्व रानी बैठकर सारनाथ भ्रमण और जुलूस का आनन्द ले रही थीं। आते-जाते भिक्षुओं के गैरिक चीवर वातावरण में लहरा रहे थे।

अद्भुत दृश्य था आज।

"क्या यह प्रतिवर्ष होता है?" एकाएक एम. अलभ्यानन्द ठिठक गये थे। उन्होंने साथ चल रहे मधुसूदन से पूछा।

"जी, हाँ। बस अतिथि बदलते रहते हैं। शेष सारे आयोजन तो इसी प्रकार होते हैं।" मधुसूदन भी उनके साथ रुक गये। जुलूस से निकलकर वे सड़क के किनारे खड़े हो गये।

"दाऊ जी, मुझे तो बहुत आनन्द आ रहा है। सब कुछ कितना उल्लासमय लग रहा है। तथागत देखते यह सब तो उन्हें भी बहुत अच्छा लगता।" गौरी खिलखिला कर हँसी। माथे पर चुहचुहा आये पसीने को अपनी रूमाल से सुखाते हुए उसने मधुसूदन को प्यार से निहारा।

"वैसे कल का दीप-दान देखा आपने? कितनी आध्यात्मिक ऊर्जा सी भर रही थी भीतर। पीपल के नीचे हजारों दीप एक साथ झिलमिलाते हुए मानो हमारे भीतर एक प्रकाश भर रहे थे। आँखें उनके सौन्दर्य में डूब गयी थीं।" मधुसूदन को पिछली सन्ध्या में सारनाथ के बोधि-वृक्ष के नीचे के. सिरी सोभित भन्ते के साथ हजारों दीप प्रज्वलित करने का आयोजन याद आया था।

"दाऊ जी, आप इस बार संयोग से हैं यहाँ तो देव दीपावली देखने भी चलिए आज। आज ही है न मधुसूदन जी?" गौरी ने पूछा।

"जी, हाँ।"

"दाऊ जी चलेंगे न? गंगा के किनारे घाटों पर झिलमिलाते लाखों दीप और गंगा में प्रतिबिम्बित उनकी परछाईं... लगता है जैसे देवलोक में पहुँच गये हैं हम। सचमुच मैं तो पागल हो उठती हूँ वह दृश्य देखकर।" गौरी की आँखों में बच्चों जैसी प्रसन्नता मचली थी।

"हूँ, संसार का सौन्दर्य हमें बाँधता तो है।" एम. अलभ्यानन्द ने सहज स्मित के साथ कहा।

"यदि संसार सुन्दर है तो फिर उसमें बलात् असुन्दर की खोज क्यों की जाए?" गौरी ने हलके ढंग से कहा और धीरे से मधुसूदन को अपने कन्धे से धक्का दिया। मधुसूदन ने गर्दन को तिरछी करके गौरी को एक गहरी दृष्टि से देखा और तुरन्त एम. अलभ्यानन्द की ओर से मानो सफाई प्रस्तुत की—"गौरी जी, अब फुलझड़ी वाली दुर्घटना को आप किस श्रेणी में रखेंगी? सुन्दर या असुन्दर?"

"वैषम्य संसार की प्रकृति है मधुसूदन जी। शुभ और अशुभ की समष्टि का नाम ही सृष्टि है। हम बस उसे इधर से उधर ढकेलते रहते हैं। किसी के अस्तित्व को हम पूर्णतया नकार नहीं सकते। दुख को ही लीजिए। यदि हम उसे अपने तन से हटा पाते हैं तो मन में जाकर बैठ जाता है। यही संसार चक्र है। जन्म और मृत्यु एक

ही सिक्के के दो पहलू हैं। यदि हम उस पर जीवन भरी आशा की दृष्टि डालते हैं तो वह हमें सुन्दर दिखाई देता है और दुखभरी दृष्टि से देखते हैं तो निराशा हाथ लगती है।'' गौरी ने मधुसूदन को एक स्पष्ट उत्तर दिया।

''हमें अब लौट चलना चाहिए।'' एम. अलभ्यानन्द के मुखमंडल पर एक उद्विग्नता सी छा गयी थी। फुलझड़ी का नाम आते ही वे विचलित हो उठे थे। दो महीने से जीवन मृत्यु से जूझते हुए फुलझड़ी न तो पूरी तरह ठीक हो पायी थी और न ही हंसू को कोई दंड ही मिला था।

पंडाल में सोफे पर बैठे-बैठे एम. अलभ्यानन्द पुनः खिन्न हो उठे। मंच पर खाली समय को भरने के लिए एक शास्त्रीय नृत्य की नर्तकी अपना कार्यक्रम प्रस्तुत कर रही थी। तबले की थाप और हारमोनियम के स्वर के साथ उसकी मुद्राएँ बल खा रही थीं। आँखों की भंगिमा और उँगलियों के माध्यम से वह शृंगार करने का भाव प्रदर्शित कर रही थी। लोग मन्त्रमुग्ध से देख रहे थे। एम. अलभ्यानन्द और मधुसूदन के बीच में बैठी गौरी पुलकित होकर नृत्यांगना की हर भाव भंगिमा को ध्यान से देख रही थी।

''बहुत कठिन है न यह डांस?'' उसने मुड़कर मधुसूदन से पूछा।

''पता नहीं। कठिन होता तो कैसे सीखती यह कलाकार?'' वे हँस पड़े।

''मैं भी सीखना चाहती हूँ।''

''सीखा जा सकता है। बहुत से लोग बाहर से आकर सीख रहे हैं।''

''आप भी सीखेंगे मेरे साथ? हम दोनों डांस करेंगे, ताक् धिन् धा ता धिन्...।'' वह खिलखिलाकर हँस पड़ी। मधुसूदन झेंप उठे। बात बदलते हुए बोले—

''सर का वीज़ा कब तक का है?''

''दाऊ जी का?''

''जी, हाँ।''

''अब समाप्त होने वाला है।''

''और आपका?''

''मैं तो बढ़वा लूँगी। जब तक शोध पूरा न हो।''

''भारत की याद आयेगी?''

''इसीलिए तो जाना नहीं चाहती। बहुत से खट्टे-मीठे अनुभव।''

''खट्टे अधिक मीठे कम। है न?'' मधुसूदन ने टोका।

''बिना वैषम्य के सृष्टि कैसी? और इस सृष्टि में एकमात्र उद्देश्य है मुक्ति अथवा ब्रह्म को प्राप्त कर लेना। इस मार्ग पर चलने के लिए वैषम्य को साथ लेकर

ही चलना होगा क्योंकि हम सृष्टि को नकार नहीं सकते। कर्म और कर्मफल को अनदेखा नहीं कर सकते।'' गौरी दार्शनिक मुद्रा में बोली।

''बहुत उलझी हुई पहेली नहीं लगतीं ये सब बातें। एक तरफ हम आत्मा हैं— नित्य, शुद्ध, बुद्ध। अनन्त काल से शान्ति और आनन्द का उपभोग करते हुए। दूसरी तरफ कर्म और कर्मों का बन्धन?''

''इस पूरी सृष्टि को ईश्वर का आभास मात्र मान लेने से सारे द्वन्द्व स्वयमेव समाप्त हो जाते हैं। पूरा विश्व प्रतीक है और उस प्रतीक के पीछे ईश्वर मूल रूप में विराजमान है।'' कहते हुए गौरी सामने मंच की ओर देखने लगी। नृत्य कुछ देर पहले बन्द हो चुका था। के. सिरी सोभित भन्ते माइक्रोफोन से पंचशील के पाठ से कार्यक्रम का प्रारम्भ कर रहे थे—

''... नच्च—गीत—वादित—विसूक—दस्सना वेरमणि सिक्खापदं समादियामि।''

एम. अलभ्यानन्द किसी गहरी सोच में डूबे हुए थे। बार-बार फुलझड़ी वाली घटना स्मृति में कौंध उठती। कितना दुख सहा उस बच्ची ने। एक-एक कर सारनाथ से जुड़ी सभी घटनाएँ आँखों के सम्मुख सजीव हो उठीं। एकाएक वे झटके से उठ खड़े हुए थे।

''दाऊ जी, कहाँ?'' गौरी ने उनकी उद्विग्नता भाँप ली।

''अब लौटना चाहिए मुझे। ऋषिपत्तन को देख लिया।''

और वे बिना उत्तर की प्रतीक्षा किये तेज-तेज पग रखते पंडाल से निकलकर खँडहरों की ओर मुड़ गये थे। उनका चीवर हवा के झोंकों के साथ लहरा रहा था। आँखों में करुणा का महासागर ठाठें मार रहा था। मुखमंडल चाँदनी की स्निग्धता लिए शान्त था। अस्ताचलगामी सूर्य-रश्मियाँ उनके ललाट का स्पर्श कर रही थीं।

खँडहरों में पहुँच तथागत ने ऋषिपत्तन को एक बार पुनः देखने की अपनी उस इच्छा को समेट लिया था जिसे एम. अलभ्यानन्द के माध्यम से उन्होंने प्रारम्भ किया था। अपने शुद्ध परम चैतन्य स्वरूप में चले गये थे वे। पीपल की पत्तियाँ हवा के साथ सरसरा उठीं। सूर्य-रश्मियों की स्वर्णिम आभा कुछ और गहरा उठी। चिड़ियाँ चुपचाप पेड़ों की डालियों पर बैठी थीं। कुछ क्षण के लिए वे चहचहाना भूल गयीं।

खँडहर की एक शिला पर बैठे एम. अलभ्यानन्द मानो किसी नींद से जाग उठे। अपने भीतर एक खालीपन की अनुभूति लिए वे भारी मन से चहलकदमी करने लगे। मन अशान्त था। जिस शान्ति की तलाश में वे आये थे, वह अधूरी-अधूरी सी थी। खँडहर मौन थे। सृष्टि-लीला चल रही थी। अनवरत। विराट् पुरुष देख रहा था अपनी भाव-संकल्पिता सृष्टि का खेल।

❑❑❑

णाणं पयासयं

वीर नि.सं. 2470

भारतीय ज्ञानपीठ

ई.सन 1944